MISSION: Yozakura Family

2

Das Date

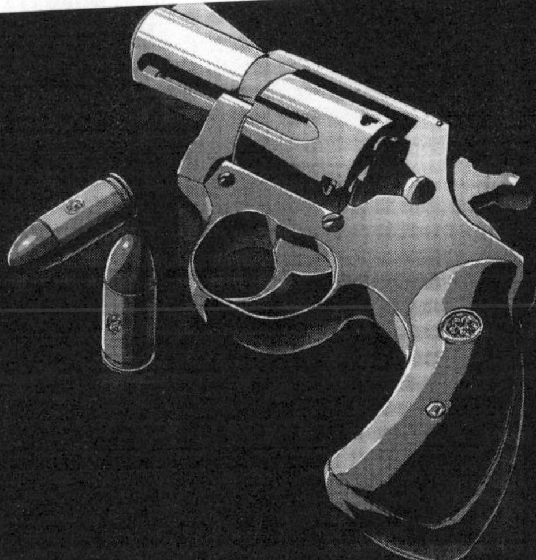

Hitsuji Gondaira

Mission: Yozakura Family

Charaktere

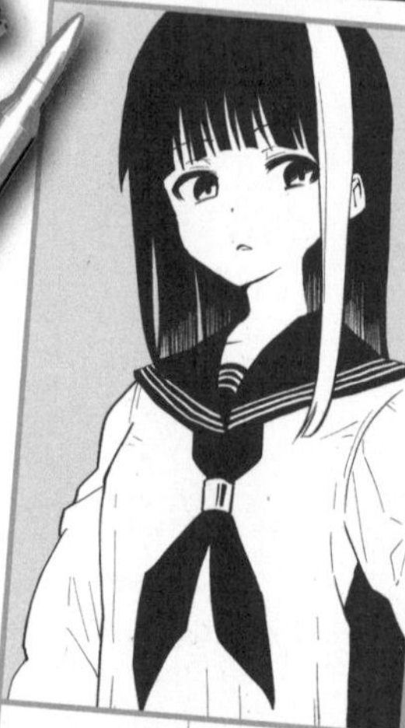

MUTSUMI YOZAKURA

Drittälteste Tochter der Yozakuras. Als Oberhaupt ihrer Familie, die etliche Übermenschen hervorgebracht hat, wird sie rund um die Uhr von ihren Geschwistern beschützt.

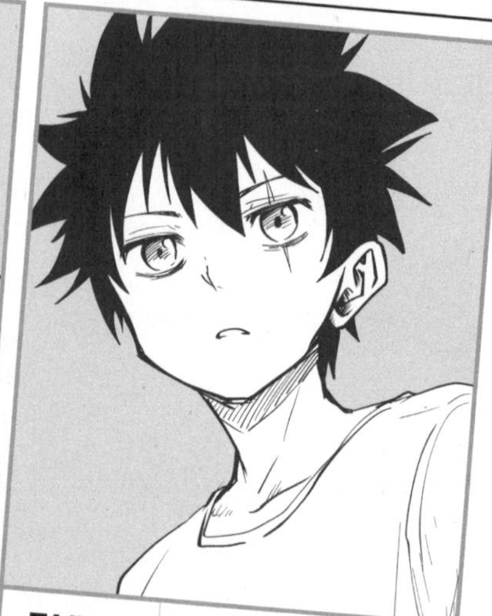

TAIYO ASANO

Der Oberschüler hat seine Familie bei einem Verkehrsunfall verloren und ist seitdem sehr menschenscheu. Sein Herz öffnet er lediglich seiner Frau und Kindheitsfreundin Mutsumi.

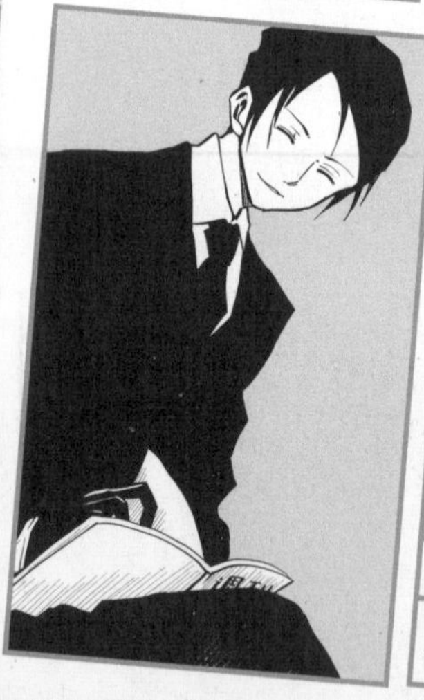

KYOICHIRO YOZAKURA

Der älteste Sohn der Familie Yozakura ist der beste und beliebteste Spion überhaupt. Unter dem Decknamen »Hirukawa« arbeitet er nebenbei als Konrektor an Taiyos Schule.

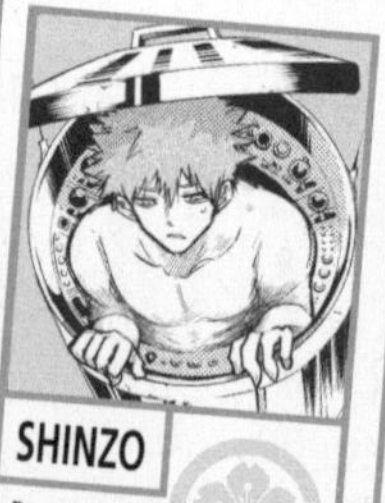

SHINZO

Der zweitälteste Sohn der Familie ist ein Waffenspezialist.

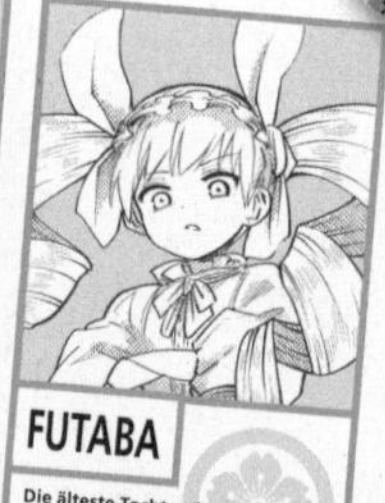

FUTABA

Die älteste Tochter der Yozakuras ist eine Meisterin in Aikido und Jiu Jitsu.

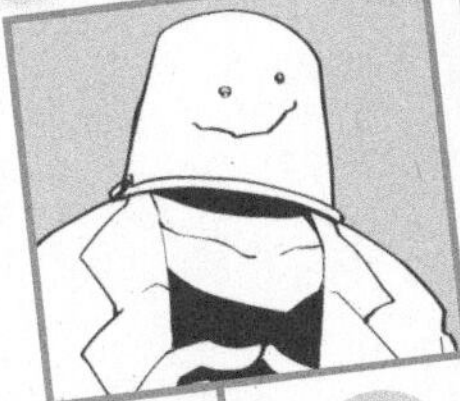

NANAO

Viertältester Sohn der Familie Yozakura. Nanao ist medizinisch bewandert und hat Bärenkräfte.

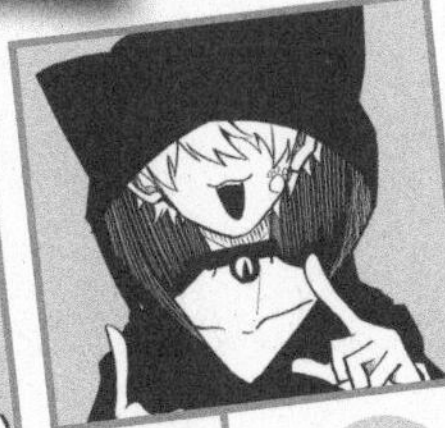

KENGO

Der Verkleidungskünstler und drittälteste Sohn der Familie kann sich in alle möglichen Personen verwandeln.

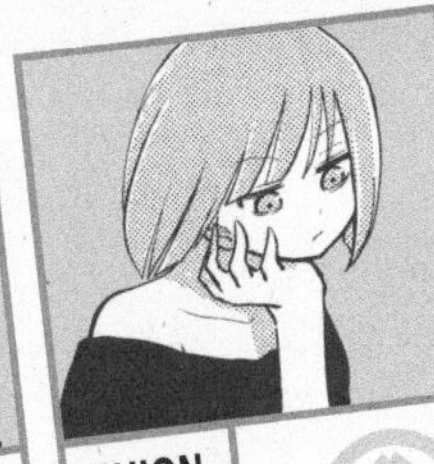

SHION

Die zweitälteste Tochter der Yozakuras ist Gamerin und begnadete Hackerin zugleich.

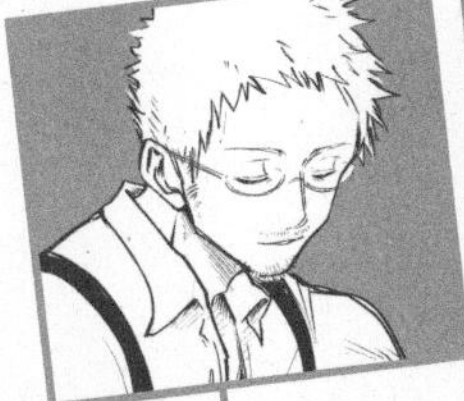

HANAWA

Chef der Firma »Flower Bin« und zugleich der Spion, der Mutsumi entführt hat.

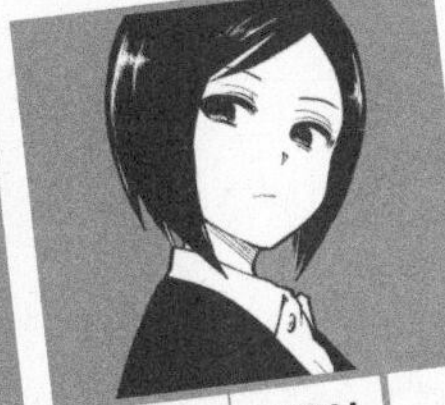

RITSU KATAI

Extrem strenge Lehrerin, die an Taiyos Schule arbeitet.

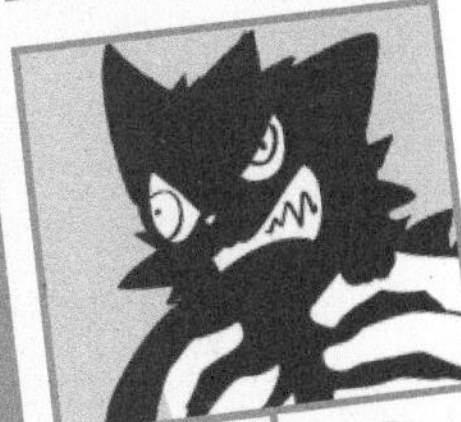

GOLIATH

Haustier der Familie Yozakura.

Story.

Seit Taiyo seine Familie durch einen Verkehrsunfall verloren hat, ist er extrem menschenscheu und spricht einzig und allein mit seiner Kindheitsfreundin Mutsumi. Doch dann versucht Konrektor Hirukawa die beiden auseinanderzureißen. Er entpuppt sich als Mutsumis Bruder – und die Yozakuras als Spionfamilie, deren Ursprünge in der Ninjakultur der Edo-Zeit liegen. Auch wenn Mutsumi selbst keine übermenschlichen Kräfte besitzt, ist sie das Oberhaupt der Familie, das die nächste Generation von Übermenschen zur Welt bringen wird. Um sie vor Feinden zu schützen, will Kyoichiro Taiyo aus dem Weg räumen. Damit er nicht von Mutsumi getrennt wird, ergreift Taiyo mit der Unterstützung der anderen Geschwister den Kirschblütenring und heiratet Mutsumi, wodurch er Teil der Familie Yozakura wird. Seine Karriere als Spion beginnt. Doch inmitten des Trainings wird Mutsumi plötzlich entführt! Hand in Hand versuchen Taiyo und die Yozakuras nun, sie aus den Klauen des Bösewichts zu befreien!

Mission: Yozakura Family – Inhalt

2 Das Date

To Do Mission

Mission:
Yozakura Family

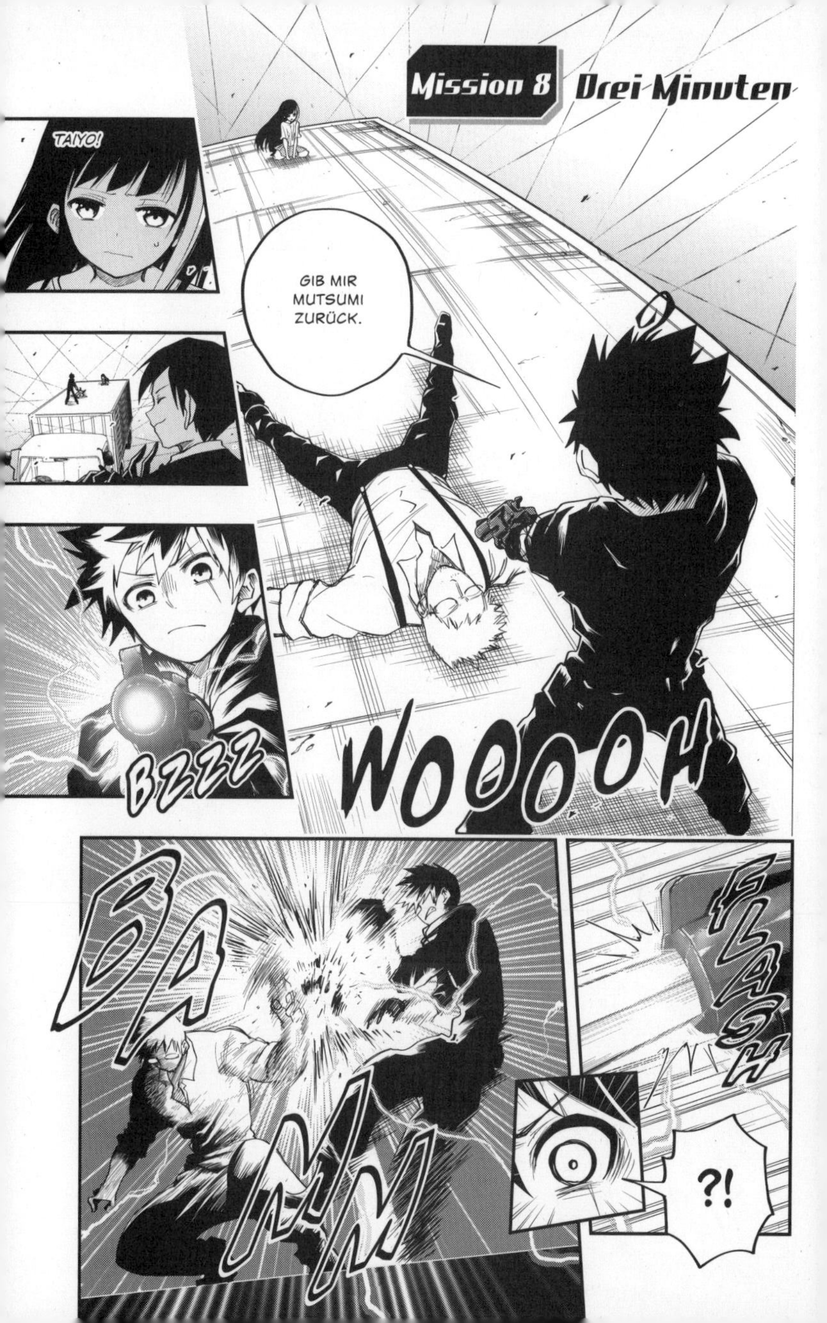
Mission 8 Drei Minuten
TAIYO!
GIB MIR MUTSUMI ZURÜCK.
WOOOOOH
BZZZ
FLASH
BAMM
?!

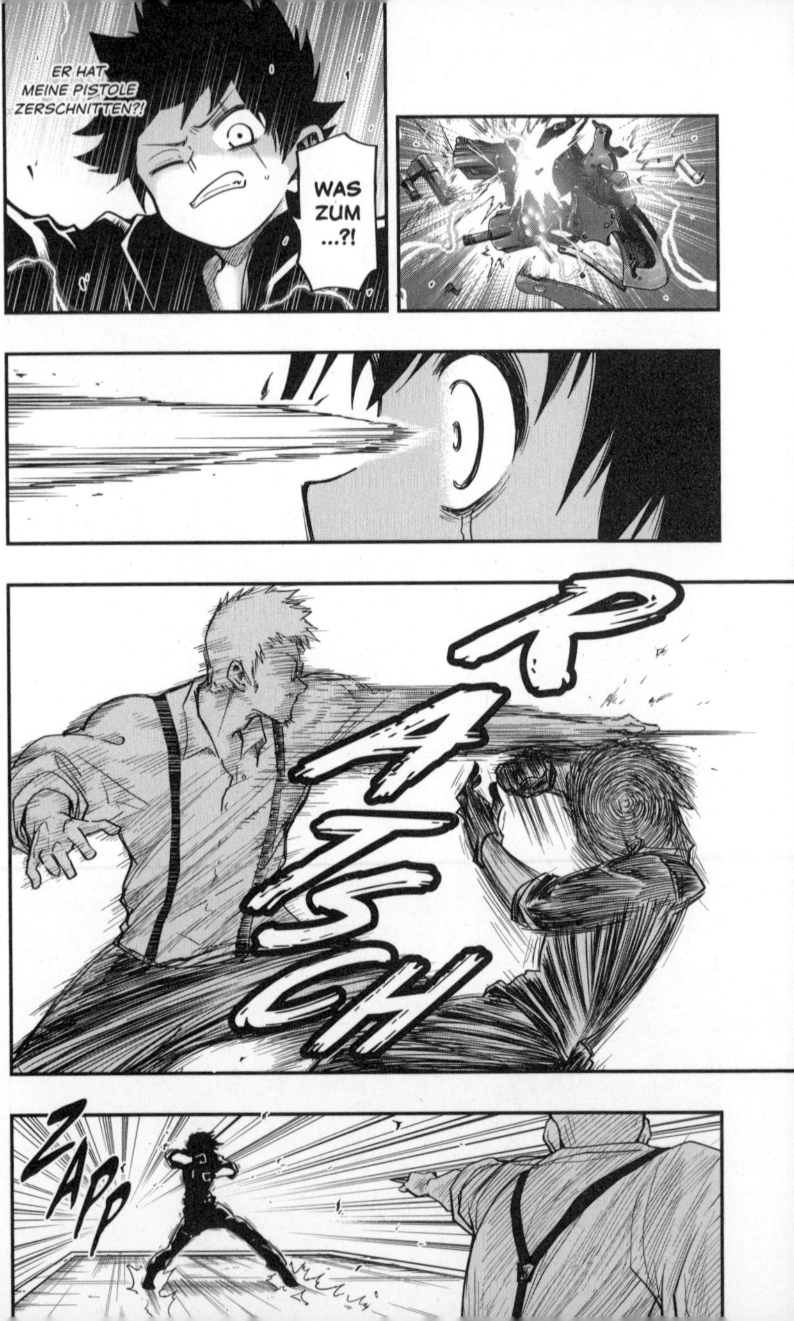
WAS ZUM ...?!
ER HAT MEINE PISTOLE ZERSCHNITTEN?!
RATSCH
ZAPP

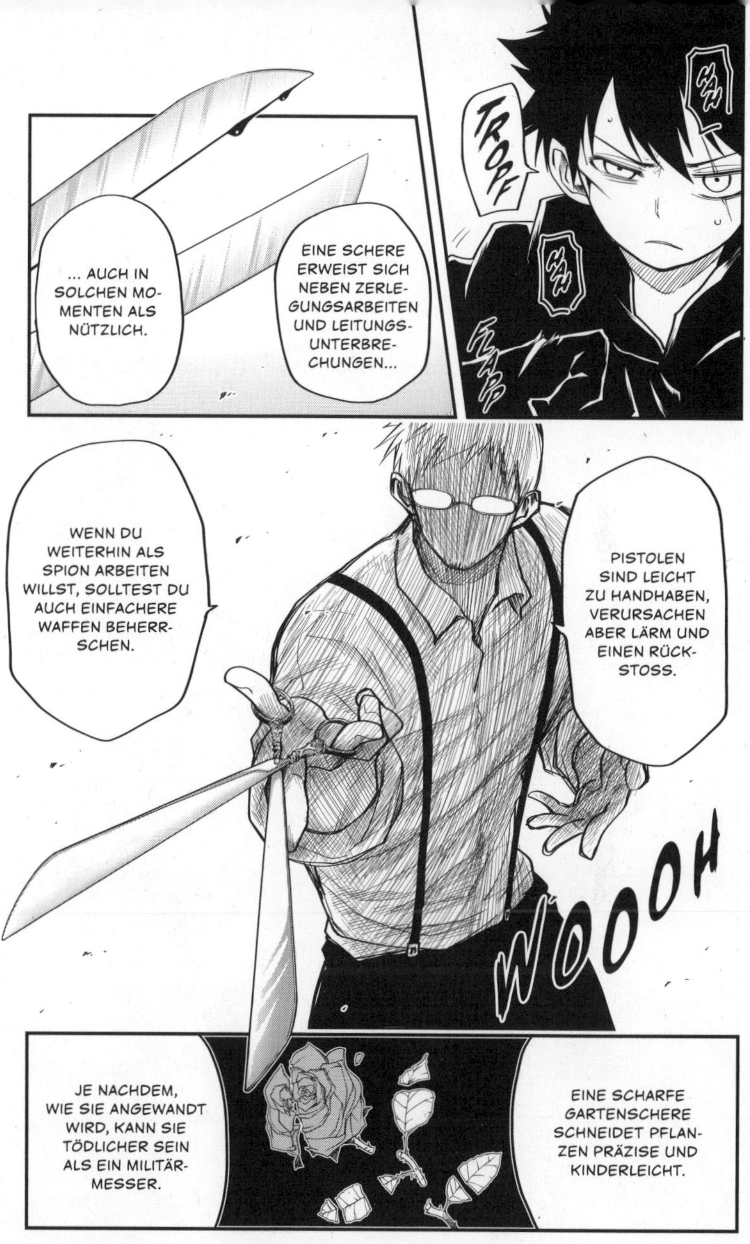
WAH
TROPF
WAH
FLAPP
EINE SCHERE ERWEIST SICH NEBEN ZERLEGUNGSARBEITEN UND LEITUNGSUNTERBRECHUNGEN...
... AUCH IN SOLCHEN MOMENTEN ALS NÜTZLICH.
PISTOLEN SIND LEICHT ZU HANDHABEN, VERURSACHEN ABER LÄRM UND EINEN RÜCKSTOSS.
WENN DU WEITERHIN ALS SPION ARBEITEN WILLST, SOLLTEST DU AUCH EINFACHERE WAFFEN BEHERRSCHEN.
WOOOH
EINE SCHARFE GARTENSCHERE SCHNEIDET PFLANZEN PRÄZISE UND KINDERLEICHT.
JE NACHDEM, WIE SIE ANGEWANDT WIRD, KANN SIE TÖDLICHER SEIN ALS EIN MILITÄRMESSER.

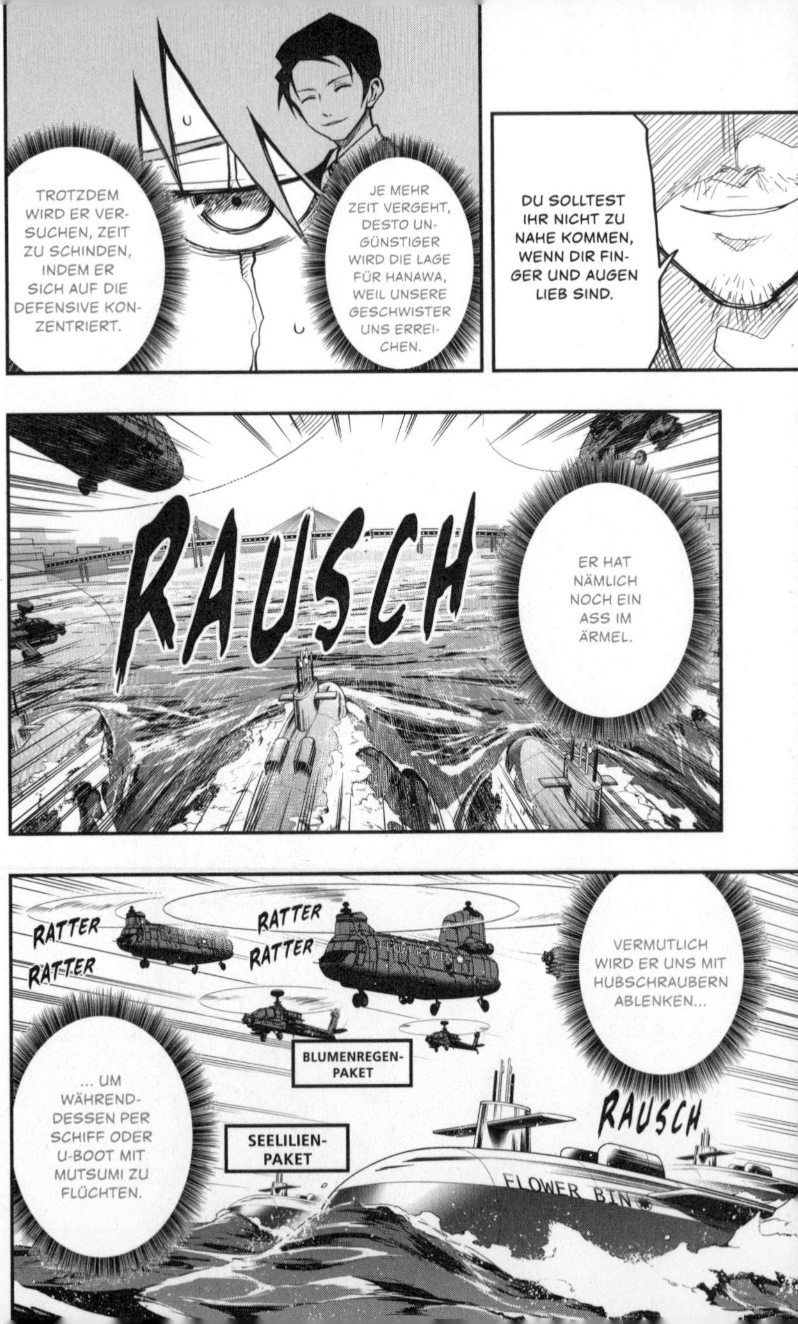
DU SOLLTEST IHR NICHT ZU NAHE KOMMEN, WENN DIR FINGER UND AUGEN LIEB SIND.
JE MEHR ZEIT VERGEHT, DESTO UNGÜNSTIGER WIRD DIE LAGE FÜR HANAWA, WEIL UNSERE GESCHWISTER UNS ERREICHEN.
TROTZDEM WIRD ER VERSUCHEN, ZEIT ZU SCHINDEN, INDEM ER SICH AUF DIE DEFENSIVE KONZENTRIERT.
ER HAT NÄMLICH NOCH EIN ASS IM ÄRMEL.
RAUSCH
VERMUTLICH WIRD ER UNS MIT HUBSCHRAUBERN ABLENKEN...
RATTER RATTER
RATTER RATTER
BLUMENREGEN-PAKET
RAUSCH
SEELILIEN-PAKET
FLOWER BIN
... UM WÄHRENDDESSEN PER SCHIFF ODER U-BOOT MIT MUTSUMI ZU FLÜCHTEN.

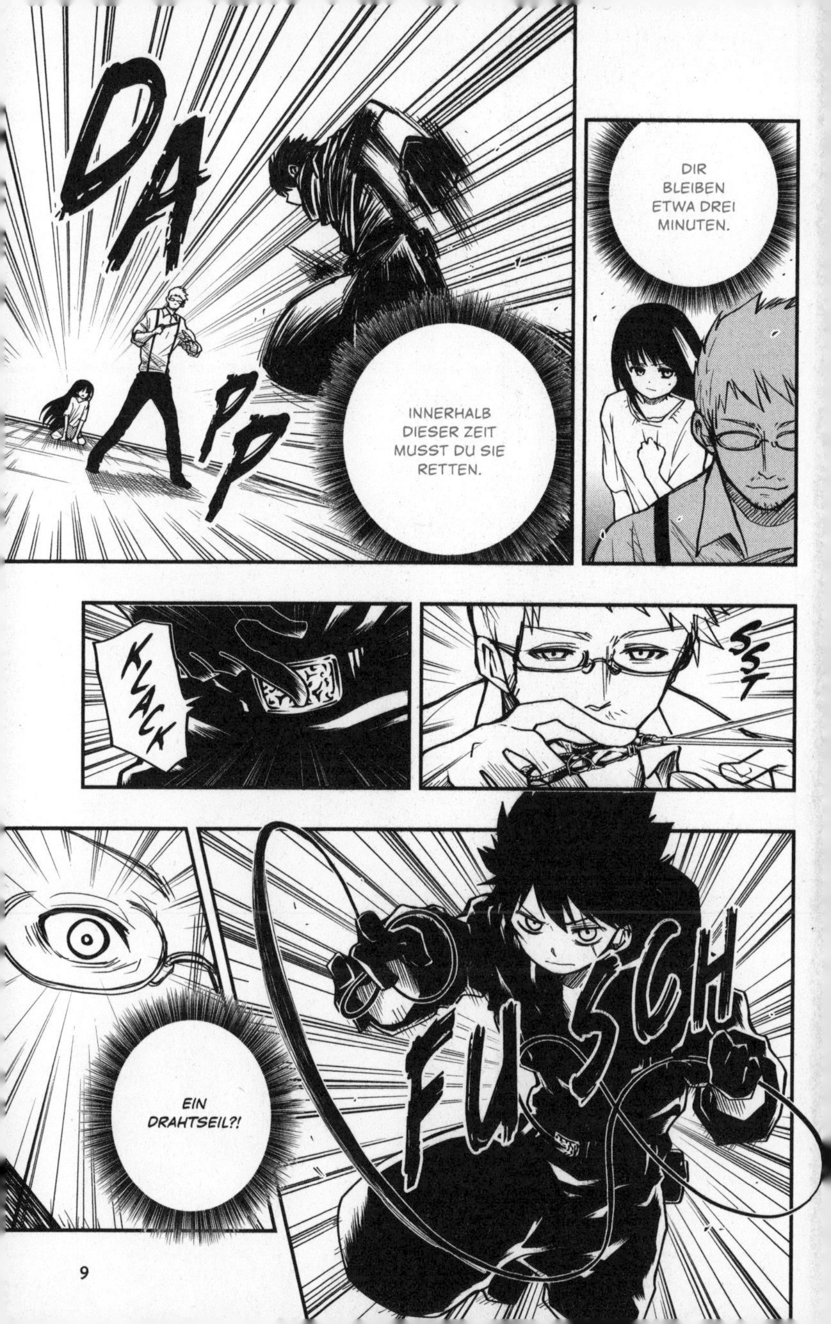
DIR BLEIBEN ETWA DREI MINUTEN.
DA
PP
INNERHALB DIESER ZEIT MUSST DU SIE RETTEN.
SST
KLACK
FUSCH
EIN DRAHTSEIL?!

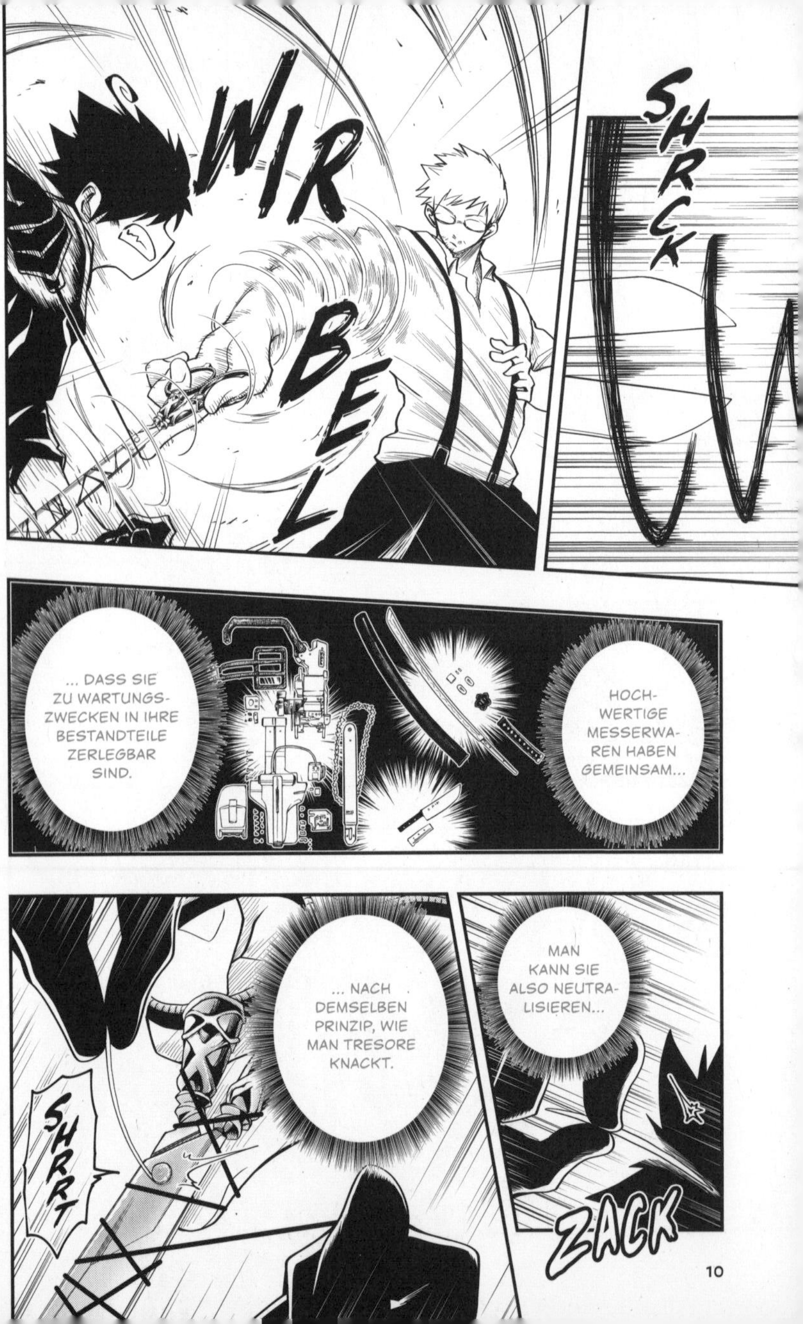
SHRCK
WIRBEL
HOCHWERTIGE MESSERWAREN HABEN GEMEINSAM...
... DASS SIE ZU WARTUNGSZWECKEN IN IHRE BESTANDTEILE ZERLEGBAR SIND.
MAN KANN SIE ALSO NEUTRALISIEREN...
ZACK
... NACH DEMSELBEN PRINZIP, WIE MAN TRESORE KNACKT.
SHRRT

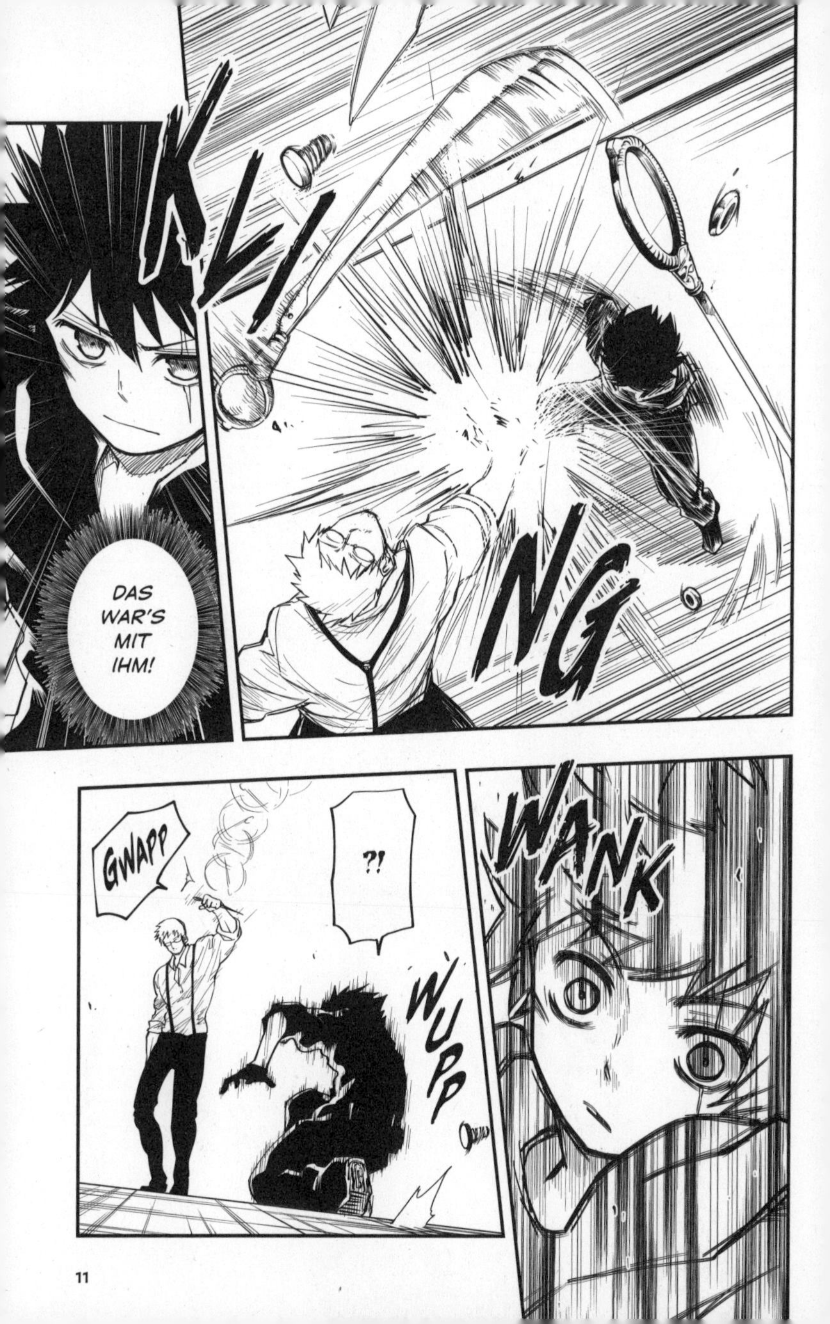
NG
DAS WAR'S MIT IHM!
WANK
?!
WUPP
GWAPP

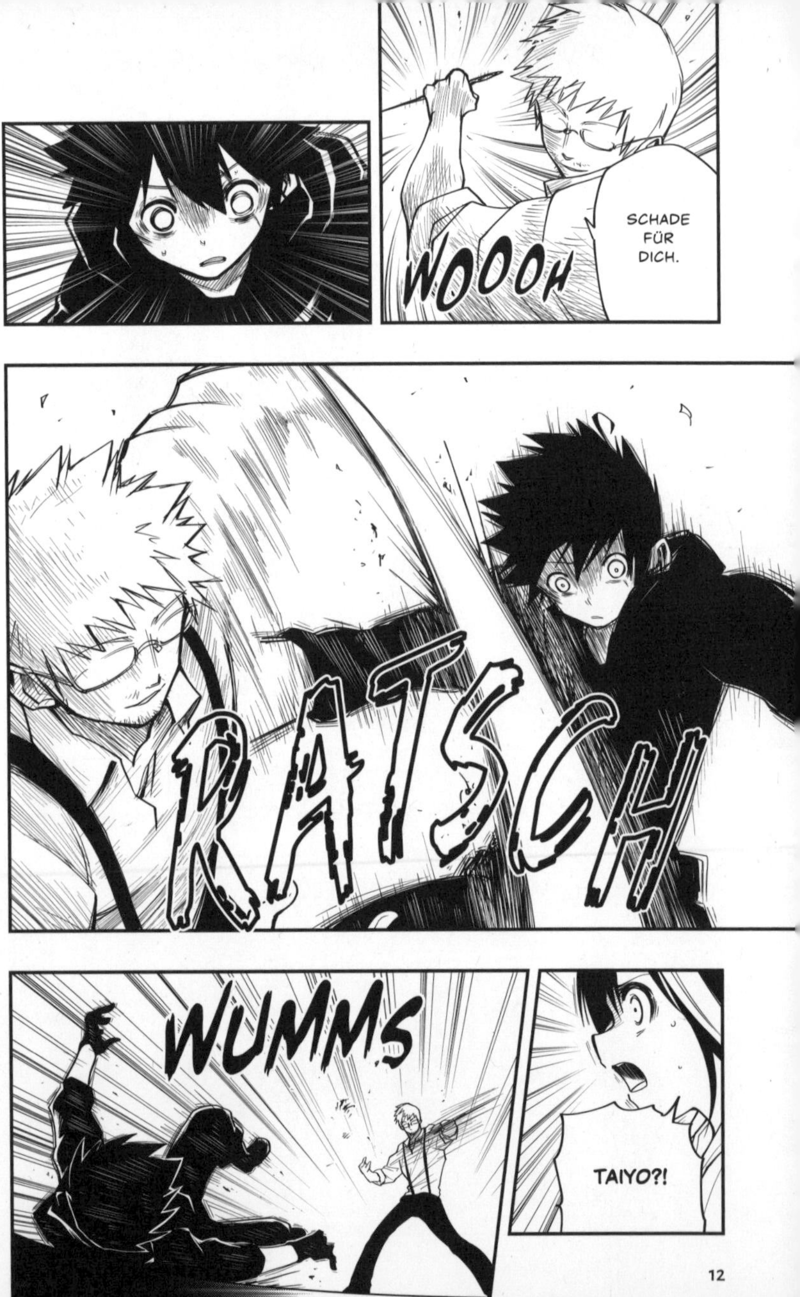
WOOOH
SCHADE FÜR DICH.
RATSCH
TAIYO?!
WUMMS

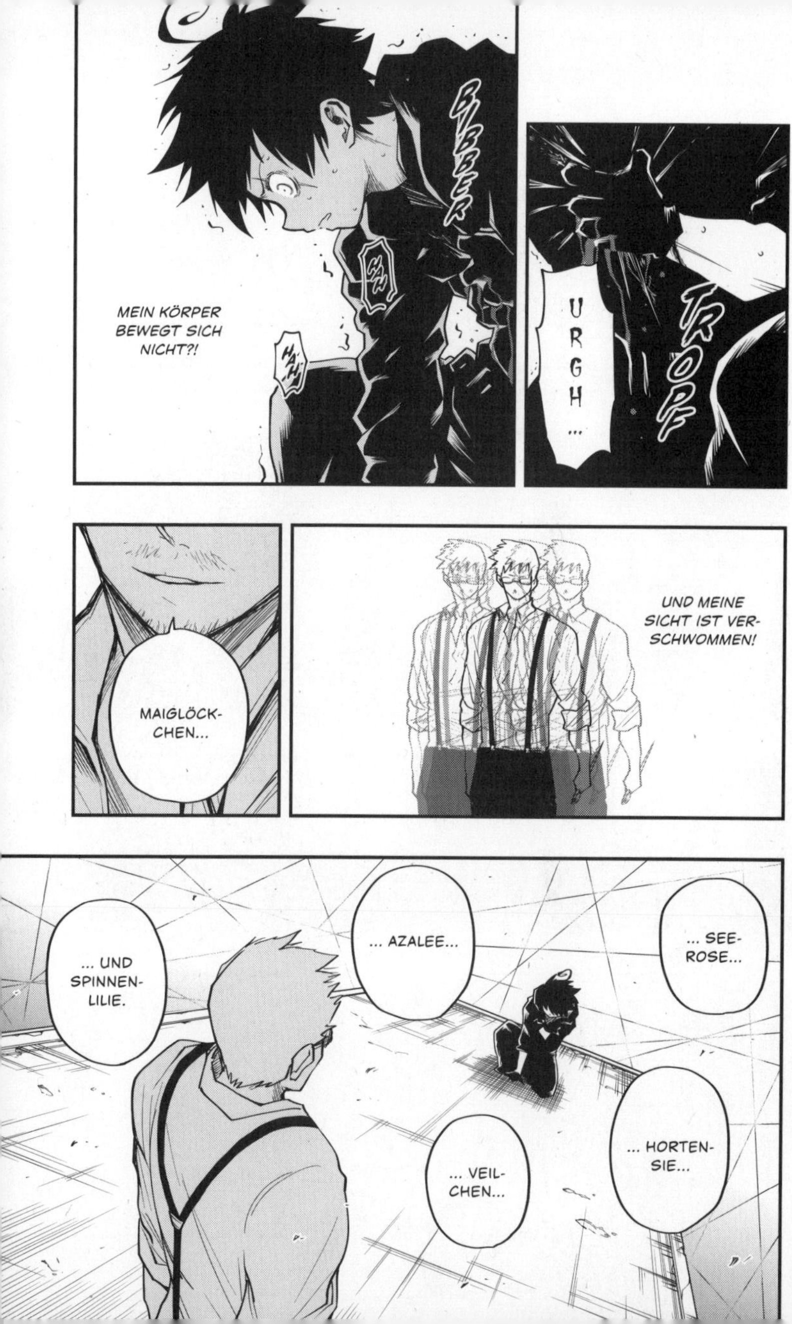
BIBBER
HAH
HAH
MEIN KÖRPER BEWEGT SICH NICHT?!
URGH ...
TROPF
UND MEINE SICHT IST VER- SCHWOMMEN!
MAIGLÖCK- CHEN...
... SEE- ROSE...
... AZALEE...
... UND SPINNEN- LILIE.
... HORTEN- SIE...
... VEIL- CHEN...

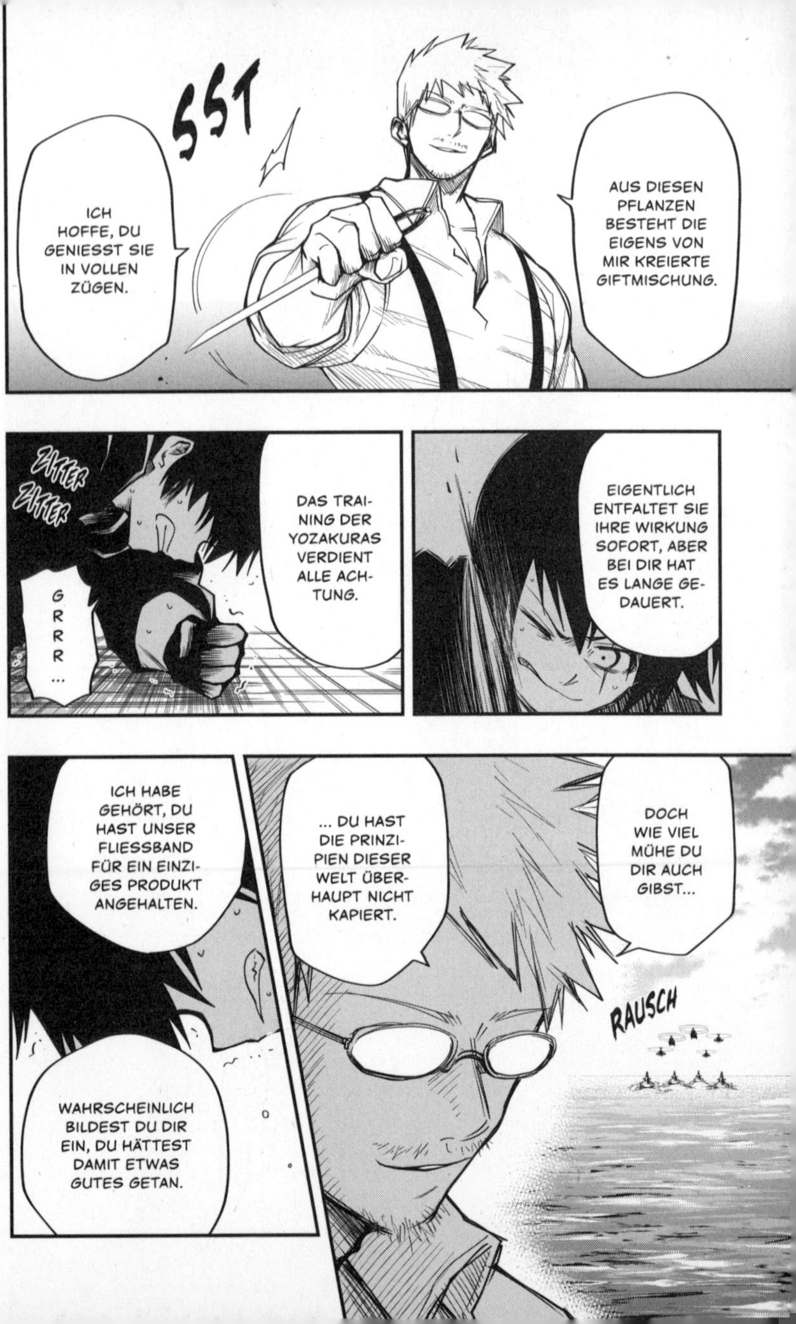

SST
AUS DIESEN PFLANZEN BESTEHT DIE EIGENS VON MIR KREIERTE GIFTMISCHUNG.
ICH HOFFE, DU GENIESST SIE IN VOLLEN ZÜGEN.
EIGENTLICH ENTFALTET SIE IHRE WIRKUNG SOFORT, ABER BEI DIR HAT ES LANGE GEDAUERT.
DAS TRAINING DER YOZAKURAS VERDIENT ALLE ACHTUNG.
ZITTER ZITTER
GRRR...
DOCH WIE VIEL MÜHE DU DIR AUCH GIBST...
... DU HAST DIE PRINZIPIEN DIESER WELT ÜBERHAUPT NICHT KAPIERT.
ICH HABE GEHÖRT, DU HAST UNSER FLIESSBAND FÜR EIN EINZIGES PRODUKT ANGEHALTEN.
WAHRSCHEINLICH BILDEST DU DIR EIN, DU HÄTTEST DAMIT ETWAS GUTES GETAN.
RAUSCH

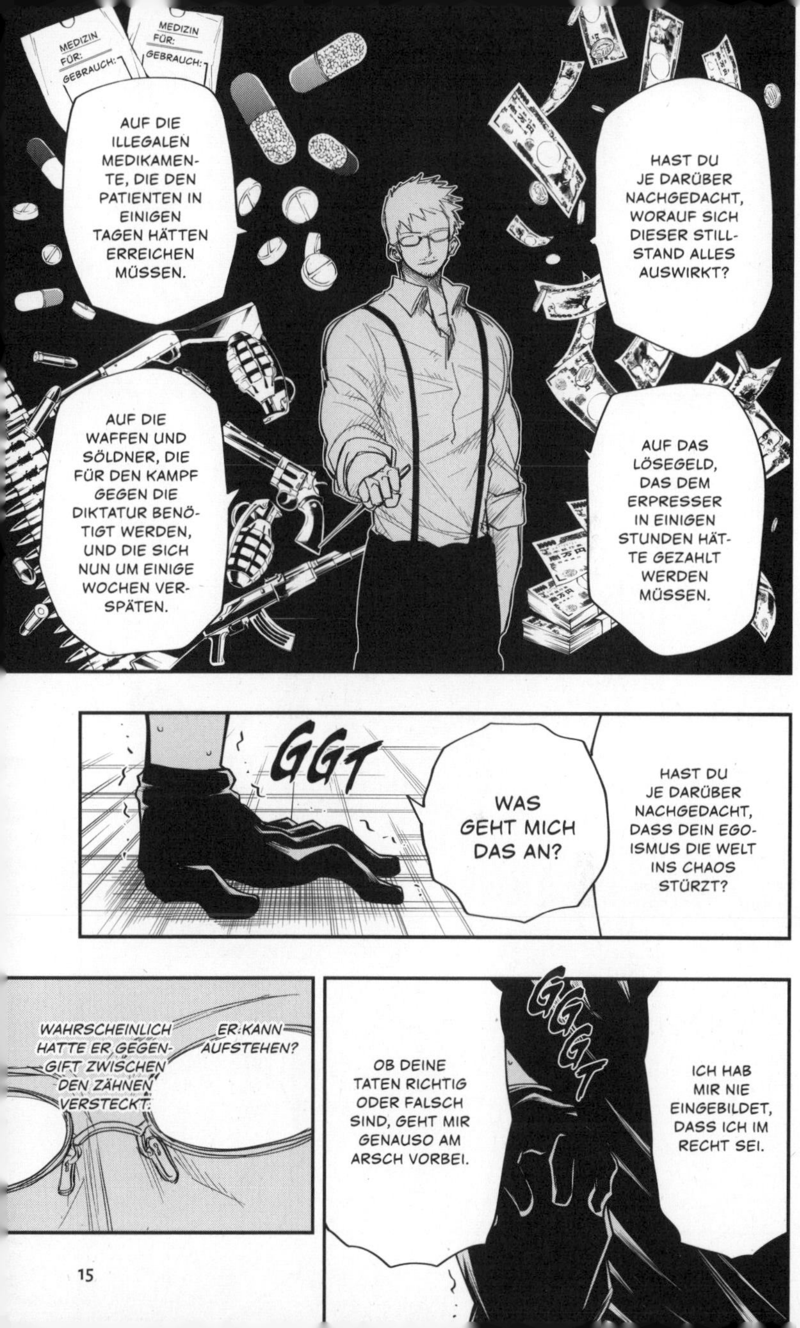
MEDIZIN FÜR: GEBRAUCH:
MEDIZIN FÜR: GEBRAUCH:
HAST DU JE DARÜBER NACHGEDACHT, WORAUF SICH DIESER STILLSTAND ALLES AUSWIRKT?
AUF DIE ILLEGALEN MEDIKAMENTE, DIE DEN PATIENTEN IN EINIGEN TAGEN HÄTTEN ERREICHEN MÜSSEN.
AUF DAS LÖSEGELD, DAS DEM ERPRESSER IN EINIGEN STUNDEN HÄTTE GEZAHLT WERDEN MÜSSEN.
AUF DIE WAFFEN UND SÖLDNER, DIE FÜR DEN KAMPF GEGEN DIE DIKTATUR BENÖTIGT WERDEN, UND DIE SICH NUN UM EINIGE WOCHEN VERSPÄTEN.
HAST DU JE DARÜBER NACHGEDACHT, DASS DEIN EGOISMUS DIE WELT INS CHAOS STÜRZT?
GGT
WAS GEHT MICH DAS AN?
ICH HAB MIR NIE EINGEBILDET, DASS ICH IM RECHT SEI.
GGGT
OB DEINE TATEN RICHTIG ODER FALSCH SIND, GEHT MIR GENAUSO AM ARSCH VORBEI.
ER KANN AUFSTEHEN?
WAHRSCHEINLICH HATTE ER GEGENGIFT ZWISCHEN DEN ZÄHNEN VERSTECKT.

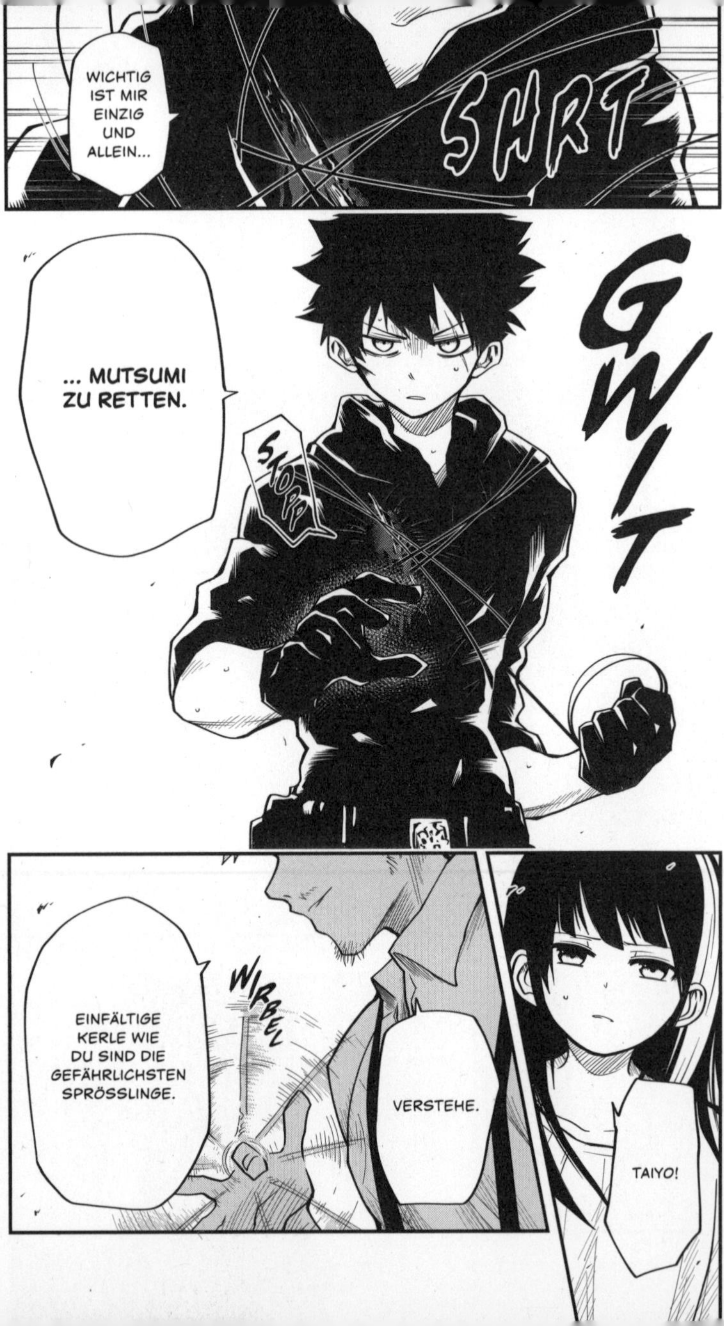
WICHTIG IST MIR EINZIG UND ALLEIN...
SHRT
GWIT
... MUTSUMI ZU RETTEN.
STOPP
VERSTEHE.
TAIYO!
WIRBEL
EINFÄLTIGE KERLE WIE DU SIND DIE GEFÄHRLICHSTEN SPRÖSSLINGE.

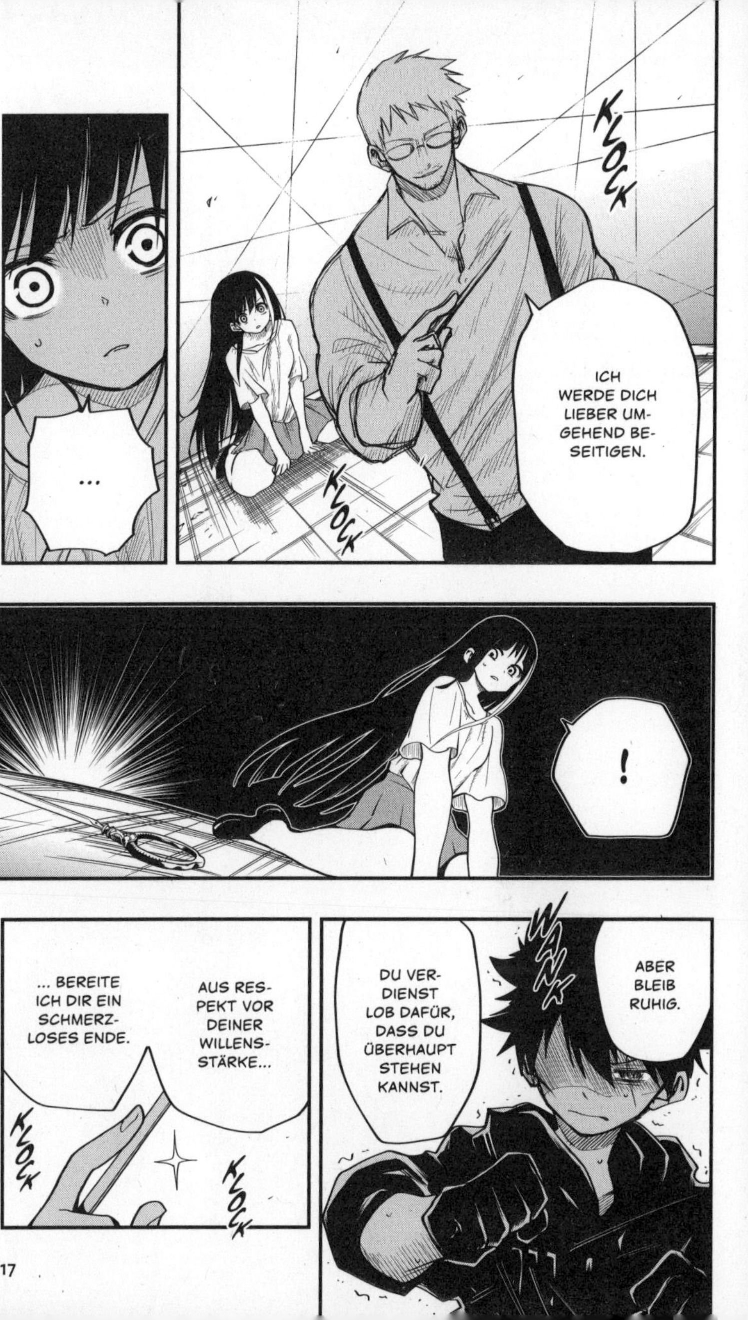
KLOCK
ICH WERDE DICH LIEBER UMGEHEND BESEITIGEN.
KLOCK
...
!
ABER BLEIB RUHIG.
WANK
DU VERDIENST LOB DAFÜR, DASS DU ÜBERHAUPT STEHEN KANNST.
AUS RESPEKT VOR DEINER WILLENSSTÄRKE...
... BEREITE ICH DIR EIN SCHMERZLOSES ENDE.
KLOCK
KLOCK

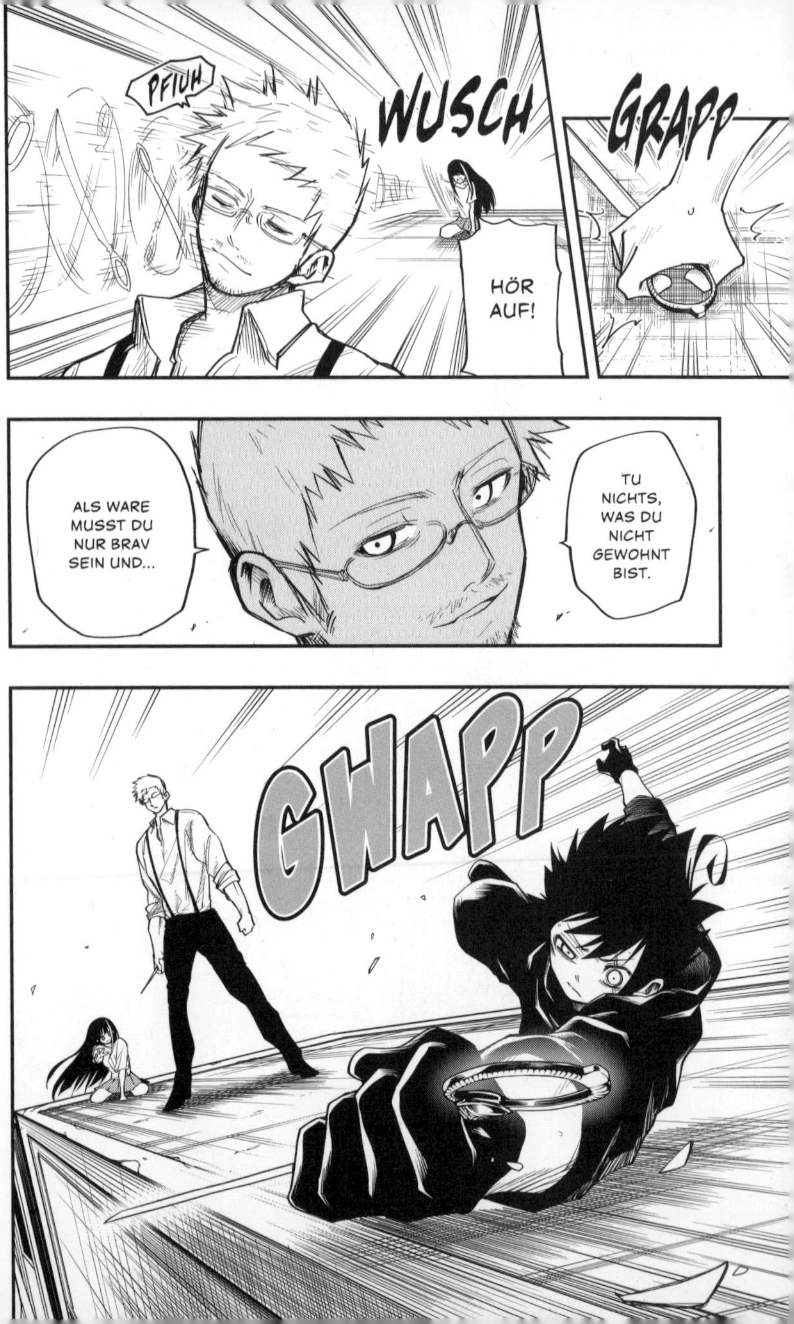
GRAPP
WUSCH
PFIUH
HÖR AUF!
TU NICHTS, WAS DU NICHT GEWOHNT BIST.
ALS WARE MUSST DU NUR BRAV SEIN UND...
GWAPP

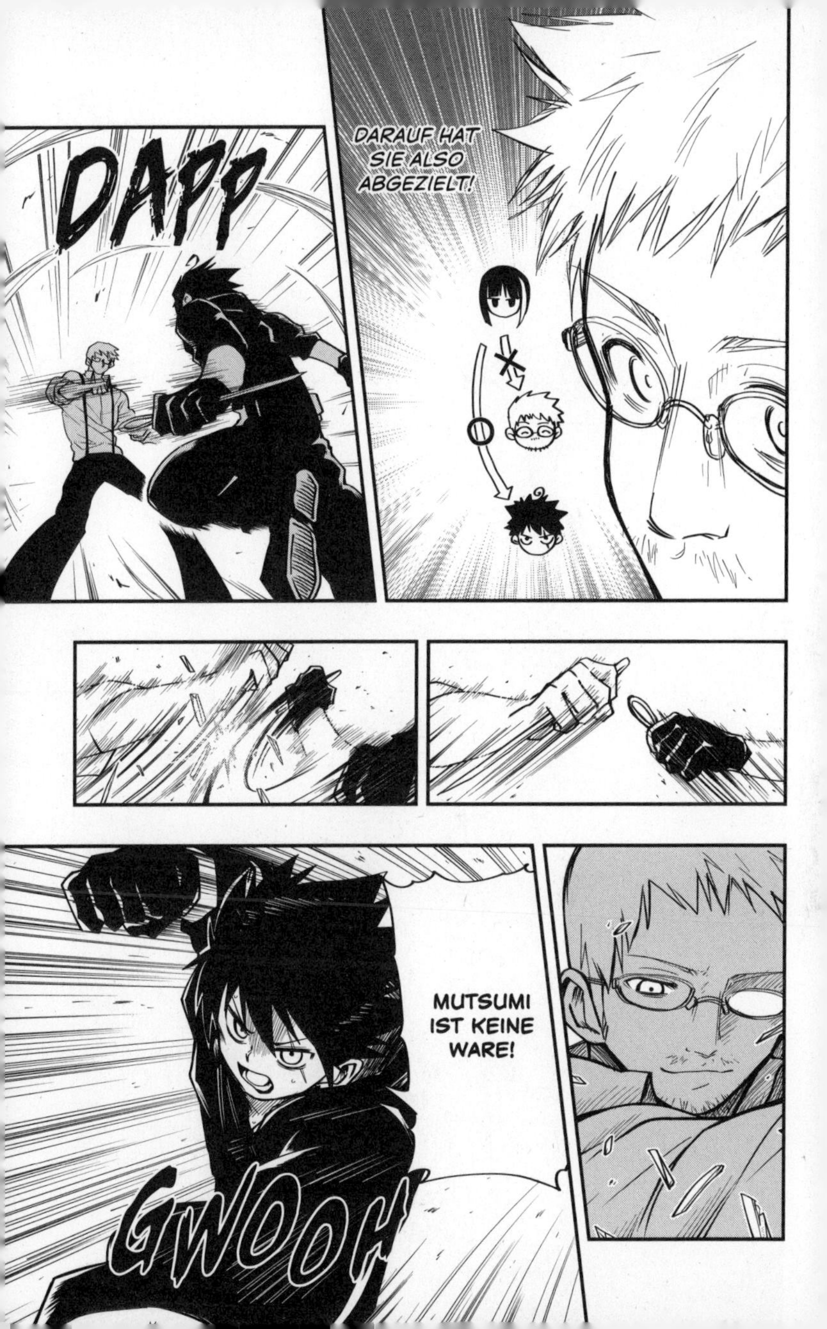
DARAUF HAT SIE ALSO ABGEZIELT!
DAPP
MUTSUMI IST KEINE WARE!
GWOOH

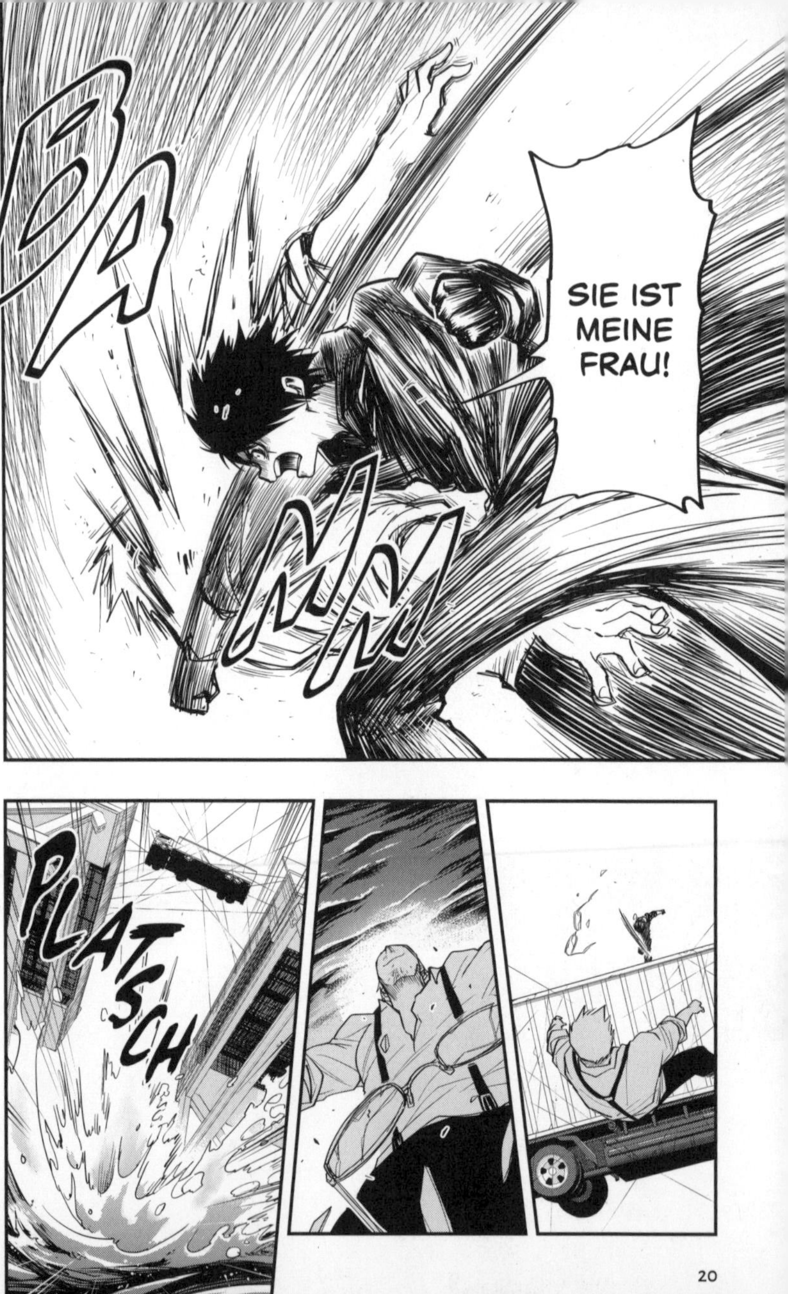
SIE IST
MEINE
FRAU!
BAMM
PLATSCH

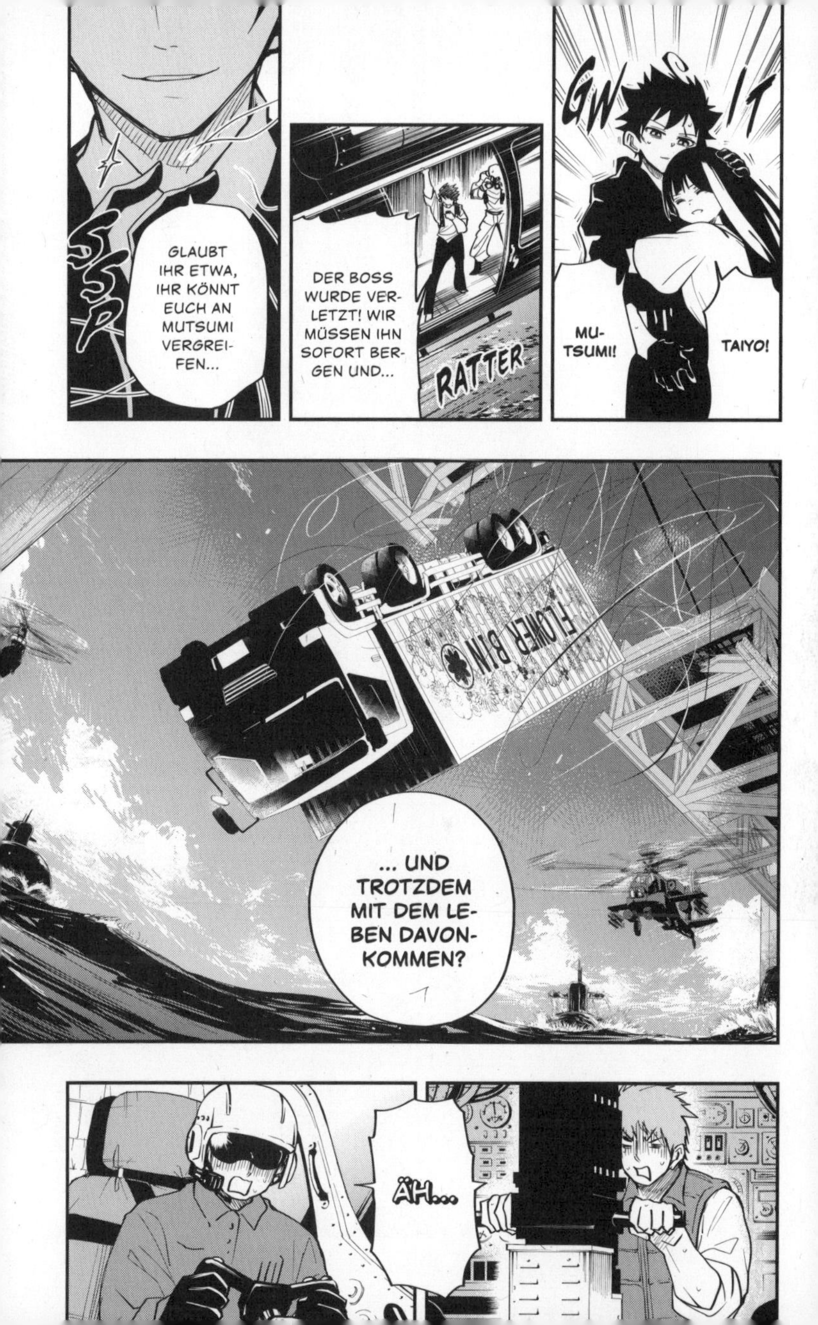
GW IT
TAIYO!
MU-
TSUMI!
DER BOSS WURDE VER-LETZT! WIR MÜSSEN IHN SOFORT BER-GEN UND...
RATTER
SSP
GLAUBT IHR ETWA, IHR KÖNNT EUCH AN MUTSUMI VERGREI-FEN...
FLOWER BIN
... UND TROTZDEM MIT DEM LE-BEN DAVON-KOMMEN?
ÄH...

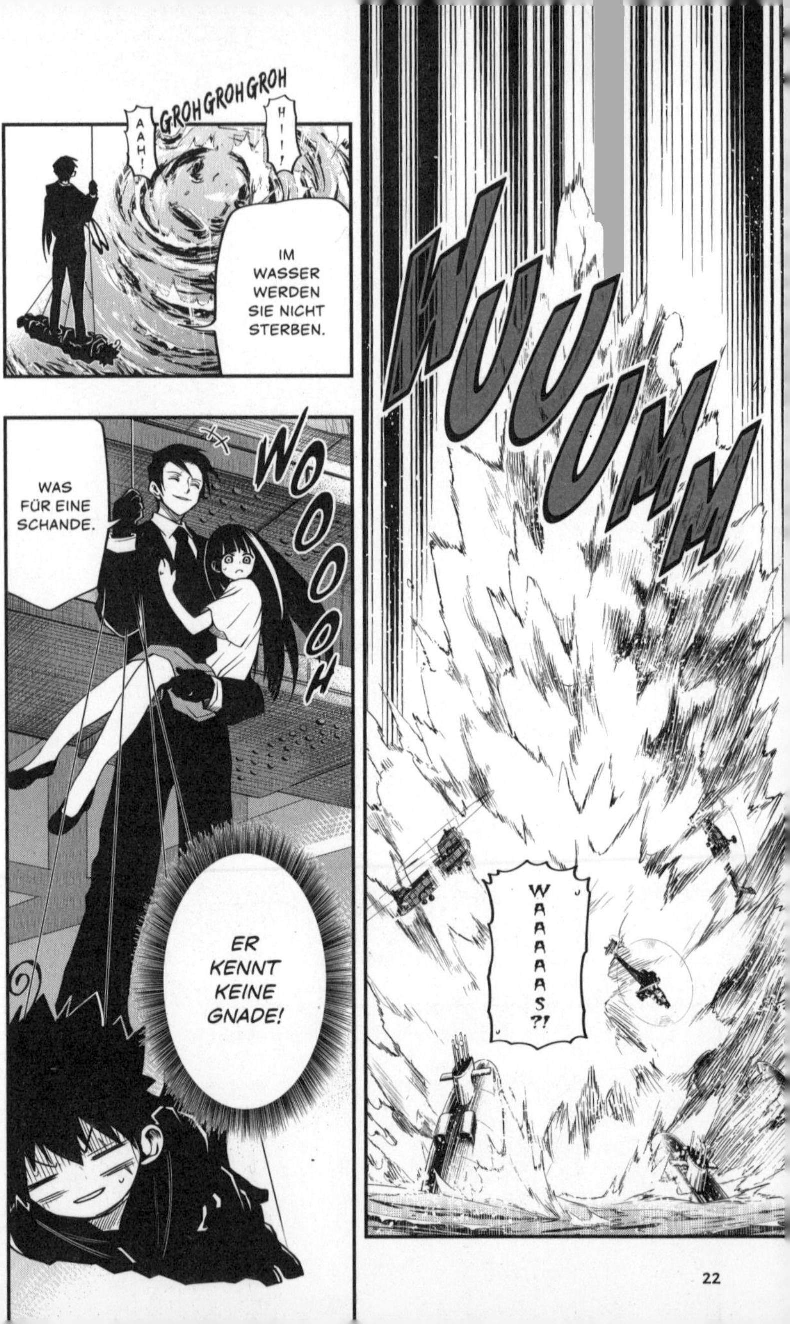
WUUUMM
WAAAAAS?!
H!!!
GROHGROHGROH
AAH!
IM WASSER WERDEN SIE NICHT STERBEN.
WOOOOOOH
WAS FÜR EINE SCHANDE.
ER KENNT KEINE GNADE!

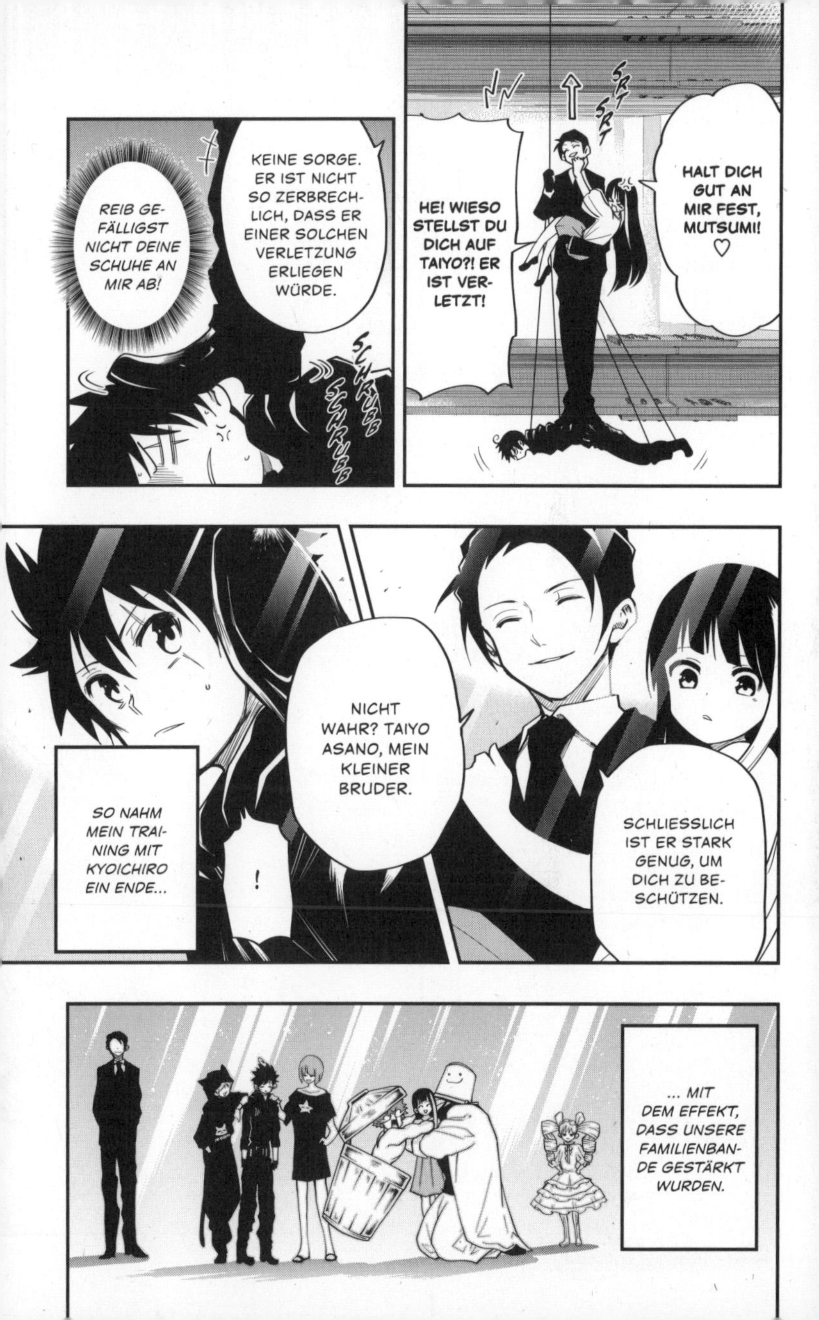
SRT SRT
HALT DICH GUT AN MIR FEST, MUTSUMI! ♡
HE! WIESO STELLST DU DICH AUF TAIYO?! ER IST VERLETZT!
KEINE SORGE. ER IST NICHT SO ZERBRECHLICH, DASS ER EINER SOLCHEN VERLETZUNG ERLIEGEN WÜRDE.
REIB GEFÄLLIGST NICHT DEINE SCHUHE AN MIR AB!
SCHRUBB SCHRUBB
SCHLIESSLICH IST ER STARK GENUG, UM DICH ZU BESCHÜTZEN.
NICHT WAHR? TAIYO ASANO, MEIN KLEINER BRUDER.
!
SO NAHM MEIN TRAINING MIT KYOICHIRO EIN ENDE...
... MIT DEM EFFEKT, DASS UNSERE FAMILIENBANDE GESTÄRKT WURDEN.

~ Kyoichiros Privatklinik ~

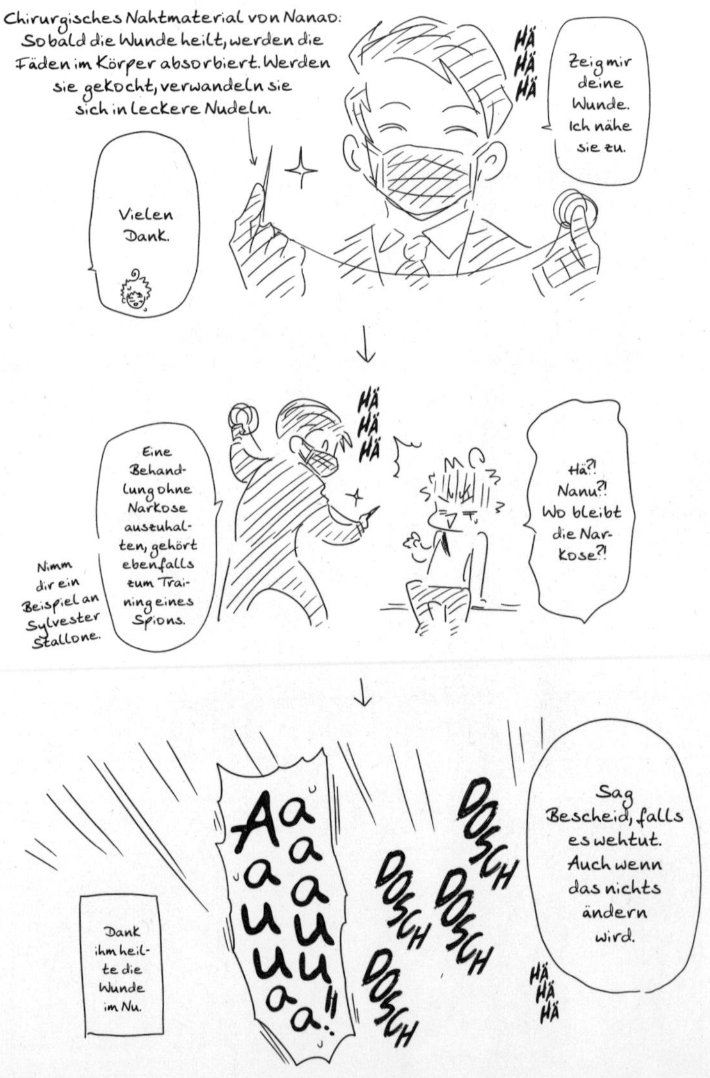

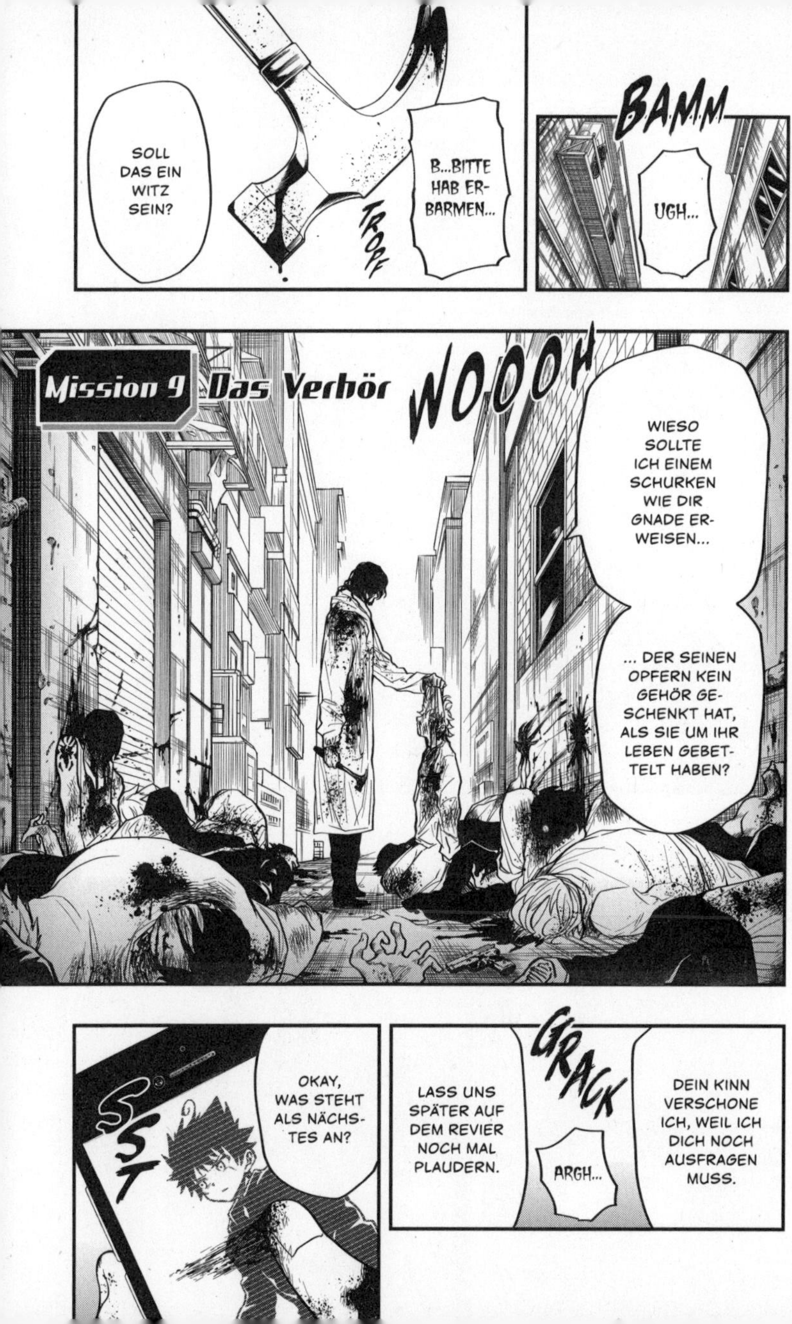
SOLL DAS EIN WITZ SEIN?
B...BITTE HAB ERBARMEN...
TROPF
BAMM
UGH...
Mission 9 Das Verhör
WOOOH
WIESO SOLLTE ICH EINEM SCHURKEN WIE DIR GNADE ERWEISEN...
... DER SEINEN OPFERN KEIN GEHÖR GESCHENKT HAT, ALS SIE UM IHR LEBEN GEBETTELT HABEN?
DEIN KINN VERSCHONE ICH, WEIL ICH DICH NOCH AUSFRAGEN MUSS.
GRACK
ARGH...
LASS UNS SPÄTER AUF DEM REVIER NOCH MAL PLAUDERN.
OKAY, WAS STEHT ALS NÄCHSTES AN?
SST

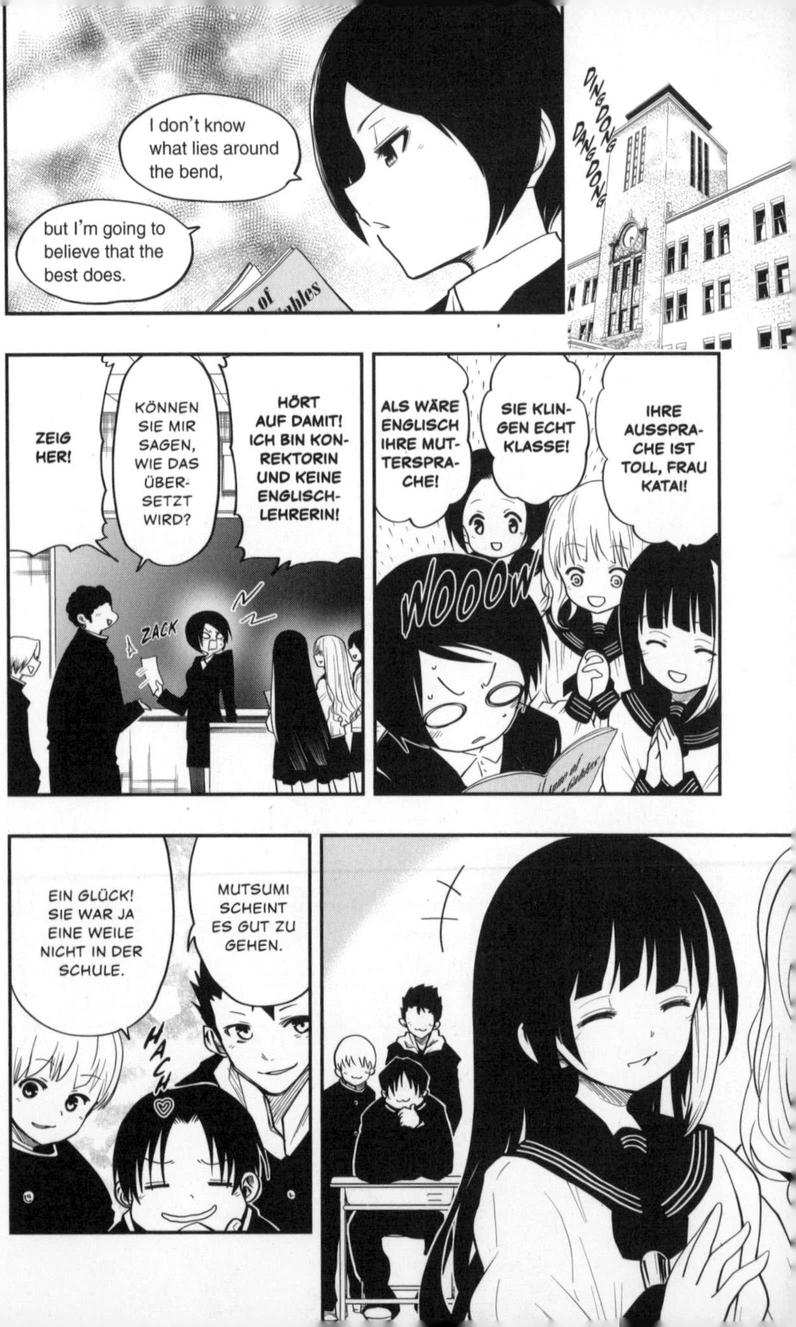
I don't know what lies around the bend,
but I'm going to believe that the best does.
DINGDONG DANGDONG
IHRE AUSSPRACHE IST TOLL, FRAU KATAI!
SIE KLINGEN ECHT KLASSE!
ALS WÄRE ENGLISCH IHRE MUTTERSPRACHE!
WOOOW
HÖRT AUF DAMIT! ICH BIN KONREKTORIN UND KEINE ENGLISCHLEHRERIN!
KÖNNEN SIE MIR SAGEN, WIE DAS ÜBERSETZT WIRD?
ZEIG HER!
ZACK
MUTSUMI SCHEINT ES GUT ZU GEHEN.
EIN GLÜCK! SIE WAR JA EINE WEILE NICHT IN DER SCHULE.
HACH

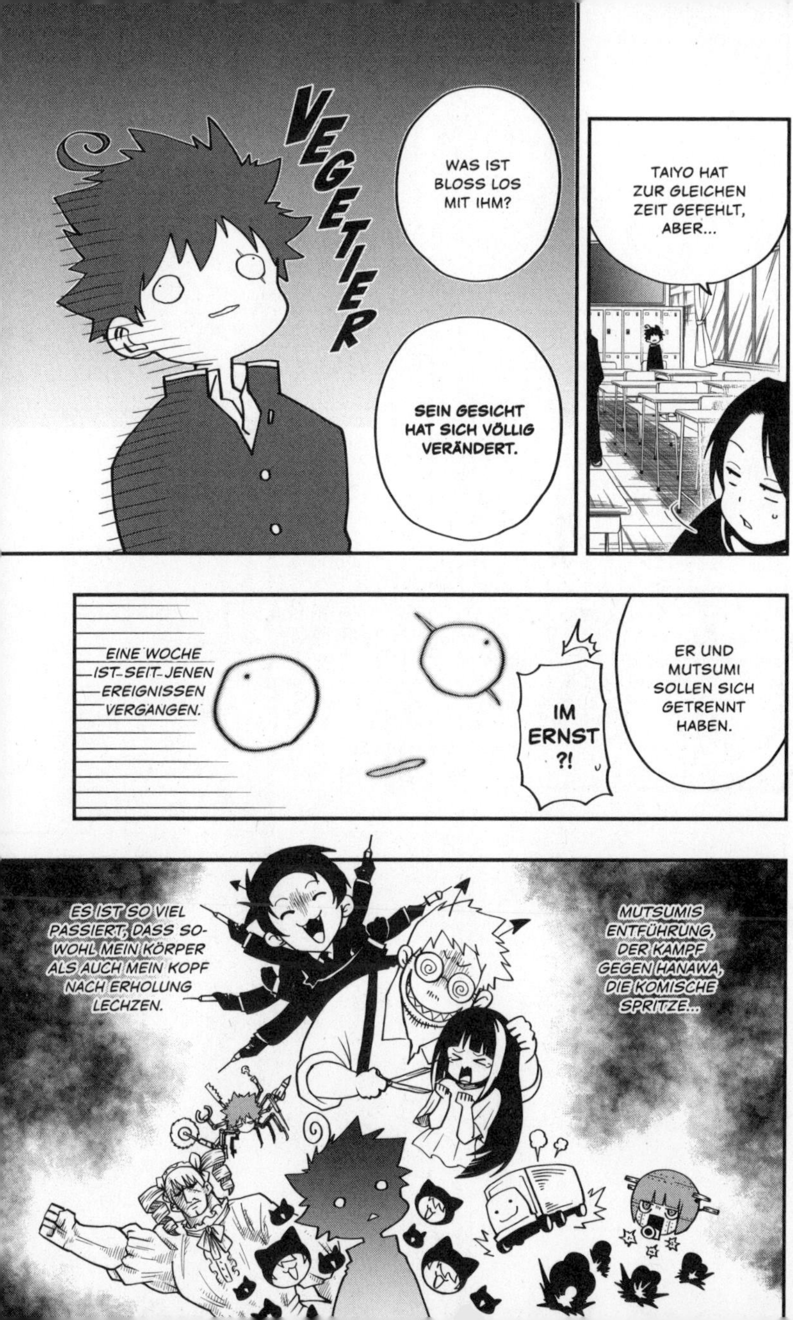
TAIYO HAT ZUR GLEICHEN ZEIT GEFEHLT, ABER...
WAS IST BLOSS LOS MIT IHM?
SEIN GESICHT HAT SICH VÖLLIG VERÄNDERT.
VEGETIER
ER UND MUTSUMI SOLLEN SICH GETRENNT HABEN.
IM ERNST ?!
EINE WOCHE IST SEIT JENEN EREIGNISSEN VERGANGEN.
MUTSUMIS ENTFÜHRUNG, DER KAMPF GEGEN HANAWA, DIE KOMISCHE SPRITZE...
ES IST SO VIEL PASSIERT, DASS SOWOHL MEIN KÖRPER ALS AUCH MEIN KOPF NACH ERHOLUNG LECHZEN.

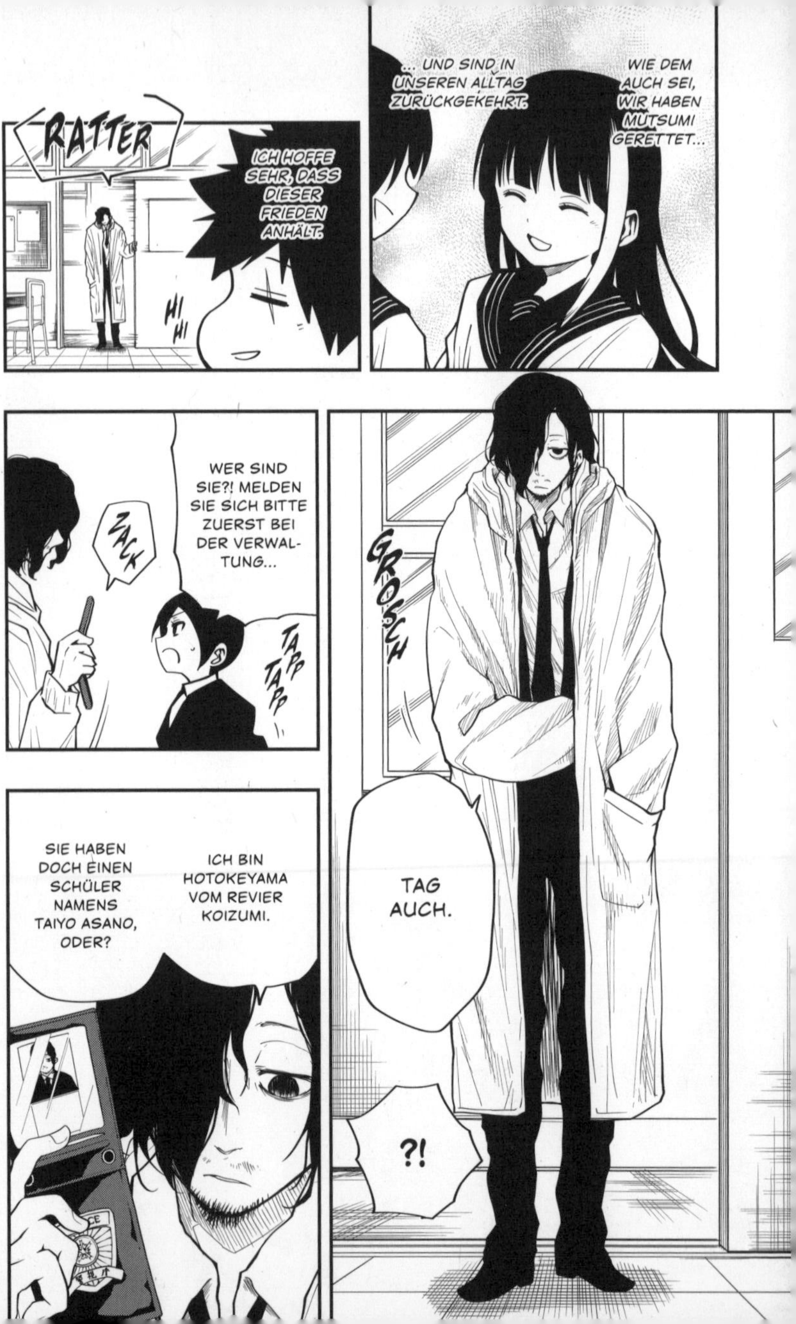

WIE DEM AUCH SEI, WIR HABEN MUTSUMI GERETTET...
... UND SIND IN UNSEREN ALLTAG ZURÜCKGEKEHRT.
RATTER
ICH HOFFE SEHR, DASS DIESER FRIEDEN ANHÄLT.
HI HI
GROSCH
TAG AUCH.
?!
WER SIND SIE?! MELDEN SIE SICH BITTE ZUERST BEI DER VERWALTUNG...
ZACK
TAPP TAPP
ICH BIN HOTOKEYAMA VOM REVIER KOIZUMI.
SIE HABEN DOCH EINEN SCHÜLER NAMENS TAIYO ASANO, ODER?

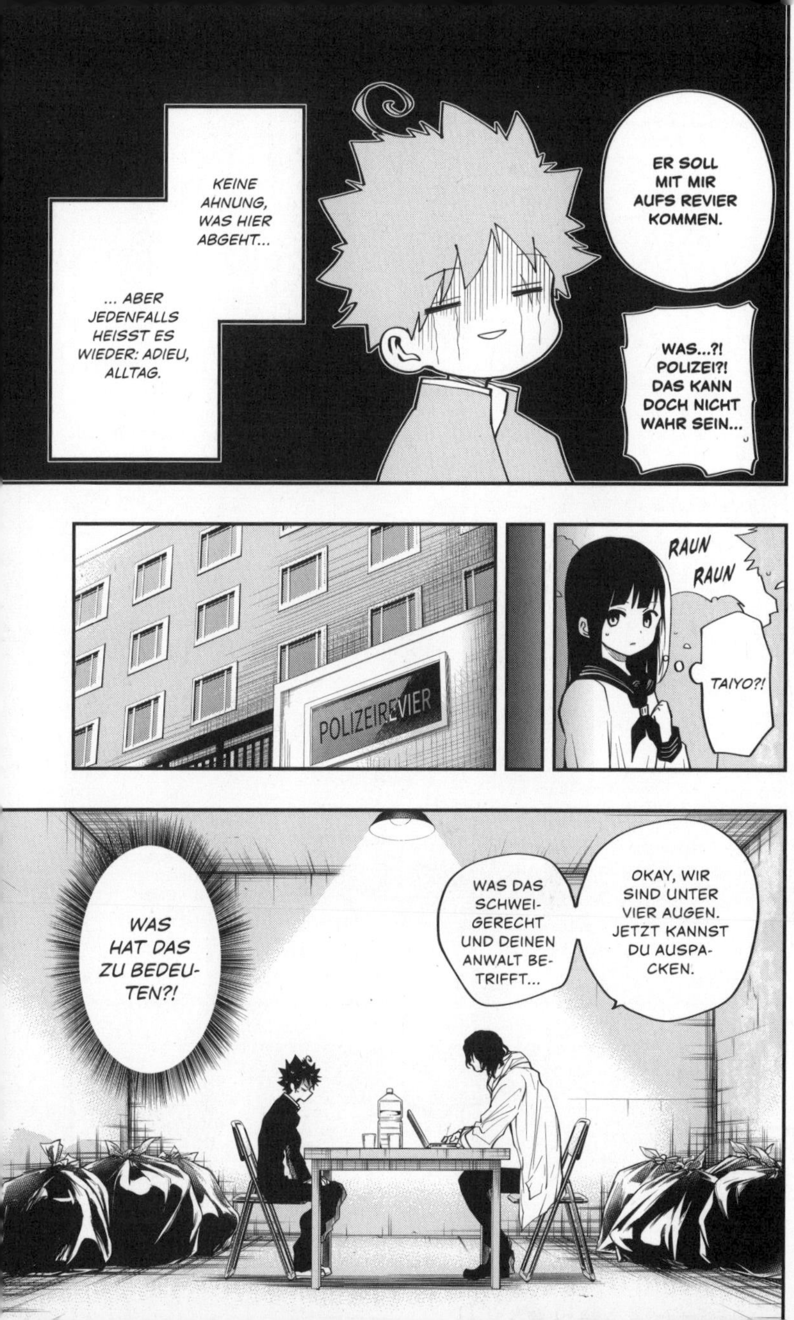
ER SOLL MIT MIR AUFS REVIER KOMMEN.
WAS...?! POLIZEI?! DAS KANN DOCH NICHT WAHR SEIN...
KEINE AHNUNG, WAS HIER ABGEHT...
... ABER JEDENFALLS HEISST ES WIEDER: ADIEU, ALLTAG.
RAUN RAUN
TAIYO?!
POLIZEIREVIER
OKAY, WIR SIND UNTER VIER AUGEN. JETZT KANNST DU AUSPA-CKEN.
WAS DAS SCHWEI-GERECHT UND DEINEN ANWALT BE-TRIFFT...
WAS HAT DAS ZU BEDEU-TEN?!

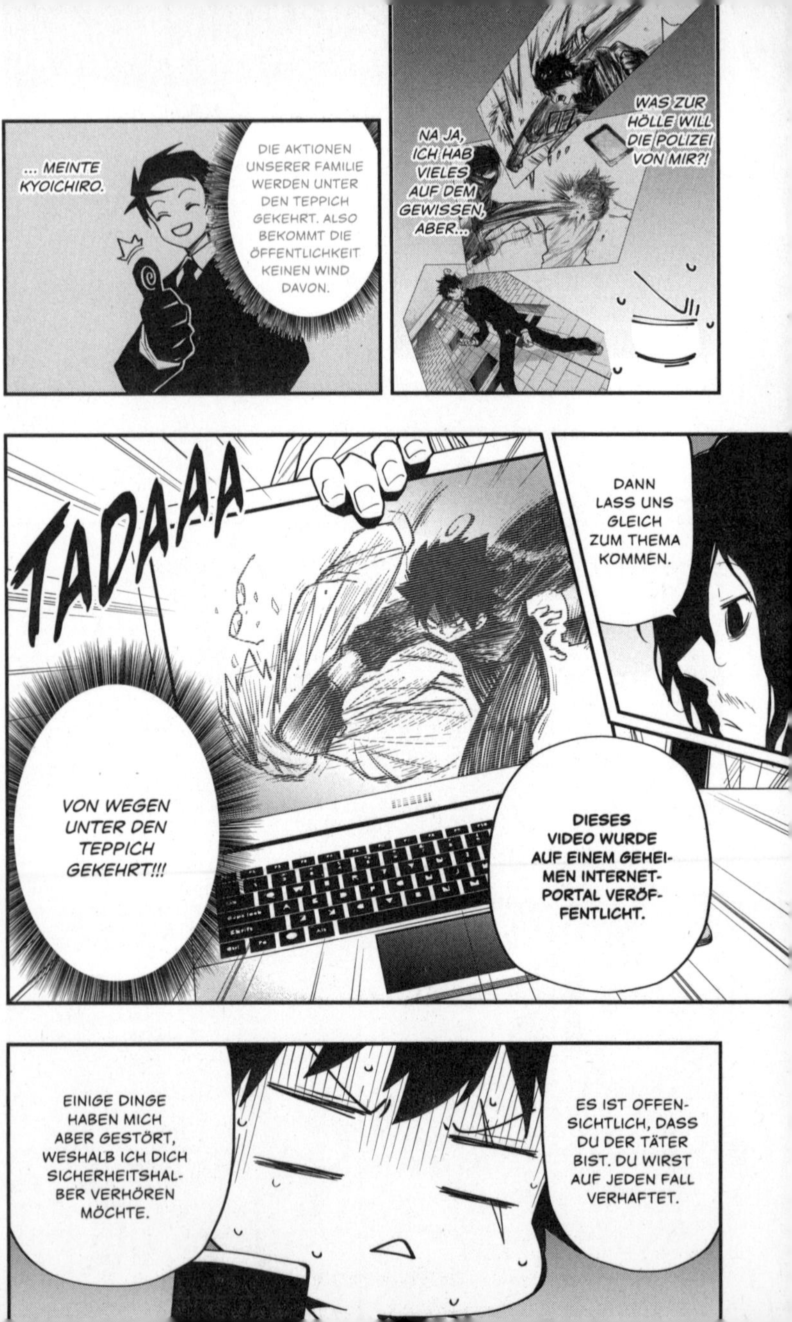
WAS ZUR HÖLLE WILL DIE POLIZEI VON MIR?!
NA JA, ICH HAB VIELES AUF DEM GEWISSEN, ABER...
DIE AKTIONEN UNSERER FAMILIE WERDEN UNTER DEN TEPPICH GEKEHRT. ALSO BEKOMMT DIE ÖFFENTLICHKEIT KEINEN WIND DAVON.
... MEINTE KYOICHIRO.
DANN LASS UNS GLEICH ZUM THEMA KOMMEN.
TADAAA
DIESES VIDEO WURDE AUF EINEM GEHEIMEN INTERNETPORTAL VERÖFFENTLICHT.
VON WEGEN UNTER DEN TEPPICH GEKEHRT!!!
ES IST OFFENSICHTLICH, DASS DU DER TÄTER BIST. DU WIRST AUF JEDEN FALL VERHAFTET.
EINIGE DINGE HABEN MICH ABER GESTÖRT, WESHALB ICH DICH SICHERHEITSHALBER VERHÖREN MÖCHTE.

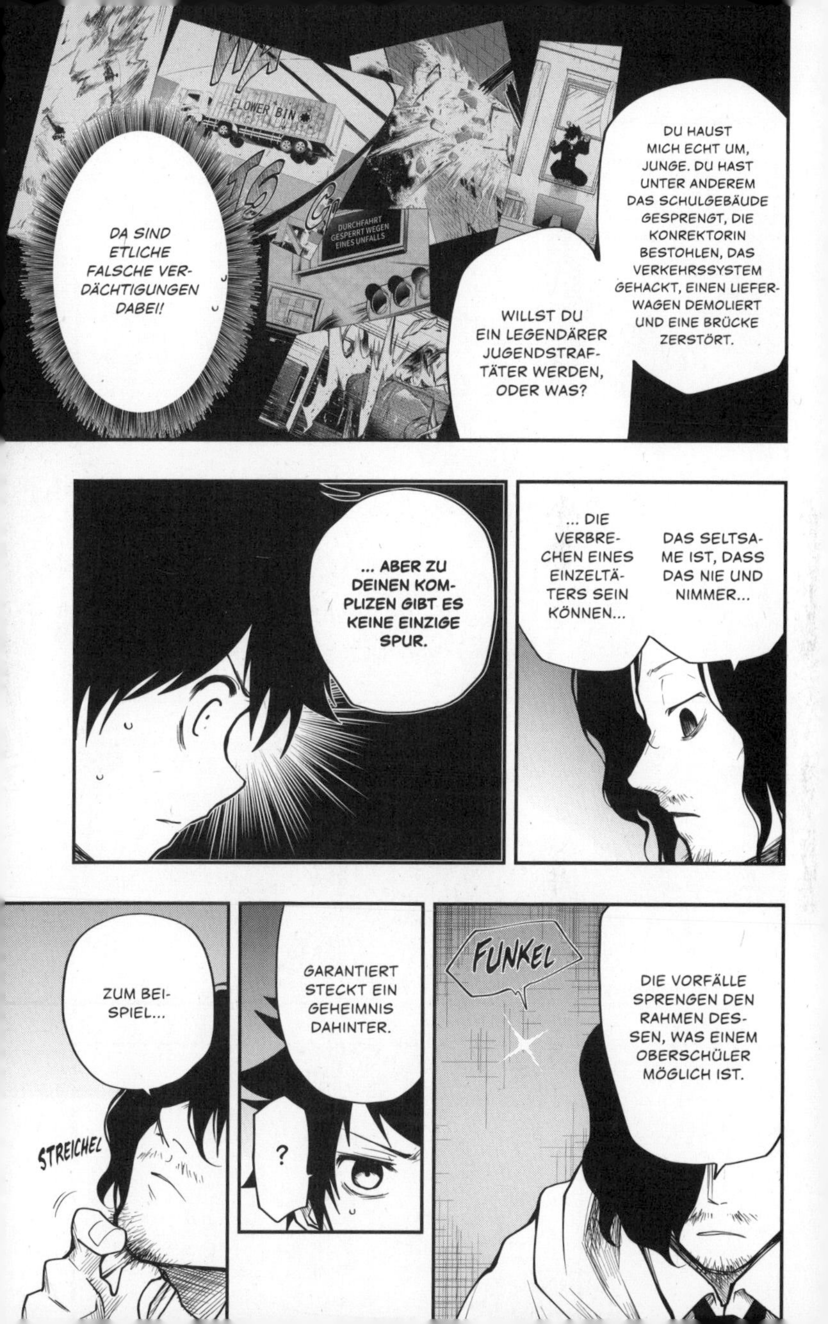
FLOWER BIN
DURCHFAHRT GESPERRT WEGEN EINES UNFALLS
DU HAUST MICH ECHT UM, JUNGE. DU HAST UNTER ANDEREM DAS SCHULGEBÄUDE GESPRENGT, DIE KONREKTORIN BESTOHLEN, DAS VERKEHRSSYSTEM GEHACKT, EINEN LIEFERWAGEN DEMOLIERT UND EINE BRÜCKE ZERSTÖRT.
WILLST DU EIN LEGENDÄRER JUGENDSTRAFTÄTER WERDEN, ODER WAS?
DA SIND ETLICHE FALSCHE VERDÄCHTIGUNGEN DABEI!
DAS SELTSAME IST, DASS DAS NIE UND NIMMER...
... DIE VERBRECHEN EINES EINZELTÄTERS SEIN KÖNNEN...
... ABER ZU DEINEN KOMPLIZEN GIBT ES KEINE EINZIGE SPUR.
FUNKEL
DIE VORFÄLLE SPRENGEN DEN RAHMEN DESSEN, WAS EINEM OBERSCHÜLER MÖGLICH IST.
GARANTIERT STECKT EIN GEHEIMNIS DAHINTER.
?
ZUM BEISPIEL...
STREICHEL

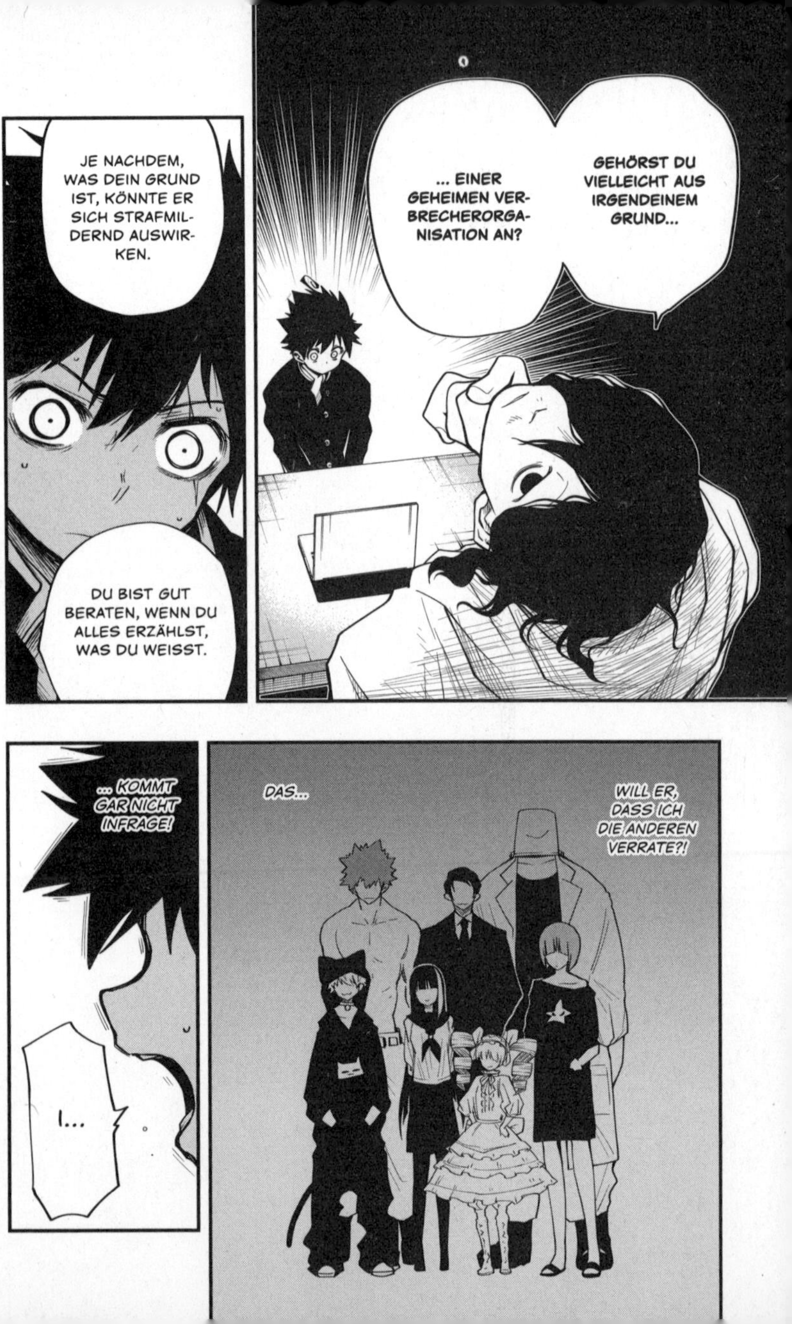
GEHÖRST DU VIELLEICHT AUS IRGENDEINEM GRUND...
... EINER GEHEIMEN VERBRECHERORGANISATION AN?
JE NACHDEM, WAS DEIN GRUND IST, KÖNNTE ER SICH STRAFMILDERND AUSWIRKEN.
DU BIST GUT BERATEN, WENN DU ALLES ERZÄHLST, WAS DU WEISST.
WILL ER, DASS ICH DIE ANDEREN VERRATE?!
DAS...
... KOMMT GAR NICHT INFRAGE!
I...

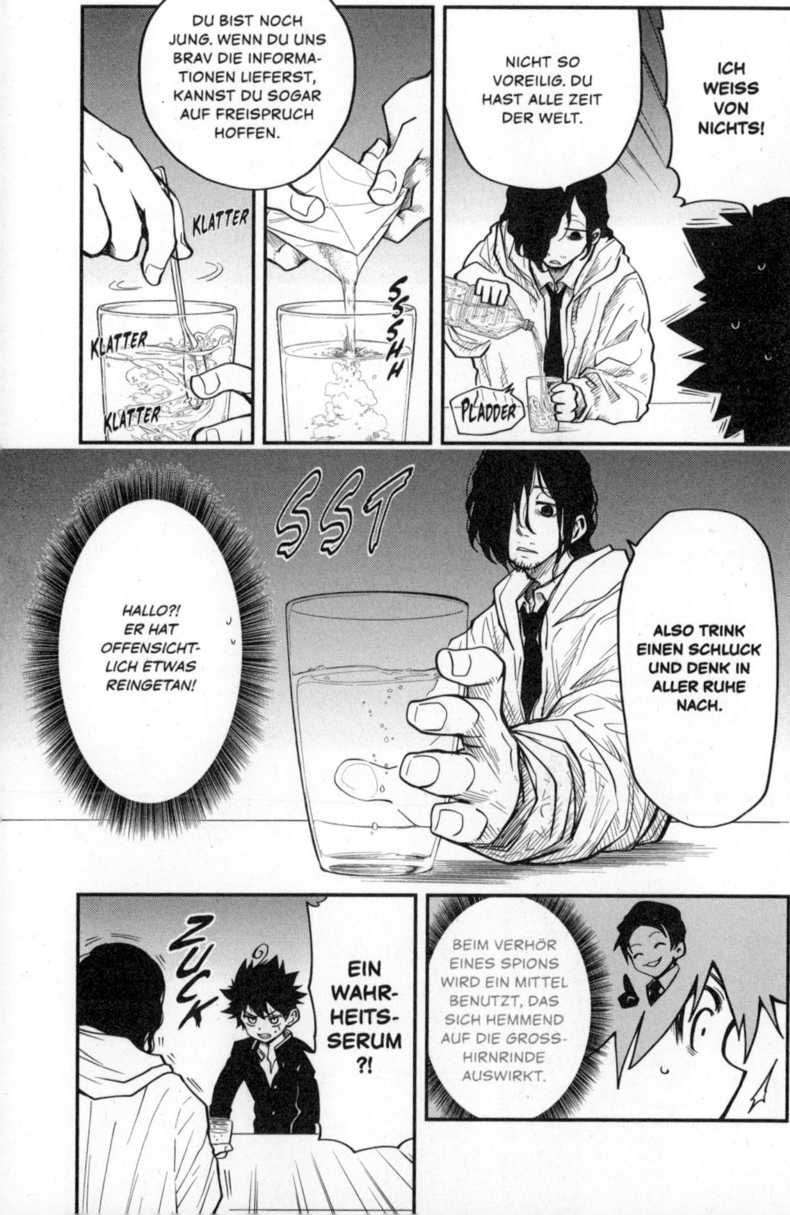

ICH WEISS VON NICHTS!
NICHT SO VOREILIG. DU HAST ALLE ZEIT DER WELT.
PLADDER
DU BIST NOCH JUNG. WENN DU UNS BRAV DIE INFORMATIONEN LIEFERST, KANNST DU SOGAR AUF FREISPRUCH HOFFEN.
SSSHH
KLATTER
KLATTER
KLATTER
ALSO TRINK EINEN SCHLUCK UND DENK IN ALLER RUHE NACH.
SST
HALLO?! ER HAT OFFENSICHTLICH ETWAS REINGETAN!
BEIM VERHÖR EINES SPIONS WIRD EIN MITTEL BENUTZT, DAS SICH HEMMEND AUF DIE GROSSHIRNRINDE AUSWIRKT.
EIN WAHRHEITS-SERUM ?!
ZUCK

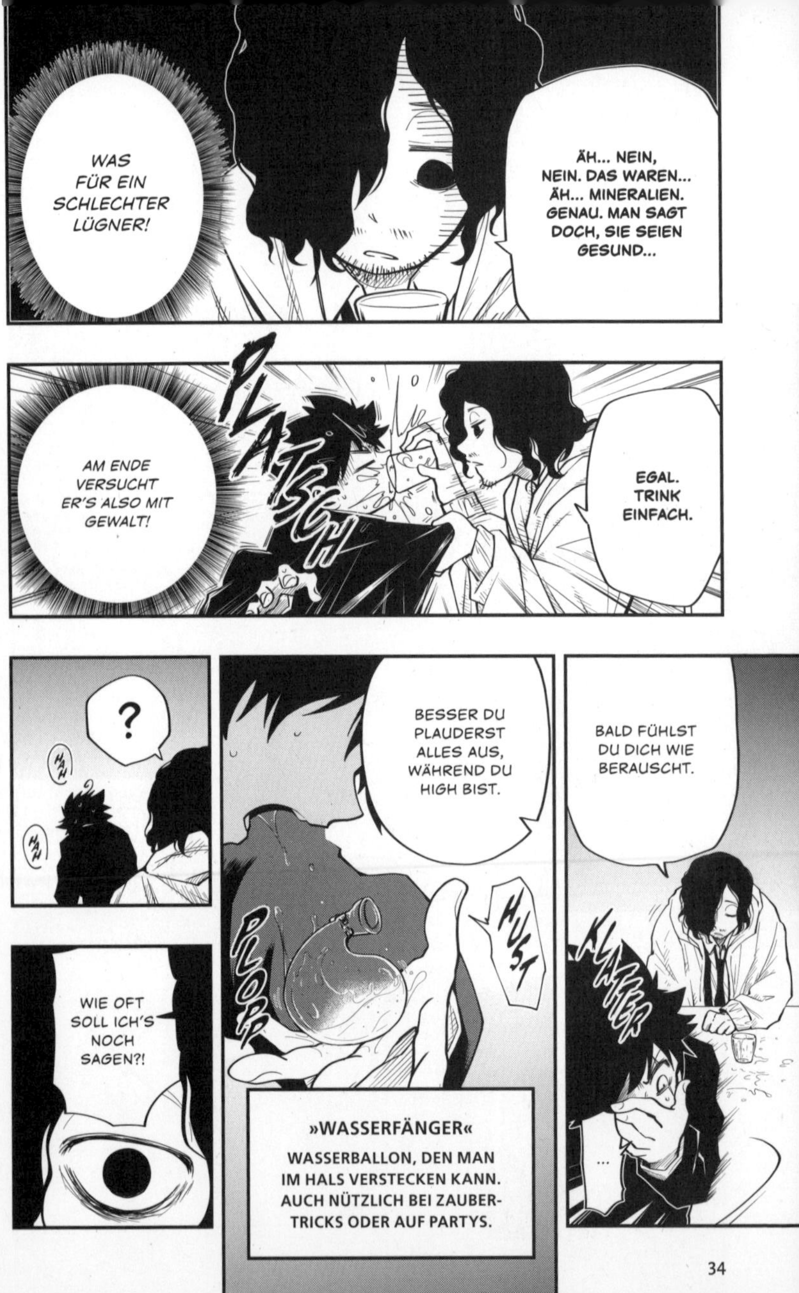

ÄH... NEIN, NEIN. DAS WAREN... ÄH... MINERALIEN. GENAU. MAN SAGT DOCH, SIE SEIEN GESUND...
WAS FÜR EIN SCHLECHTER LÜGNER!
EGAL. TRINK EINFACH.
PLATSCH
AM ENDE VERSUCHT ER'S ALSO MIT GEWALT!
BALD FÜHLST DU DICH WIE BERAUSCHT.
...
BESSER DU PLAUDERST ALLES AUS, WÄHREND DU HIGH BIST.
HUST
PLOPP
»WASSERFÄNGER«
WASSERBALLON, DEN MAN IM HALS VERSTECKEN KANN. AUCH NÜTZLICH BEI ZAUBERTRICKS ODER AUF PARTYS.
?
WIE OFT SOLL ICH'S NOCH SAGEN?!

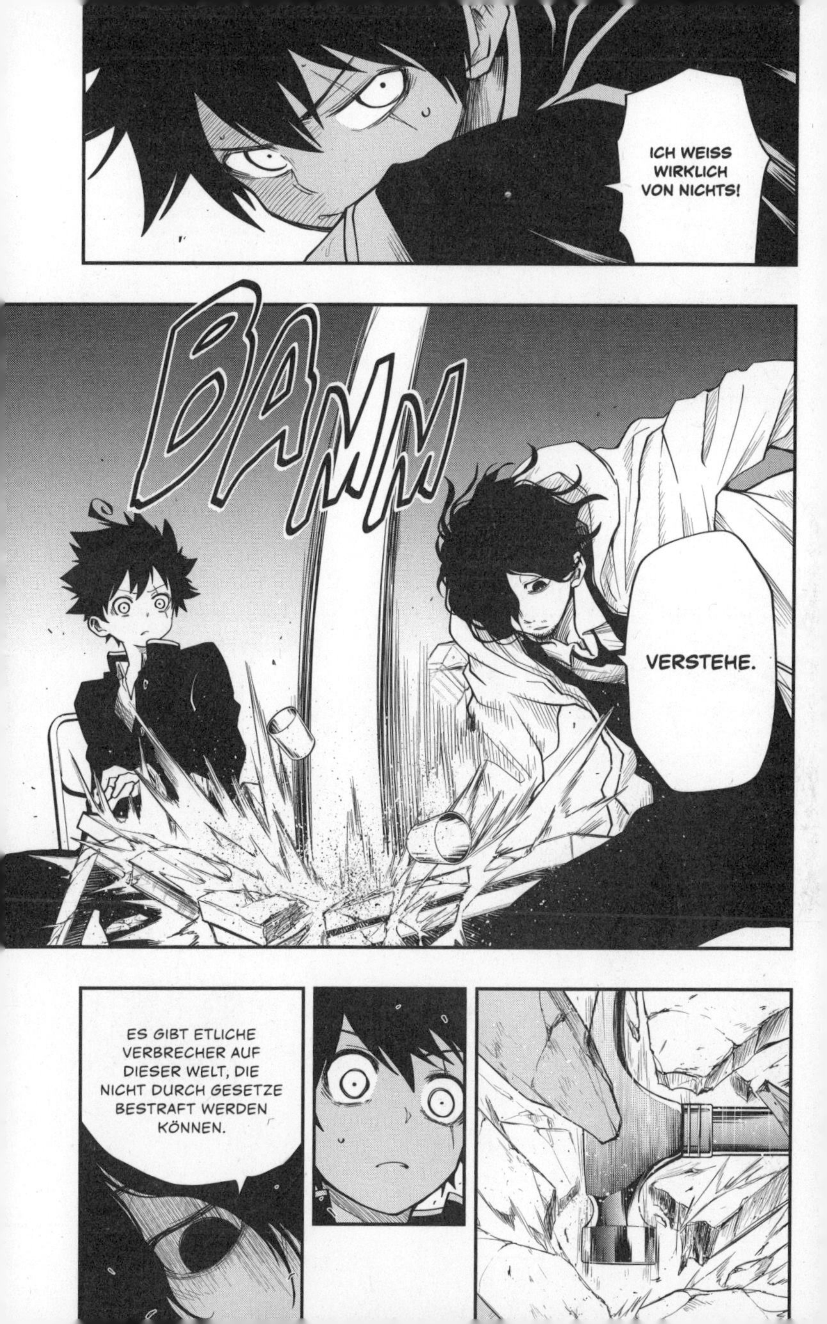
ICH WEISS WIRKLICH VON NICHTS!
BAMM
VERSTEHE.
ES GIBT ETLICHE VERBRECHER AUF DIESER WELT, DIE NICHT DURCH GESETZE BESTRAFT WERDEN KÖNNEN.

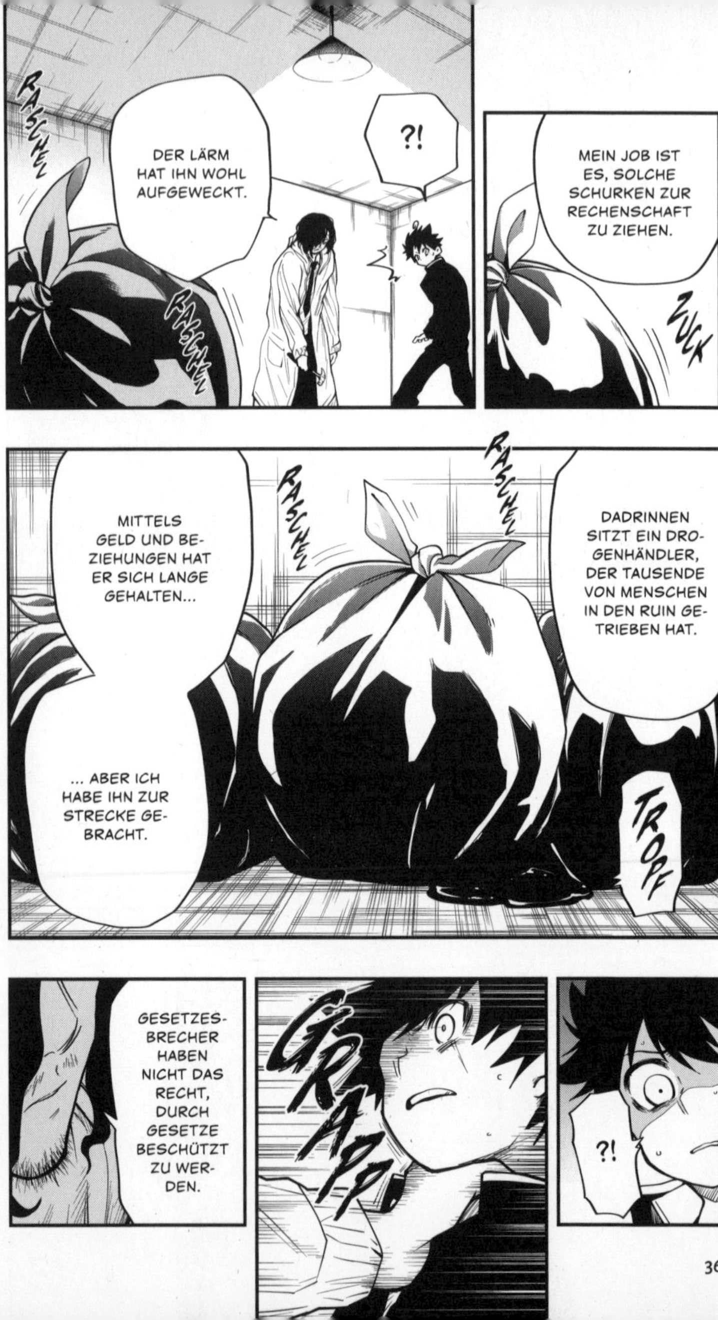

MEIN JOB IST ES, SOLCHE SCHURKEN ZUR RECHENSCHAFT ZU ZIEHEN.
ZUCK
?!
DER LÄRM HAT IHN WOHL AUFGEWECKT.
RASCHEL
RASCHEL
DADRINNEN SITZT EIN DROGENHÄNDLER, DER TAUSENDE VON MENSCHEN IN DEN RUIN GETRIEBEN HAT.
RASCHEL
RASCHEL
MITTELS GELD UND BEZIEHUNGEN HAT ER SICH LANGE GEHALTEN...
TROPF
... ABER ICH HABE IHN ZUR STRECKE GEBRACHT.
?!
GRAPP
GESETZESBRECHER HABEN NICHT DAS RECHT, DURCH GESETZE BESCHÜTZT ZU WERDEN.

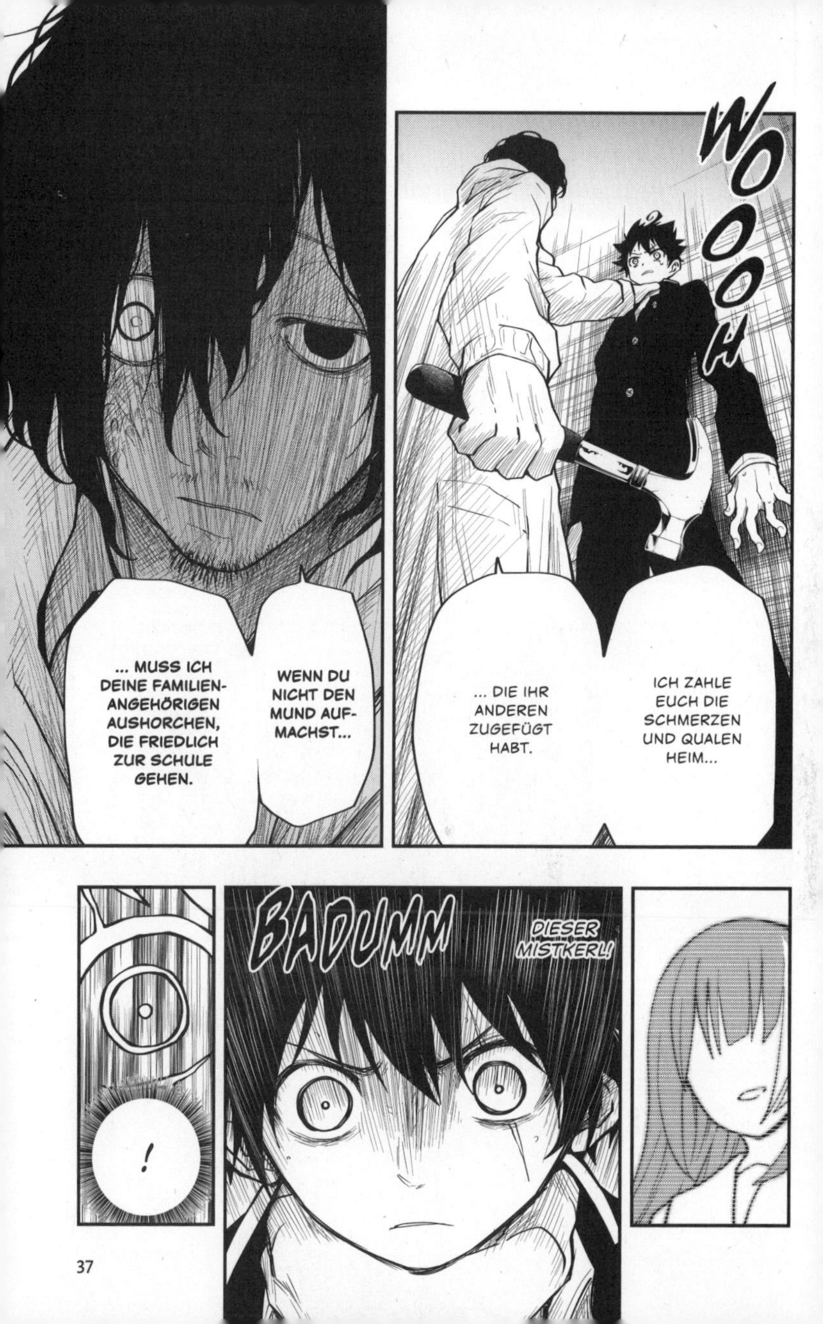
WOOOOH
ICH ZAHLE EUCH DIE SCHMERZEN UND QUALEN HEIM...
... DIE IHR ANDEREN ZUGEFÜGT HABT.
WENN DU NICHT DEN MUND AUF-MACHST...
... MUSS ICH DEINE FAMILIEN-ANGEHÖRIGEN AUSHORCHEN, DIE FRIEDLICH ZUR SCHULE GEHEN.
BADUMM
DIESER MISTKERL!
!

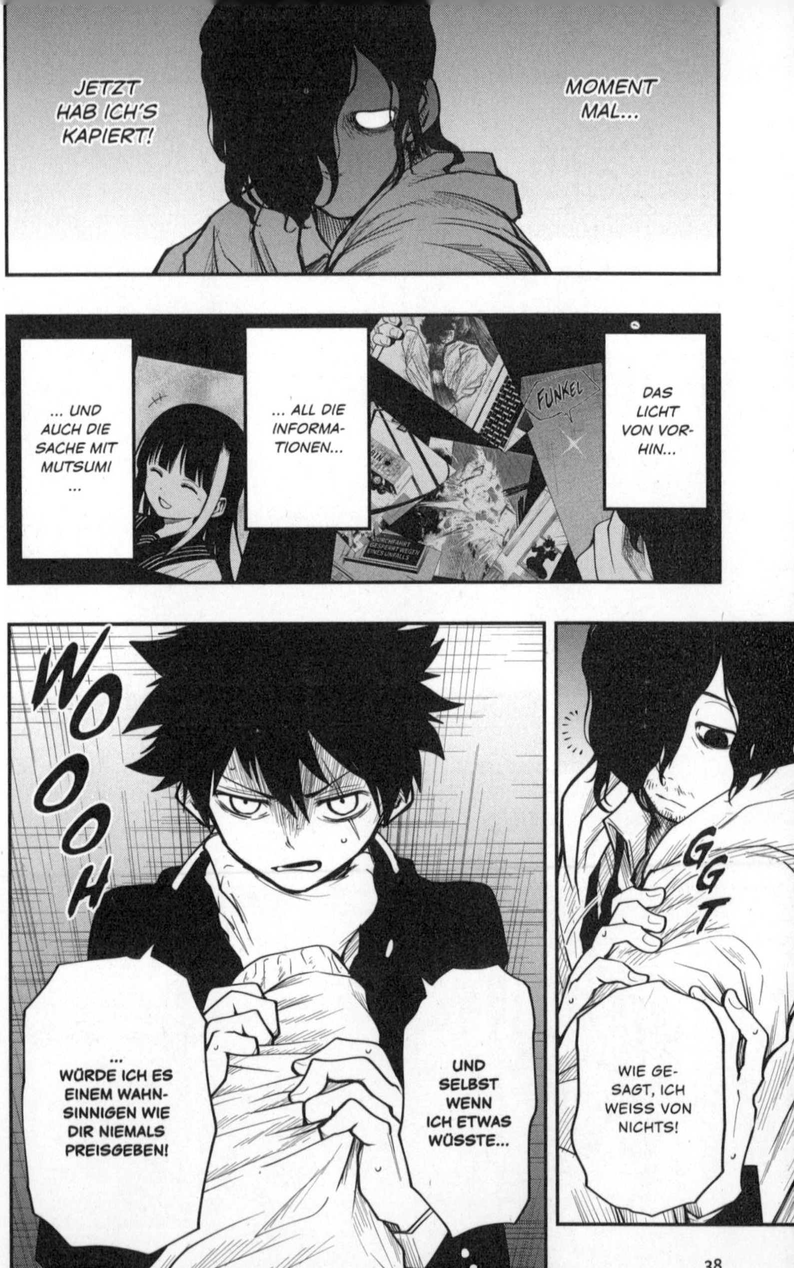
MOMENT MAL...
JETZT HAB ICH'S KAPIERT!
DAS LICHT VON VOR-HIN...
FUNKEL
... ALL DIE INFORMA-TIONEN...
DURCHFAHRT GESPERRT WEGEN EINES UNFALLS
... UND AUCH DIE SACHE MIT MUTSUMI ...
WIE GE-SAGT, ICH WEISS VON NICHTS!
GGT
WOOOH
UND SELBST WENN ICH ETWAS WÜSSTE...
... WÜRDE ICH ES EINEM WAHN-SINNIGEN WIE DIR NIEMALS PREISGEBEN!

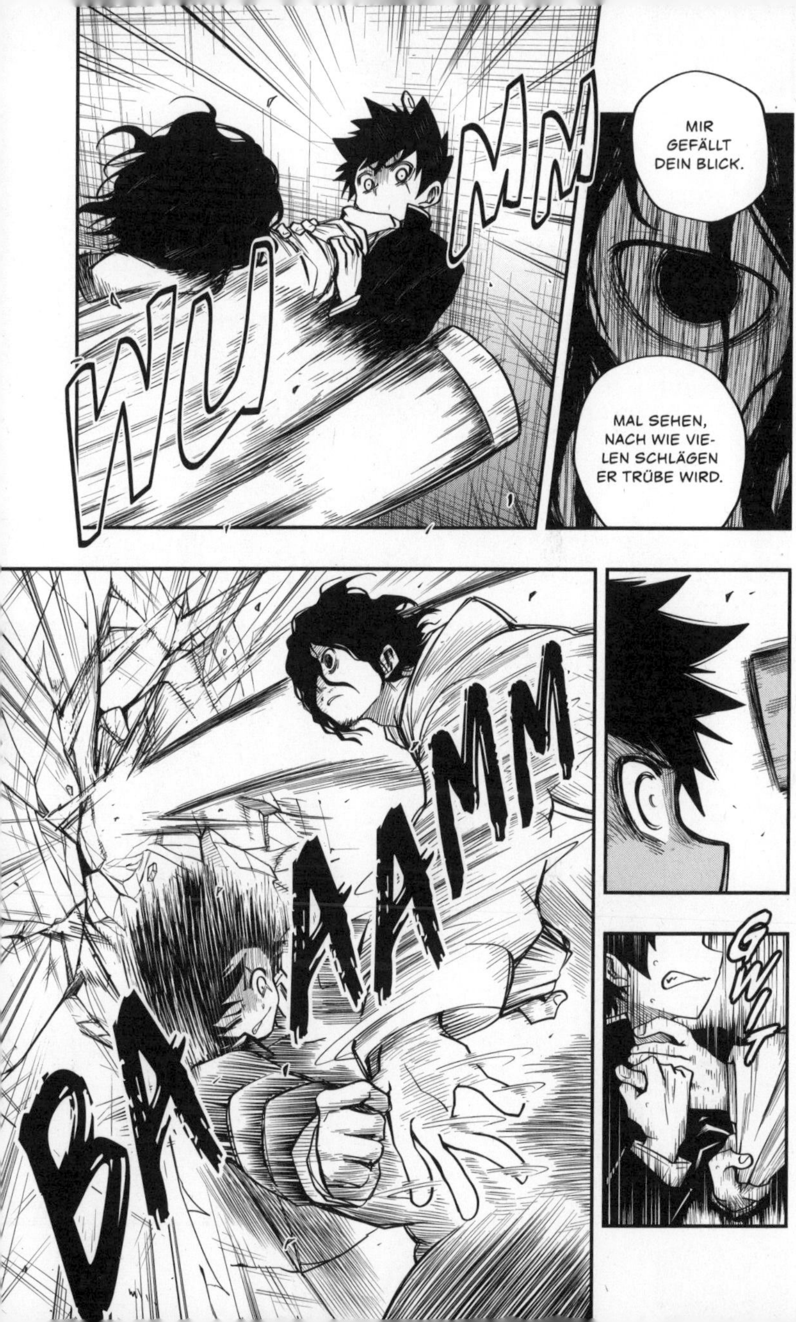
MIR GEFÄLLT DEIN BLICK.
MAL SEHEN, NACH WIE VIE-LEN SCHLÄGEN ER TRÜBE WIRD.
WUMMM
BAAMMM

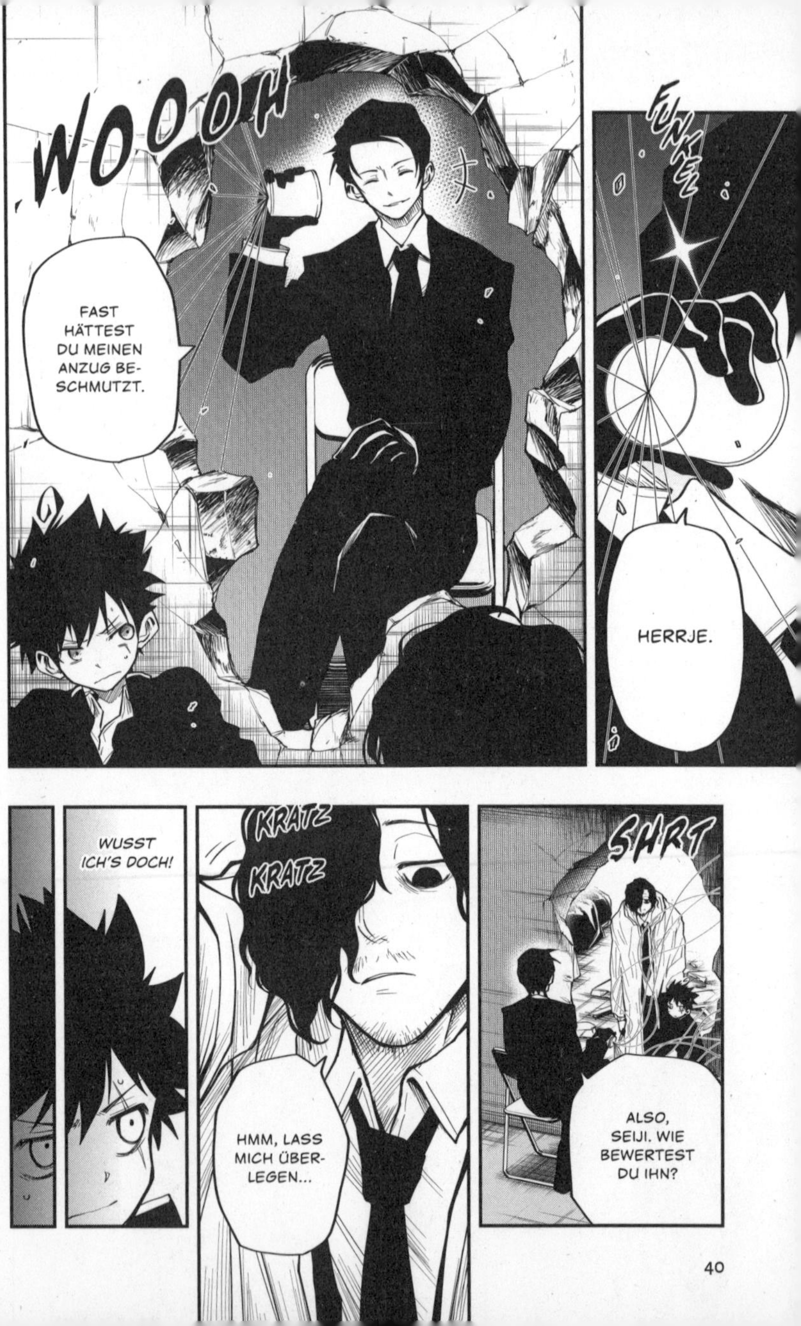
FUNKEL
HERRJE.
WOOOH
FAST HÄTTEST DU MEINEN ANZUG BESCHMUTZT.
SHRT
ALSO, SEIJI. WIE BEWERTEST DU IHN?
KRATZ
KRATZ
HMM, LASS MICH ÜBERLEGEN...
WUSST ICH'S DOCH!

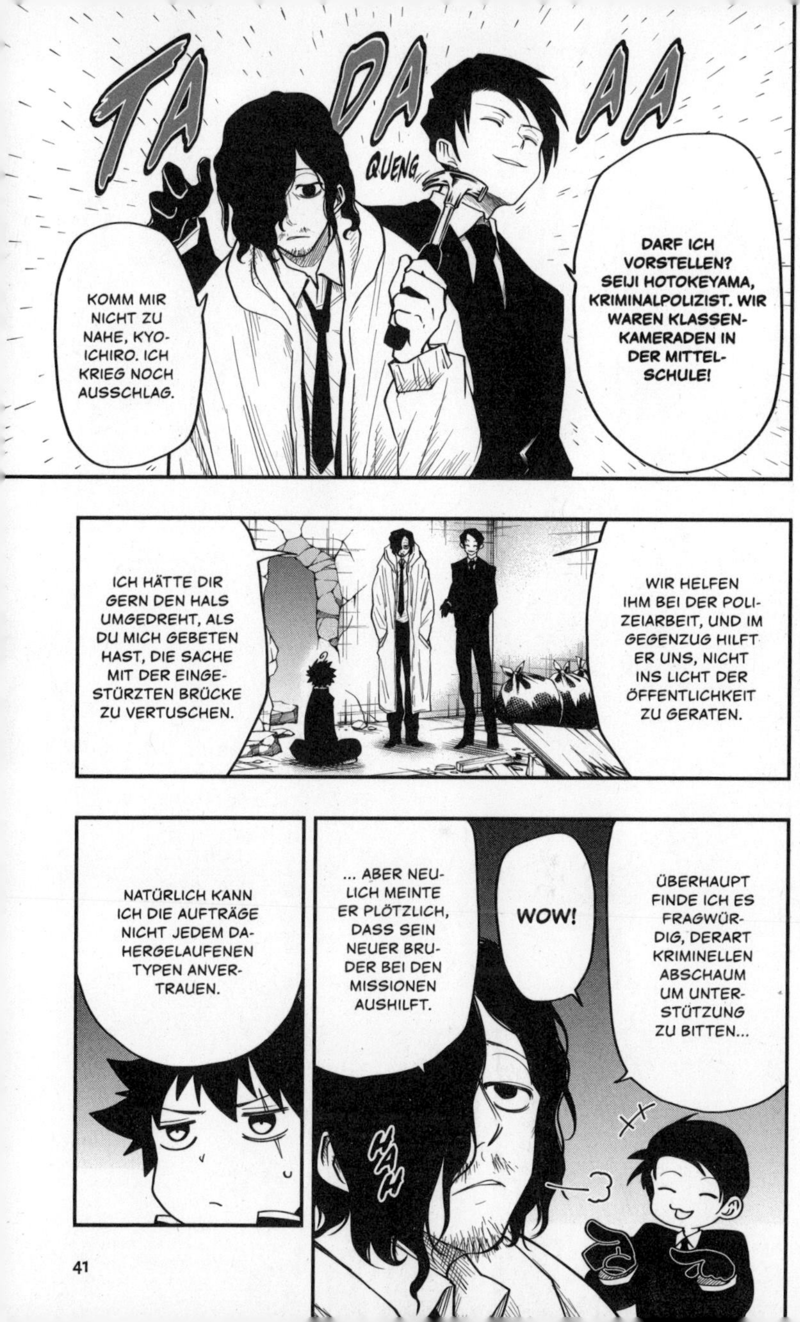
TA DA AA
QUENG
DARF ICH VORSTELLEN? SEIJI HOTOKEYAMA, KRIMINALPOLIZIST. WIR WAREN KLASSENKAMERADEN IN DER MITTELSCHULE!
KOMM MIR NICHT ZU NAHE, KYOICHIRO. ICH KRIEG NOCH AUSSCHLAG.
WIR HELFEN IHM BEI DER POLIZEIARBEIT, UND IM GEGENZUG HILFT ER UNS, NICHT INS LICHT DER ÖFFENTLICHKEIT ZU GERATEN.
ICH HÄTTE DIR GERN DEN HALS UMGEDREHT, ALS DU MICH GEBETEN HAST, DIE SACHE MIT DER EINGESTÜRZTEN BRÜCKE ZU VERTUSCHEN.
ÜBERHAUPT FINDE ICH ES FRAGWÜRDIG, DERART KRIMINELLEN ABSCHAUM UM UNTERSTÜTZUNG ZU BITTEN...
WOW!
... ABER NEULICH MEINTE ER PLÖTZLICH, DASS SEIN NEUER BRUDER BEI DEN MISSIONEN AUSHILFT.
HAH
NATÜRLICH KANN ICH DIE AUFTRÄGE NICHT JEDEM DAHERGELAUFENEN TYPEN ANVERTRAUEN.

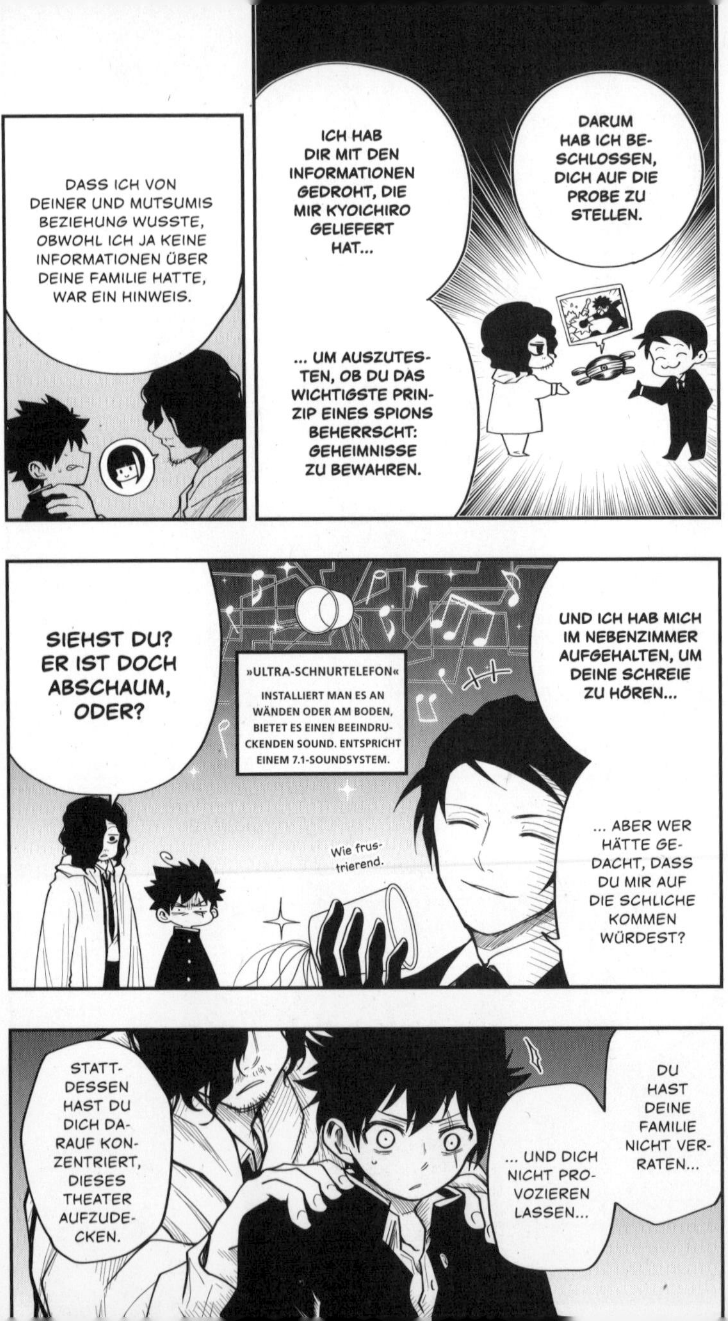
DARUM HAB ICH BESCHLOSSEN, DICH AUF DIE PROBE ZU STELLEN.
ICH HAB DIR MIT DEN INFORMATIONEN GEDROHT, DIE MIR KYOICHIRO GELIEFERT HAT...
... UM AUSZUTESTEN, OB DU DAS WICHTIGSTE PRINZIP EINES SPIONS BEHERRSCHT: GEHEIMNISSE ZU BEWAHREN.
DASS ICH VON DEINER UND MUTSUMIS BEZIEHUNG WUSSTE, OBWOHL ICH JA KEINE INFORMATIONEN ÜBER DEINE FAMILIE HATTE, WAR EIN HINWEIS.
UND ICH HAB MICH IM NEBENZIMMER AUFGEHALTEN, UM DEINE SCHREIE ZU HÖREN...
... ABER WER HÄTTE GEDACHT, DASS DU MIR AUF DIE SCHLICHE KOMMEN WÜRDEST?
»ULTRA-SCHNURTELEFON« INSTALLIERT MAN ES AN WÄNDEN ODER AM BODEN, BIETET ES EINEN BEEINDRUCKENDEN SOUND. ENTSPRICHT EINEM 7.1-SOUNDSYSTEM.
Wie frustrierend.
SIEHST DU? ER IST DOCH ABSCHAUM, ODER?
DU HAST DEINE FAMILIE NICHT VERRATEN...
... UND DICH NICHT PROVOZIEREN LASSEN...
STATTDESSEN HAST DU DICH DARAUF KONZENTRIERT, DIESES THEATER AUFZUDECKEN.

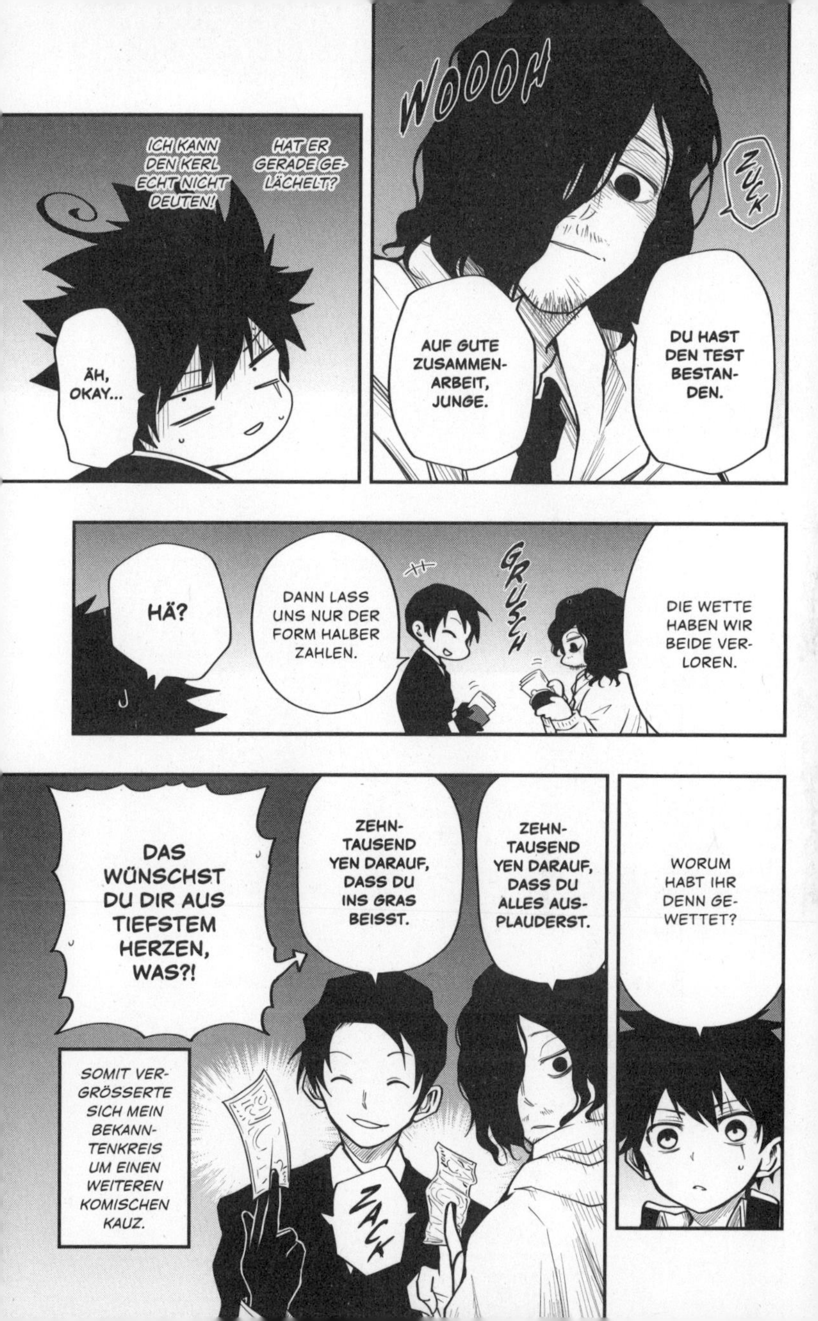

WOOOH
ZUCK
DU HAST DEN TEST BESTANDEN.
AUF GUTE ZUSAMMENARBEIT, JUNGE.
HAT ER GERADE GELÄCHELT?
ICH KANN DEN KERL ECHT NICHT DEUTEN!
ÄH, OKAY...
DIE WETTE HABEN WIR BEIDE VERLOREN.
GRUSCH
DANN LASS UNS NUR DER FORM HALBER ZAHLEN.
HÄ?
WORUM HABT IHR DENN GEWETTET?
ZEHNTAUSEND YEN DARAUF, DASS DU ALLES AUSPLAUDERST.
ZEHNTAUSEND YEN DARAUF, DASS DU INS GRAS BEISST.
DAS WÜNSCHST DU DIR AUS TIEFSTEM HERZEN, WAS?!
ZACK
SOMIT VERGRÖSSERTE SICH MEIN BEKANNTENKREIS UM EINEN WEITEREN KOMISCHEN KAUZ.

~ Seiji und Kyoichiro in ihrer Jugend ~

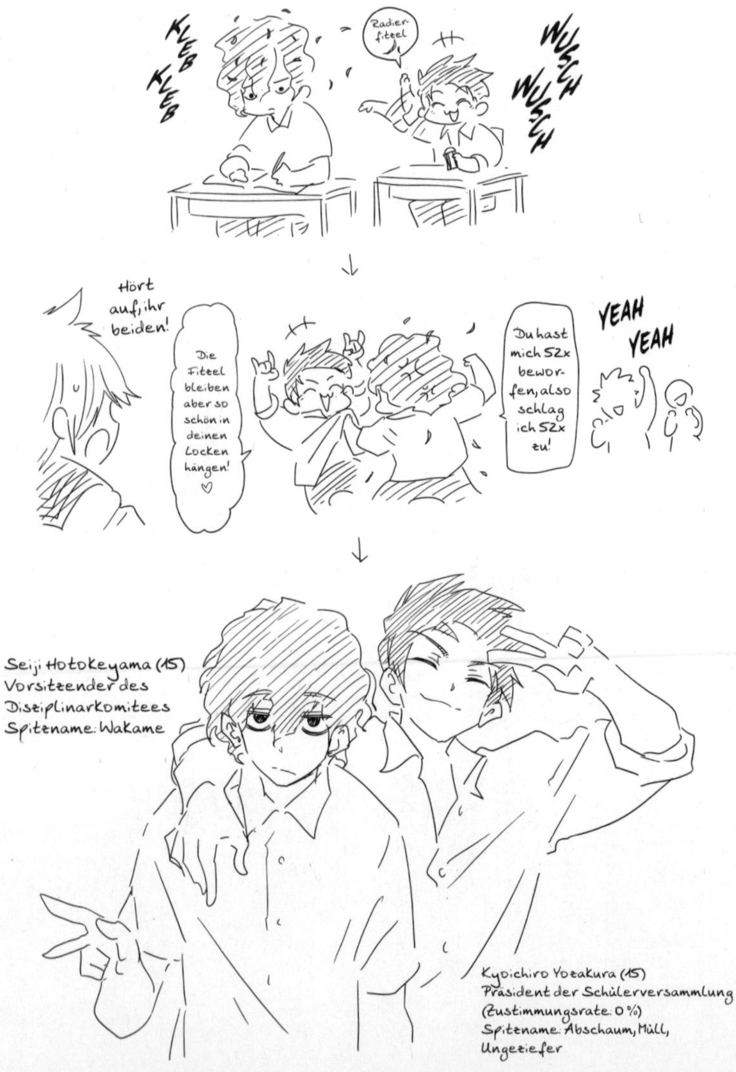

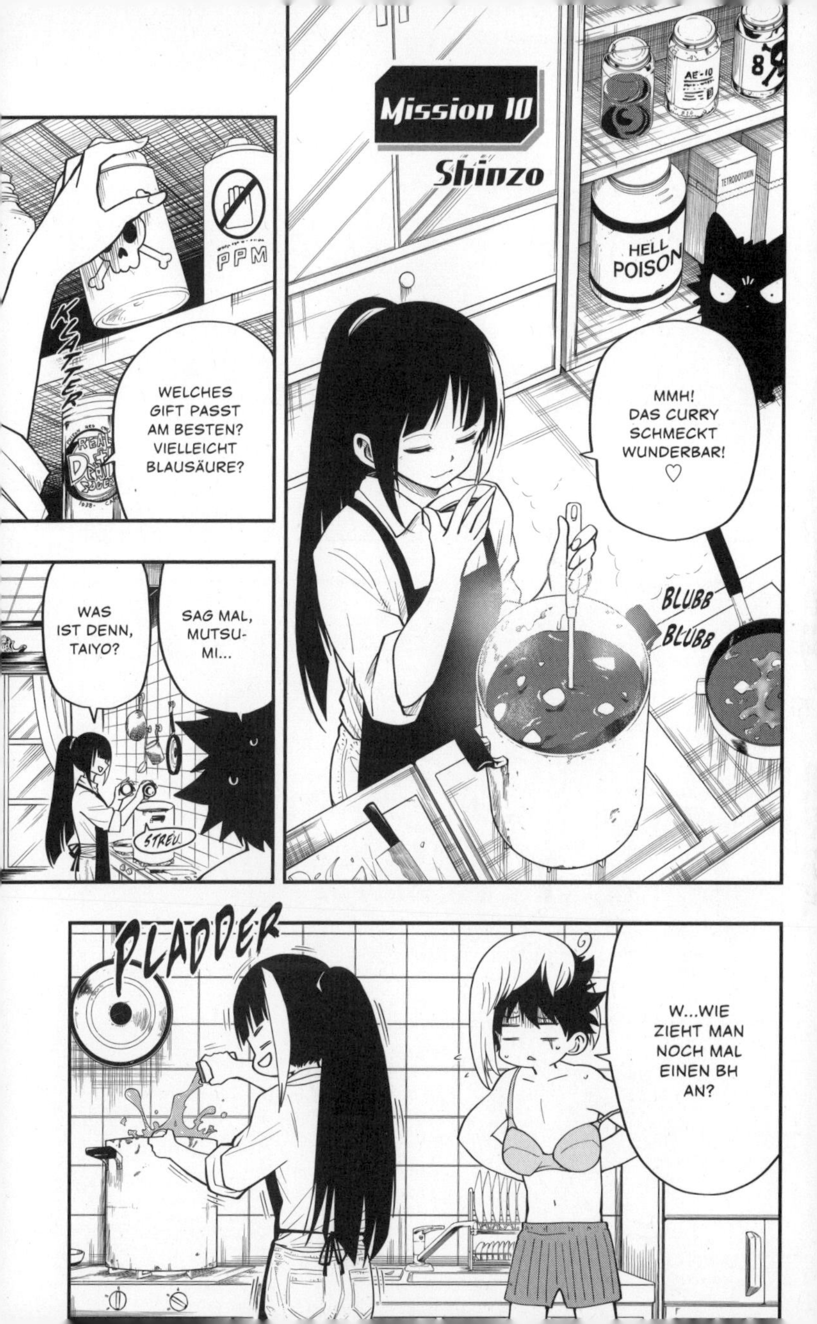

Mission 10
Shinzo
HELL POISON
TETRODOTOXIN
AE-10
PPM
MMH! DAS CURRY SCHMECKT WUNDERBAR! ♡
KLATTER
WELCHES GIFT PASST AM BESTEN? VIELLEICHT BLAUSÄURE?
BLUBB
BLUBB
SAG MAL, MUTSU-MI…
WAS IST DENN, TAIYO?
STREU
PLADDER
W…WIE ZIEHT MAN NOCH MAL EINEN BH AN?

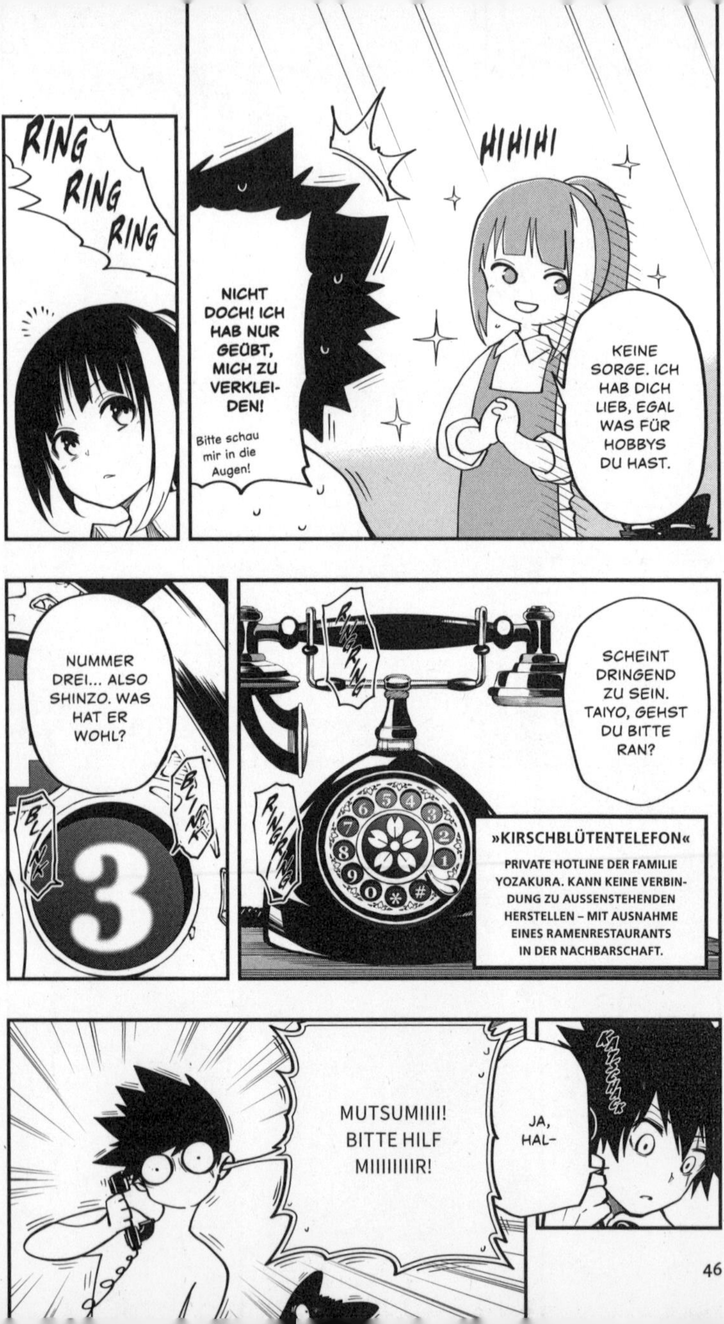
HIHIHI
KEINE SORGE. ICH HAB DICH LIEB, EGAL WAS FÜR HOBBYS DU HAST.
NICHT DOCH! ICH HAB NUR GEÜBT, MICH ZU VERKLEI-DEN!
Bitte schau mir in die Augen!
RING RING RING
RINGRING
SCHEINT DRINGEND ZU SEIN. TAIYO, GEHST DU BITTE RAN?
»KIRSCHBLÜTENTELEFON«
PRIVATE HOTLINE DER FAMILIE YOZAKURA. KANN KEINE VERBIN-DUNG ZU AUSSENSTEHENDEN HERSTELLEN – MIT AUSNAHME EINES RAMENRESTAURANTS IN DER NACHBARSCHAFT.
RINGRING
NUMMER DREI... ALSO SHINZO. WAS HAT ER WOHL?
BLINK
BLINK
KATSCHACK
JA, HAL-
MUTSUMIIII! BITTE HILF MIIIIIIIR!

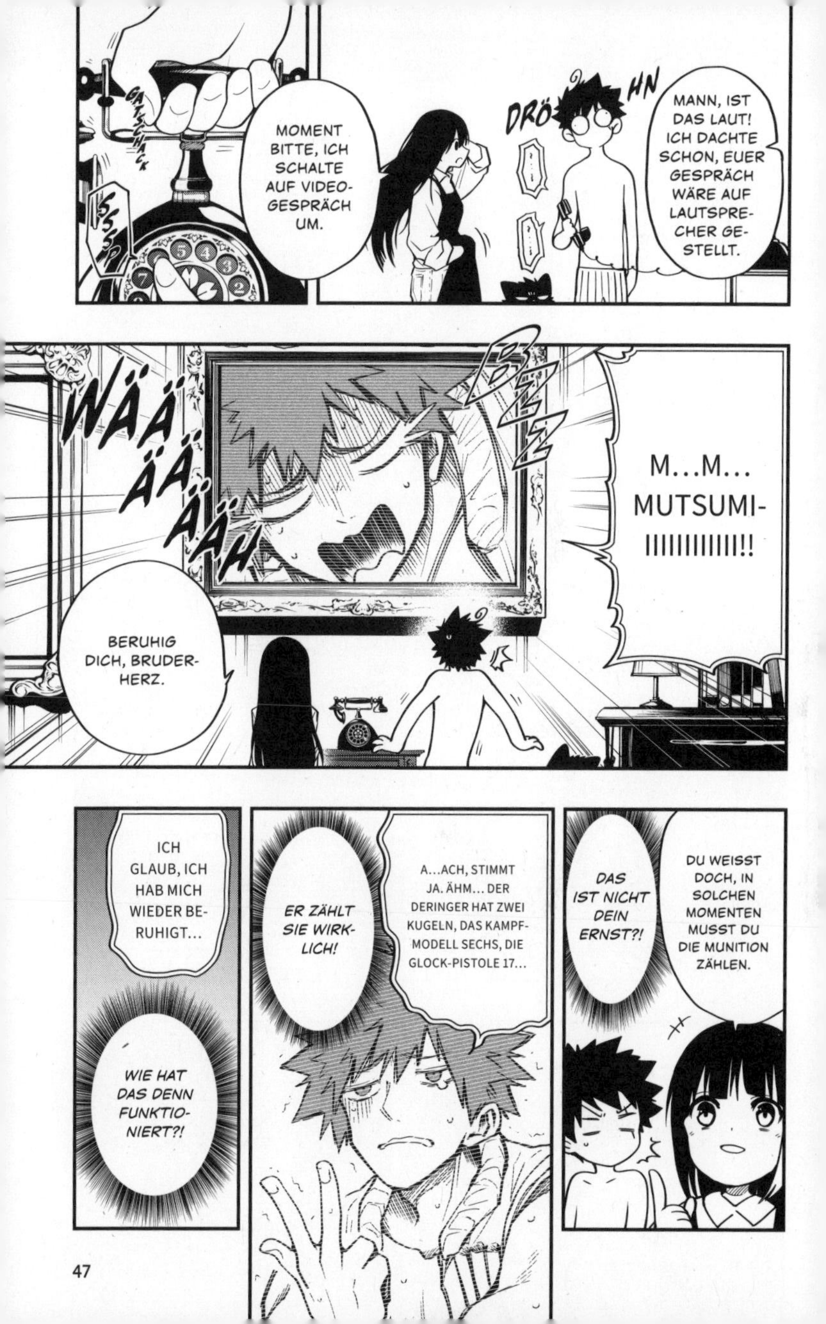
GATSCHACK
SSSP
MOMENT BITTE, ICH SCHALTE AUF VIDEO-GESPRÄCH UM.
DRÖHN
MANN, IST DAS LAUT! ICH DACHTE SCHON, EUER GESPRÄCH WÄRE AUF LAUTSPRE-CHER GE-STELLT.
M…M… MUTSUMI-IIIIIIIIIIII!!
BZZZ
WÄÄÄÄÄÄÄH
BERUHIG DICH, BRUDER-HERZ.
DU WEISST DOCH, IN SOLCHEN MOMENTEN MUSST DU DIE MUNITION ZÄHLEN.
DAS IST NICHT DEIN ERNST?!
A…ACH, STIMMT JA. ÄHM… DER DERINGER HAT ZWEI KUGELN, DAS KAMPF-MODELL SECHS, DIE GLOCK-PISTOLE 17…
ER ZÄHLT SIE WIRK-LICH!
ICH GLAUB, ICH HAB MICH WIEDER BE-RUHIGT…
WIE HAT DAS DENN FUNKTIO-NIERT?!

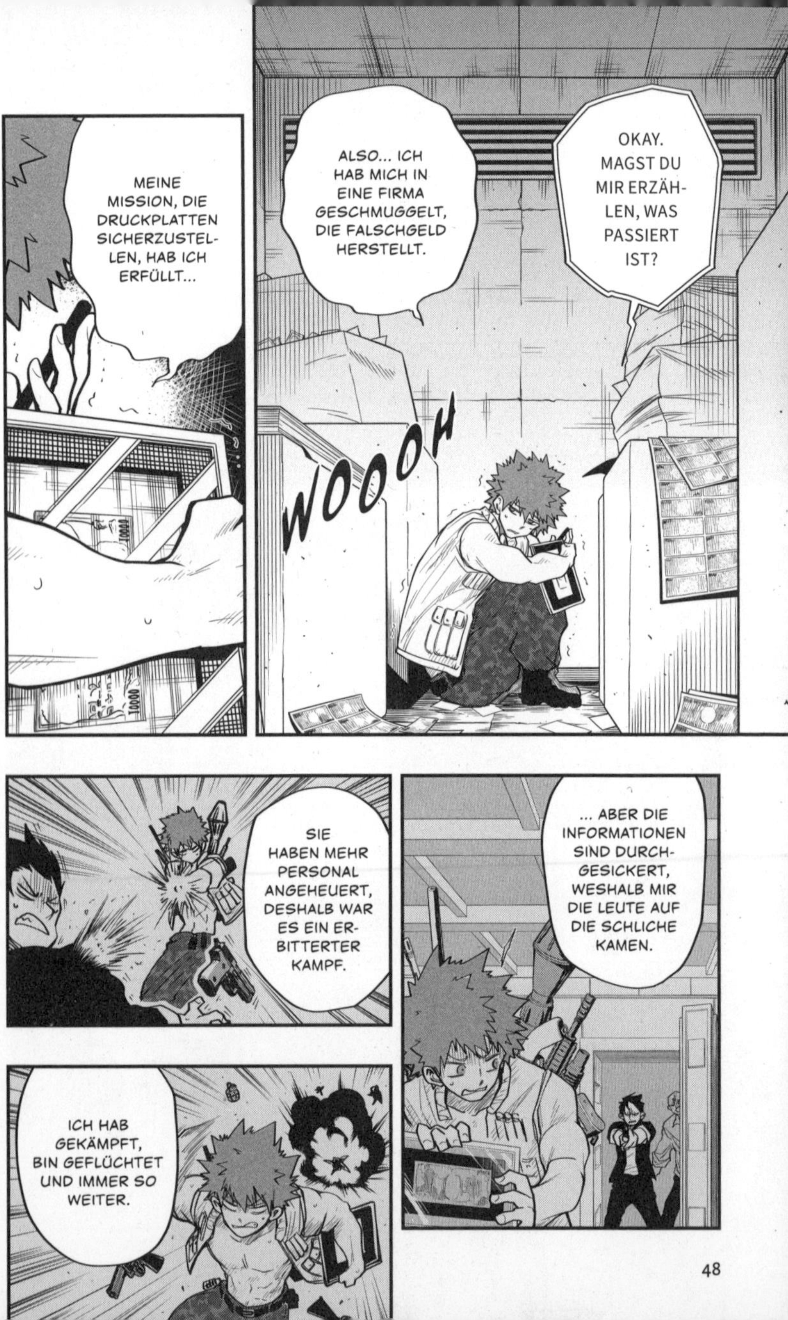
OKAY. MAGST DU MIR ERZÄHLEN, WAS PASSIERT IST?
ALSO... ICH HAB MICH IN EINE FIRMA GESCHMUGGELT, DIE FALSCHGELD HERSTELLT.
WOOOH
MEINE MISSION, DIE DRUCKPLATTEN SICHERZUSTELLEN, HAB ICH ERFÜLLT...
... ABER DIE INFORMATIONEN SIND DURCHGESICKERT, WESHALB MIR DIE LEUTE AUF DIE SCHLICHE KAMEN.
SIE HABEN MEHR PERSONAL ANGEHEUERT, DESHALB WAR ES EIN ERBITTERTER KAMPF.
ICH HAB GEKÄMPFT, BIN GEFLÜCHTET UND IMMER SO WEITER.

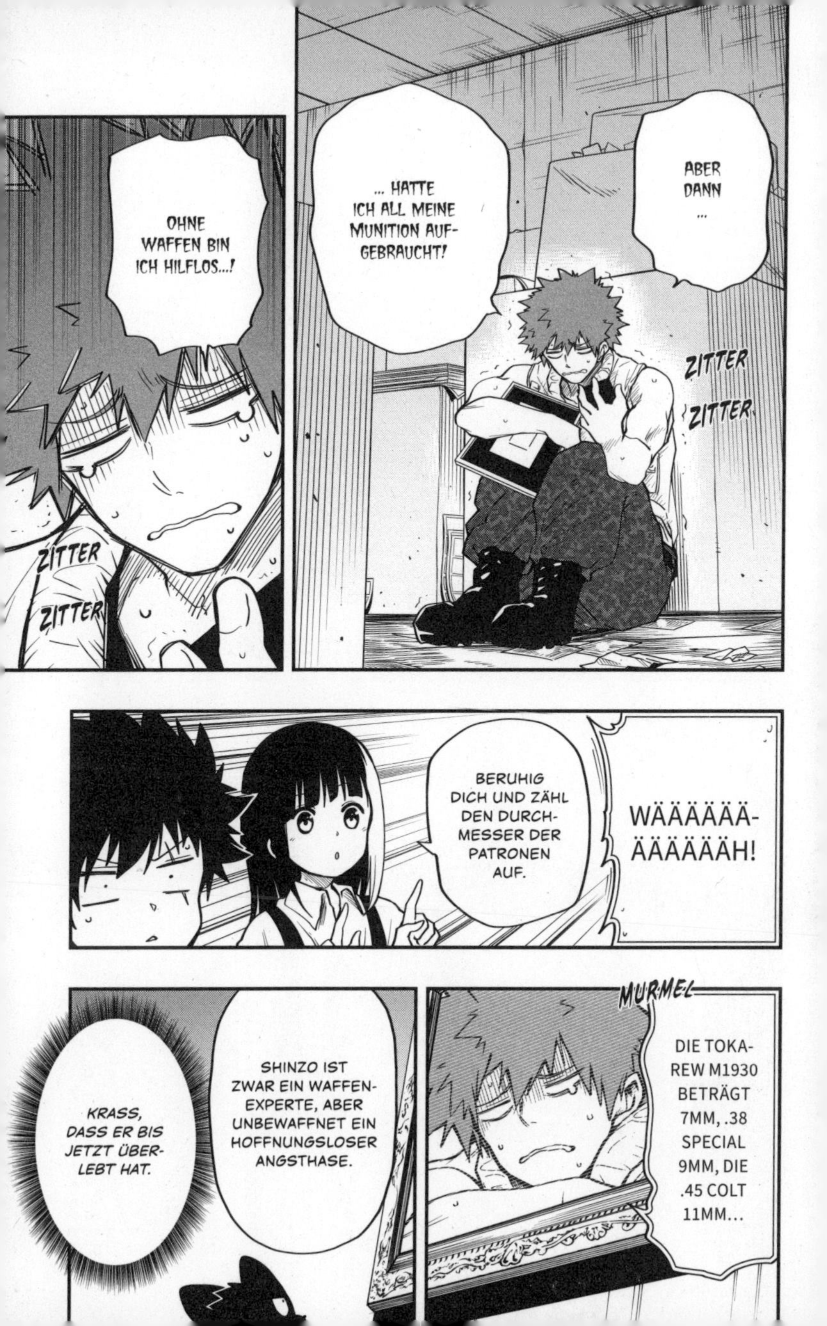
ABER DANN …
… HATTE ICH ALL MEINE MUNITION AUF-GEBRAUCHT!
ZITTER
ZITTER
OHNE WAFFEN BIN ICH HILFLOS…!
ZITTER
ZITTER
WÄÄÄÄÄÄ-ÄÄÄÄÄÄH!
BERUHIG DICH UND ZÄHL DEN DURCH-MESSER DER PATRONEN AUF.
MURMEL
DIE TOKA-REW M1930 BETRÄGT 7MM, .38 SPECIAL 9MM, DIE .45 COLT 11MM…
SHINZO IST ZWAR EIN WAFFEN-EXPERTE, ABER UNBEWAFFNET EIN HOFFNUNGSLOSER ANGSTHASE.
KRASS, DASS ER BIS JETZT ÜBER-LEBT HAT.

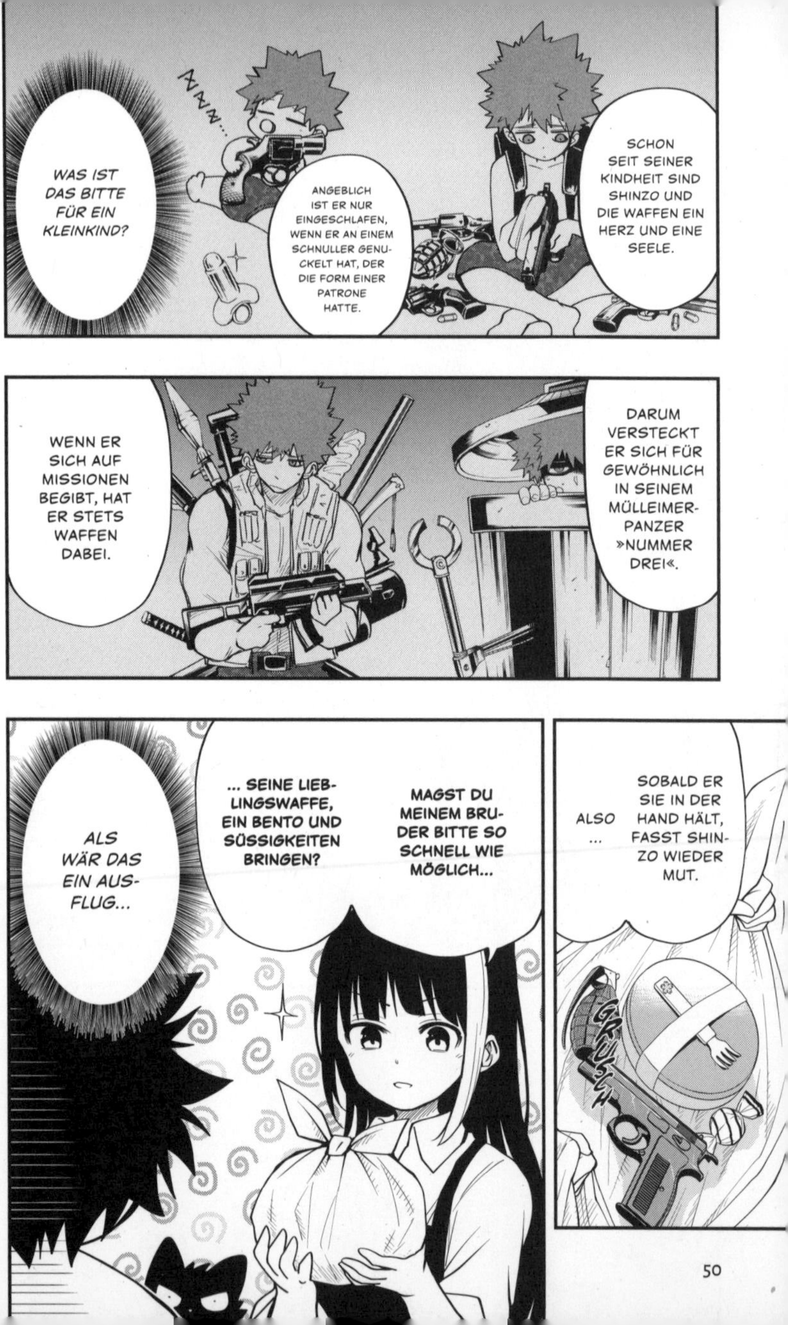
SCHON SEIT SEINER KINDHEIT SIND SHINZO UND DIE WAFFEN EIN HERZ UND EINE SEELE.
ANGEBLICH IST ER NUR EINGESCHLAFEN, WENN ER AN EINEM SCHNULLER GENUCKELT HAT, DER DIE FORM EINER PATRONE HATTE.
ZZZ...
WAS IST DAS BITTE FÜR EIN KLEINKIND?
DARUM VERSTECKT ER SICH FÜR GEWÖHNLICH IN SEINEM MÜLLEIMER-PANZER »NUMMER DREI«.
WENN ER SICH AUF MISSIONEN BEGIBT, HAT ER STETS WAFFEN DABEI.
SOBALD ER SIE IN DER HAND HÄLT, FASST SHINZO WIEDER MUT.
ALSO ...
MAGST DU MEINEM BRUDER BITTE SO SCHNELL WIE MÖGLICH...
... SEINE LIEBLINGSWAFFE, EIN BENTO UND SÜSSIGKEITEN BRINGEN?
ALS WÄR DAS EIN AUSFLUG...

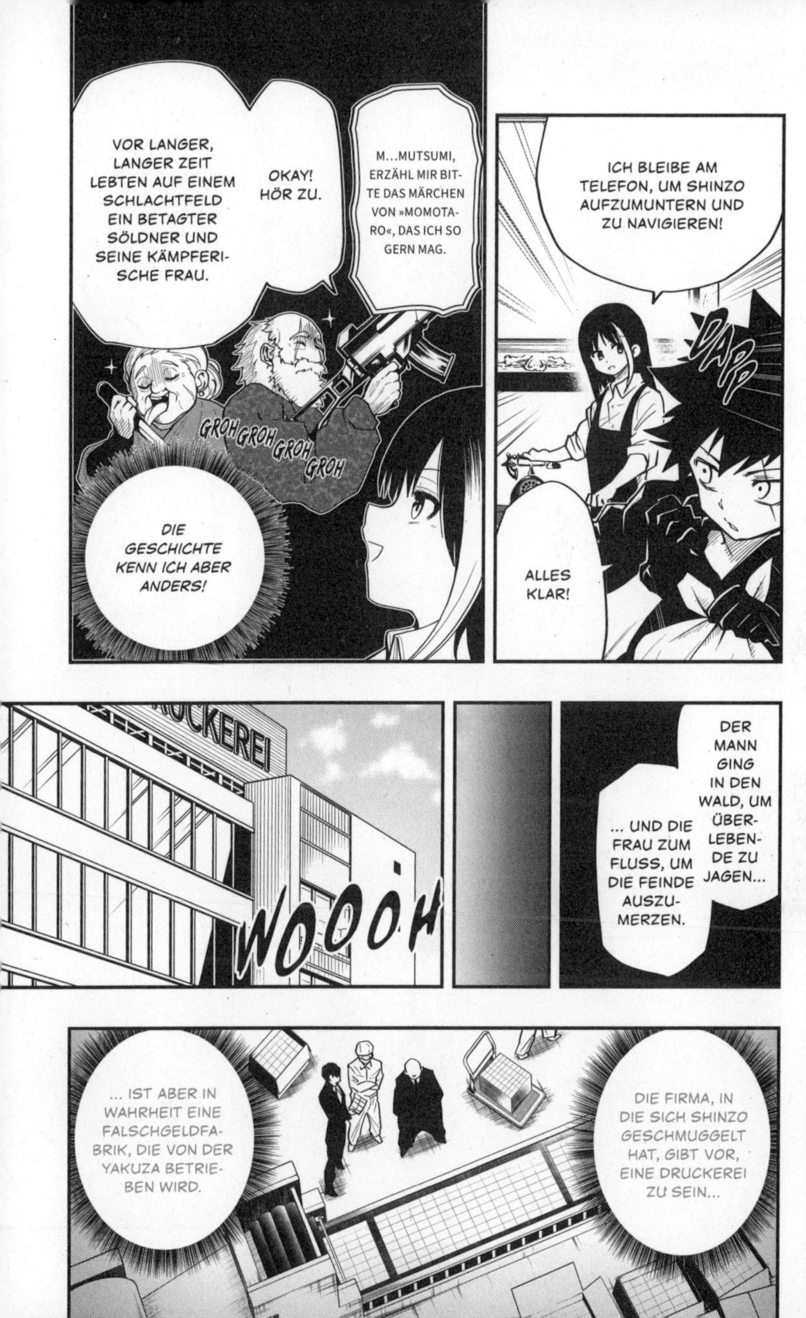
ICH BLEIBE AM TELEFON, UM SHINZO AUFZUMUNTERN UND ZU NAVIGIEREN!
DAPP
ALLES KLAR!
M...MUTSUMI, ERZÄHL MIR BITTE DAS MÄRCHEN VON »MOMOTARO«, DAS ICH SO GERN MAG.
OKAY! HÖR ZU.
VOR LANGER, LANGER ZEIT LEBTEN AUF EINEM SCHLACHTFELD EIN BETAGTER SÖLDNER UND SEINE KÄMPFERISCHE FRAU.
GROH GROH GROH GROH
DIE GESCHICHTE KENN ICH ABER ANDERS!
DER MANN GING IN DEN WALD, UM ÜBERLEBENDE ZU JAGEN...
... UND DIE FRAU ZUM FLUSS, UM DIE FEINDE AUSZUMERZEN.
DRUCKEREI
WOOOH
DIE FIRMA, IN DIE SICH SHINZO GESCHMUGGELT HAT, GIBT VOR, EINE DRUCKEREI ZU SEIN...
... IST ABER IN WAHRHEIT EINE FALSCHGELDFABRIK, DIE VON DER YAKUZA BETRIEBEN WIRD.

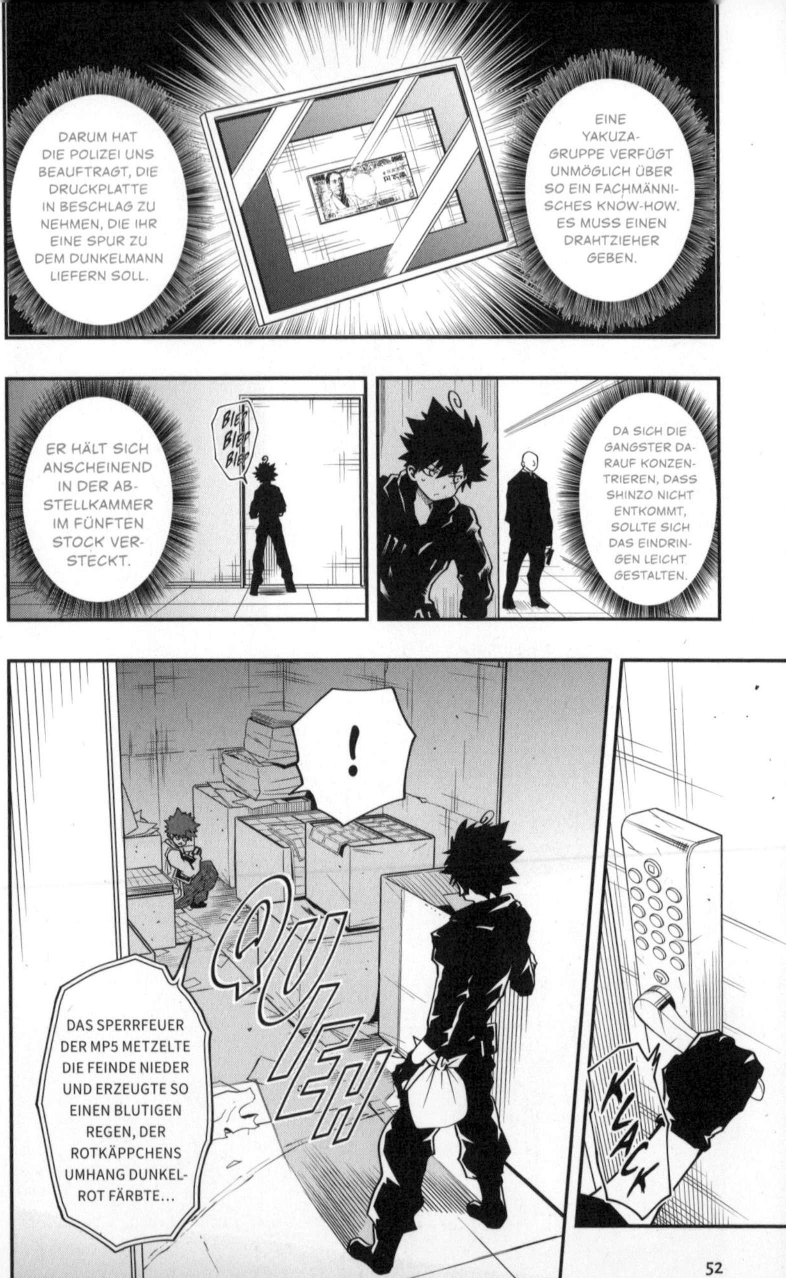
EINE YAKUZA-GRUPPE VERFÜGT UNMÖGLICH ÜBER SO EIN FACHMÄNNISCHES KNOW-HOW. ES MUSS EINEN DRAHTZIEHER GEBEN.
DARUM HAT DIE POLIZEI UNS BEAUFTRAGT, DIE DRUCKPLATTE IN BESCHLAG ZU NEHMEN, DIE IHR EINE SPUR ZU DEM DUNKELMANN LIEFERN SOLL.
DA SICH DIE GANGSTER DARAUF KONZENTRIEREN, DASS SHINZO NICHT ENTKOMMT, SOLLTE SICH DAS EINDRINGEN LEICHT GESTALTEN.
BIEP BIEP BIEP
ER HÄLT SICH ANSCHEINEND IN DER ABSTELLKAMMER IM FÜNFTEN STOCK VERSTECKT.
KLACK
!
QUIEH
DAS SPERRFEUER DER MP5 METZELTE DIE FEINDE NIEDER UND ERZEUGTE SO EINEN BLUTIGEN REGEN, DER ROTKÄPPCHENS UMHANG DUNKELROT FÄRBTE...

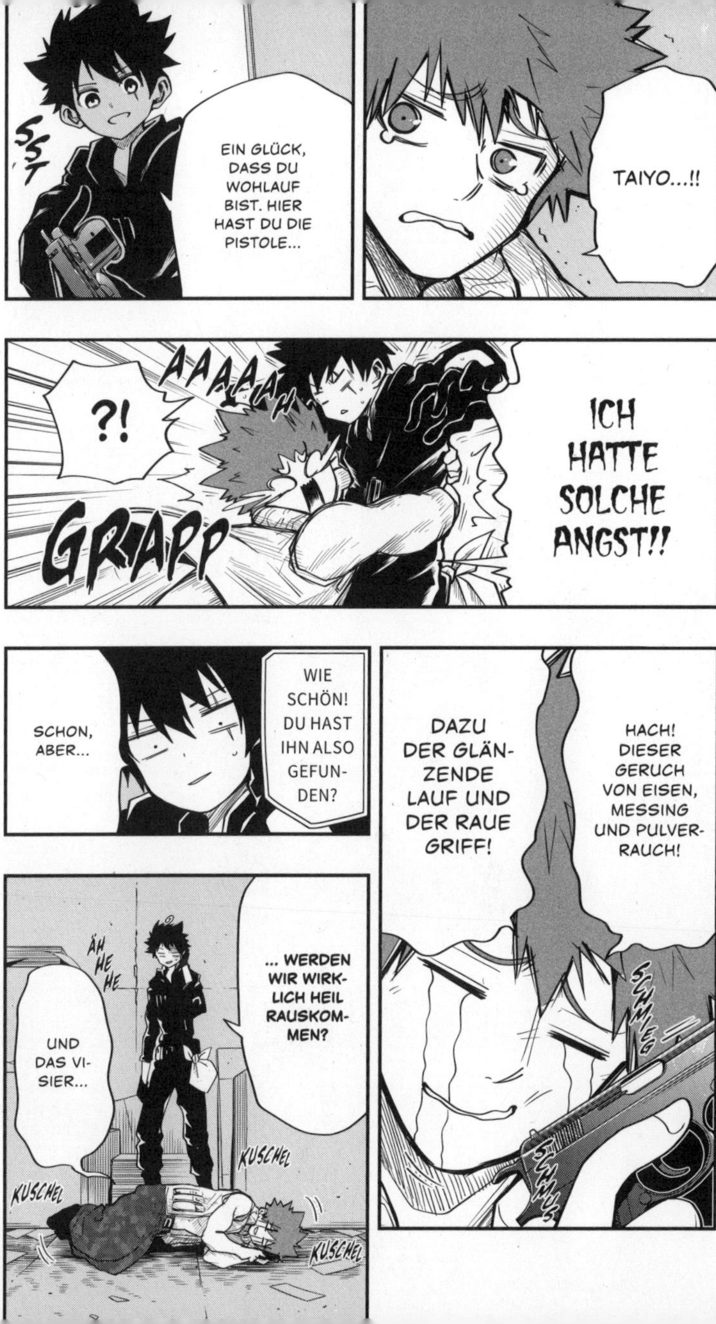
TAIYO...!!
SSST
EIN GLÜCK, DASS DU WOHLAUF BIST. HIER HAST DU DIE PISTOLE...
ICH HATTE SOLCHE ANGST!!
AAAAAAH
?!
GRAPP
HACH! DIESER GERUCH VON EISEN, MESSING UND PULVERRAUCH!
DAZU DER GLÄNZENDE LAUF UND DER RAUE GRIFF!
SCHMIEG
SCHMUS
WIE SCHÖN! DU HAST IHN ALSO GEFUNDEN?
SCHON, ABER...
... WERDEN WIR WIRKLICH HEIL RAUSKOMMEN?
ÄH HE HE
UND DAS VISIER...
KUSCHEL
KUSCHEL
KUSCHEL

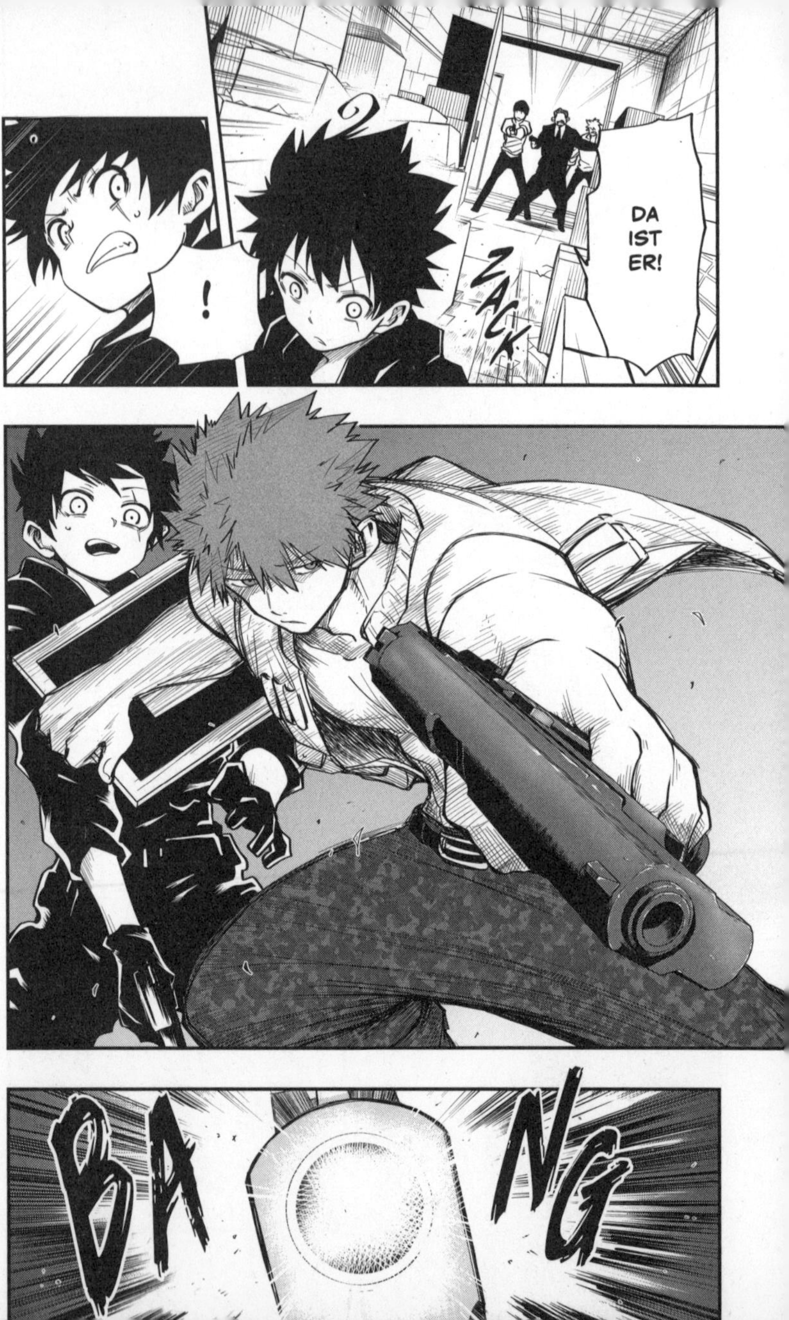
DA IST ER!
ZACK
!
BA
NG

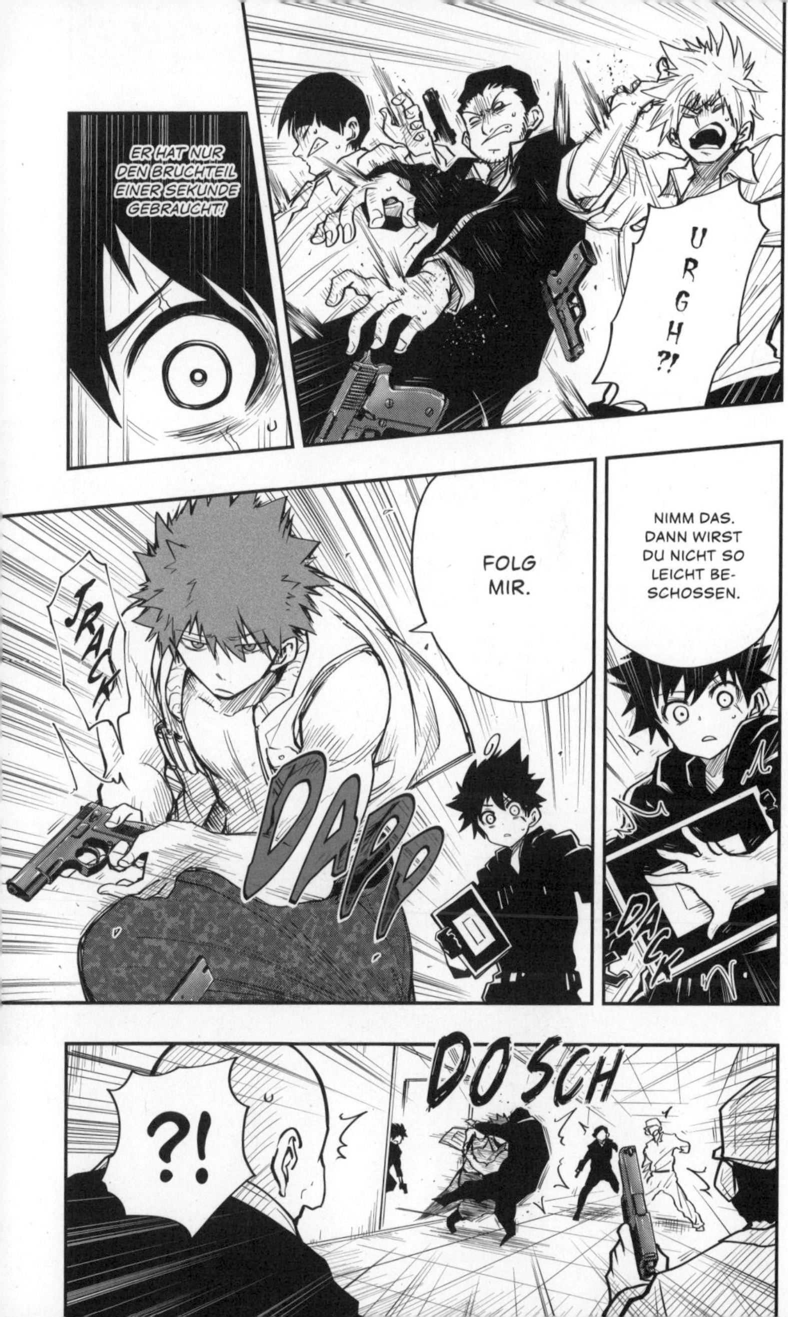
URGH?!
ER HAT NUR DEN BRUCHTEIL EINER SEKUNDE GEBRAUCHT!
NIMM DAS. DANN WIRST DU NICHT SO LEICHT BE-SCHOSSEN.
DACK
FOLG MIR.
DADD
JRACK
DOSCH
?!

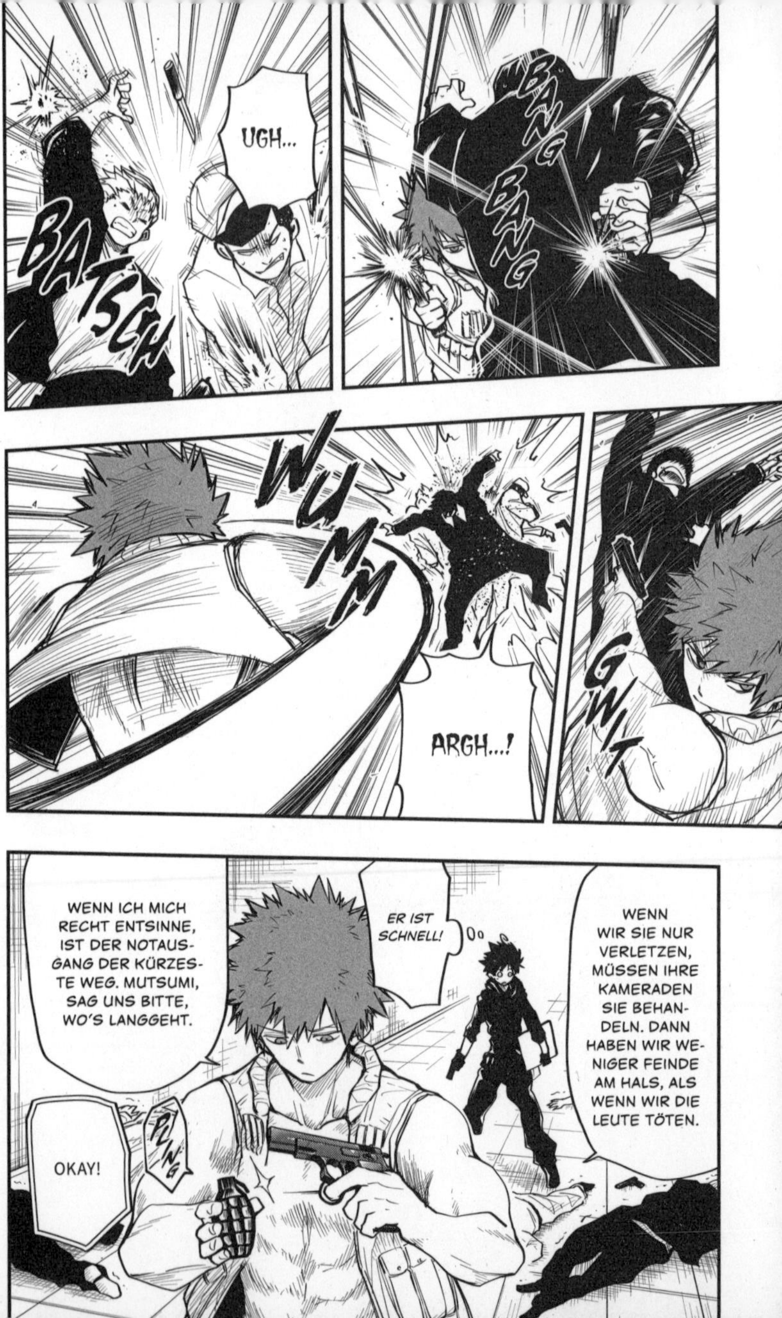
BANG BANG BANG
UGH...
BATSCH
GWIT
WUMM
ARGH...!
WENN WIR SIE NUR VERLETZEN, MÜSSEN IHRE KAMERADEN SIE BEHANDELN. DANN HABEN WIR WENIGER FEINDE AM HALS, ALS WENN WIR DIE LEUTE TÖTEN.
ER IST SCHNELL!
WENN ICH MICH RECHT ENTSINNE, IST DER NOTAUSGANG DER KÜRZESTE WEG. MUTSUMI, SAG UNS BITTE, WO'S LANGGEHT.
OKAY!
PLING

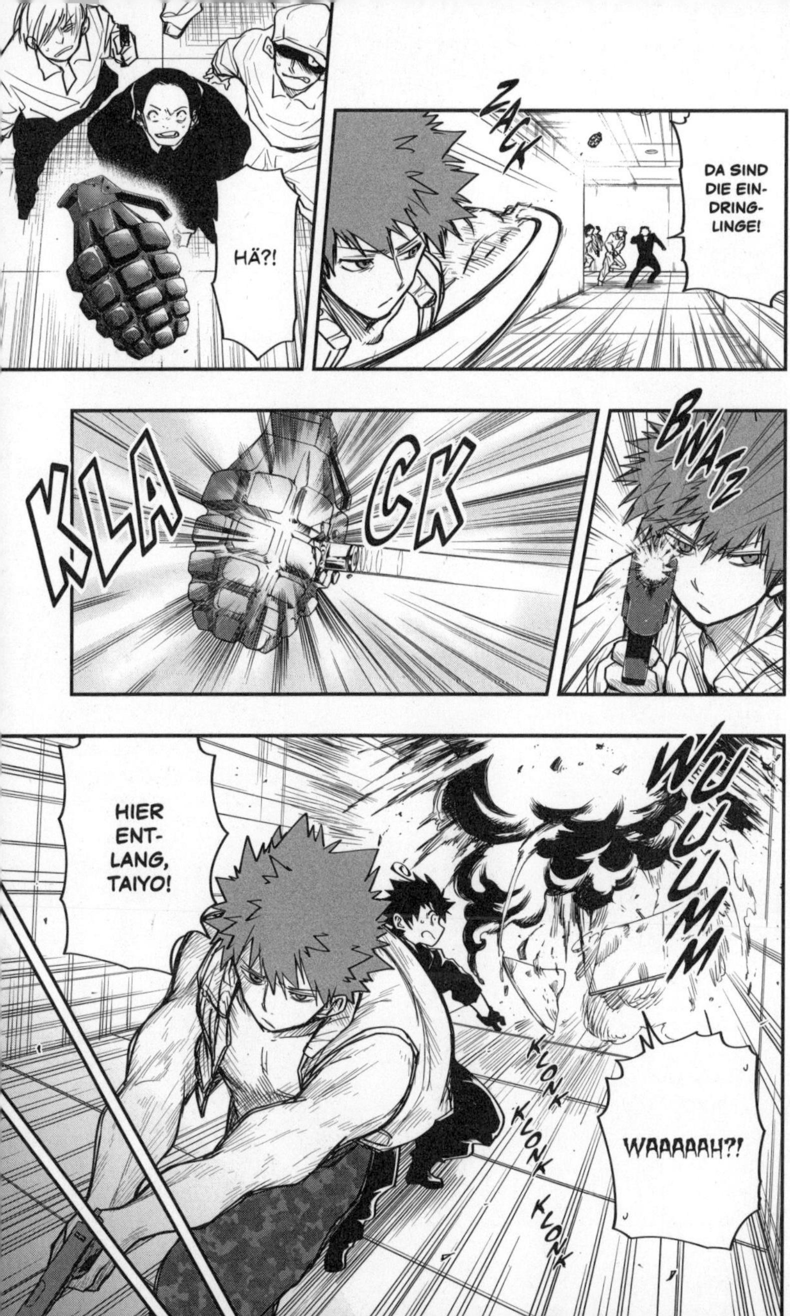
DA SIND DIE EIN-DRING-LINGE!
ZACK
HÄ?!
BWATZ
KLACK
WUUUMM
HIER ENT-LANG, TAIYO!
KLONK KLONK KLONK
WAAAAAH?!

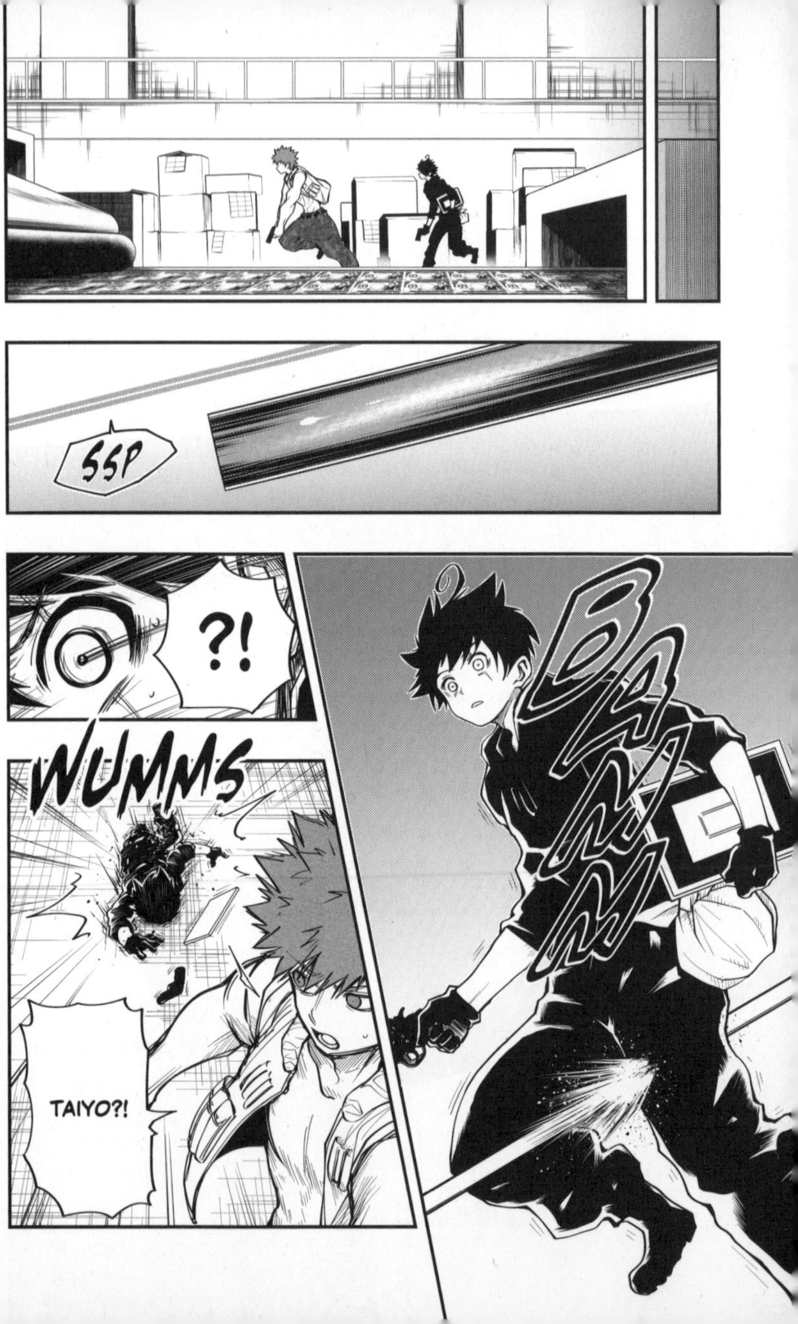
SSP
?!
WUMMS
TAIYO?!

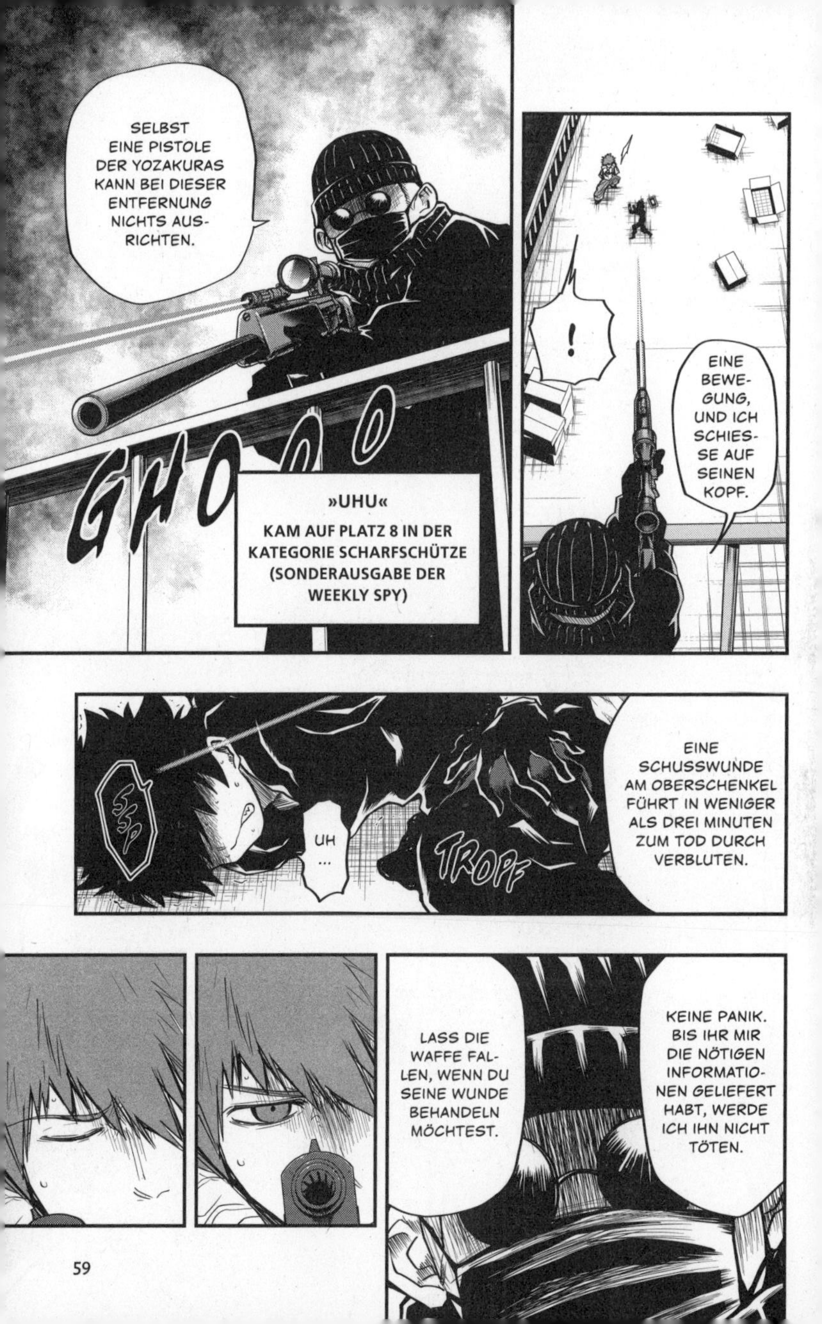
!
EINE BEWEGUNG, UND ICH SCHIESSE AUF SEINEN KOPF.
SELBST EINE PISTOLE DER YOZAKURAS KANN BEI DIESER ENTFERNUNG NICHTS AUSRICHTEN.
GHOOOO
»UHU« KAM AUF PLATZ 8 IN DER KATEGORIE SCHARFSCHÜTZE (SONDERAUSGABE DER WEEKLY SPY)
EINE SCHUSSWUNDE AM OBERSCHENKEL FÜHRT IN WENIGER ALS DREI MINUTEN ZUM TOD DURCH VERBLUTEN.
TROPF
UH ...
SSP
KEINE PANIK. BIS IHR MIR DIE NÖTIGEN INFORMATIONEN GELIEFERT HABT, WERDE ICH IHN NICHT TÖTEN.
LASS DIE WAFFE FALLEN, WENN DU SEINE WUNDE BEHANDELN MÖCHTEST.

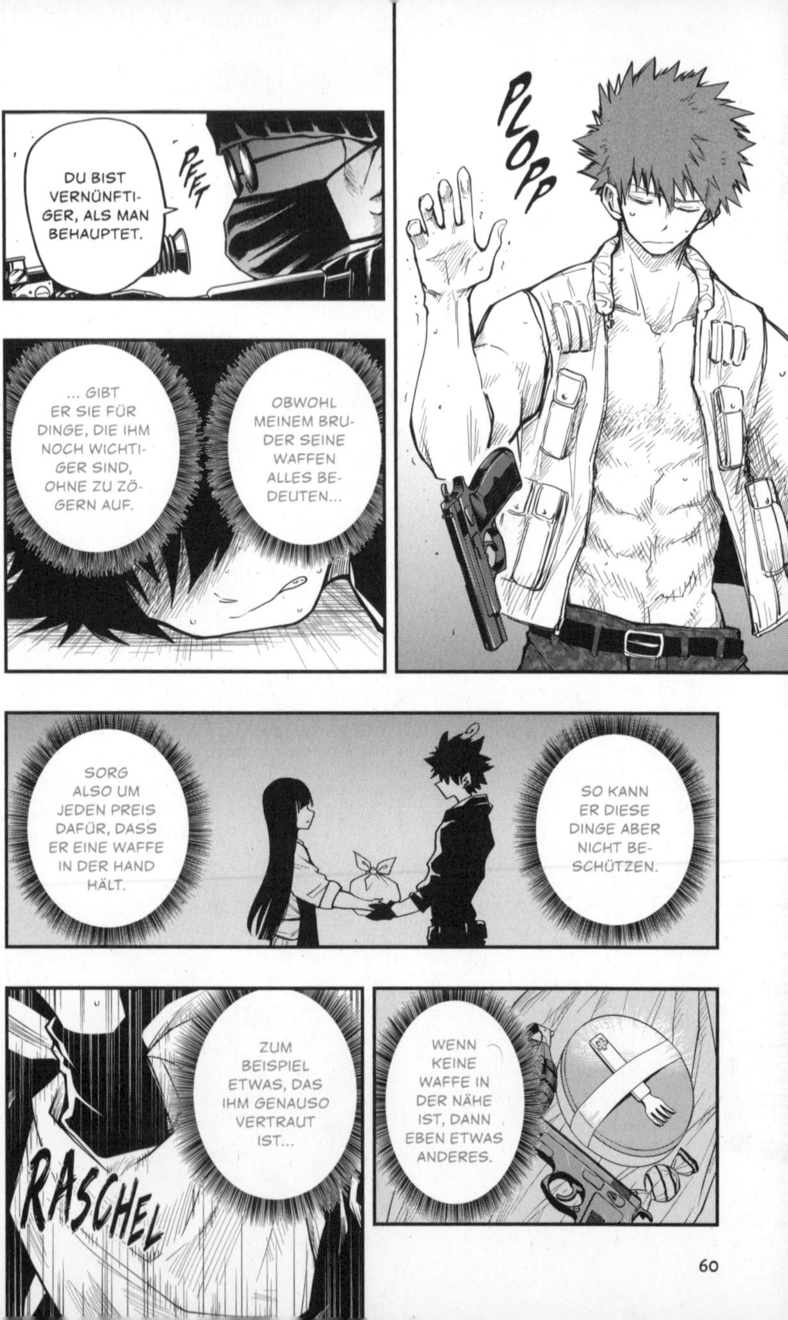
PLOPP
PFFF
DU BIST VERNÜNFTIGER, ALS MAN BEHAUPTET.
OBWOHL MEINEM BRUDER SEINE WAFFEN ALLES BEDEUTEN...
... GIBT ER SIE FÜR DINGE, DIE IHM NOCH WICHTIGER SIND, OHNE ZU ZÖGERN AUF.
SO KANN ER DIESE DINGE ABER NICHT BESCHÜTZEN.
SORG ALSO UM JEDEN PREIS DAFÜR, DASS ER EINE WAFFE IN DER HAND HÄLT.
WENN KEINE WAFFE IN DER NÄHE IST, DANN EBEN ETWAS ANDERES.
ZUM BEISPIEL ETWAS, DAS IHM GENAUSO VERTRAUT IST...
RASCHEL

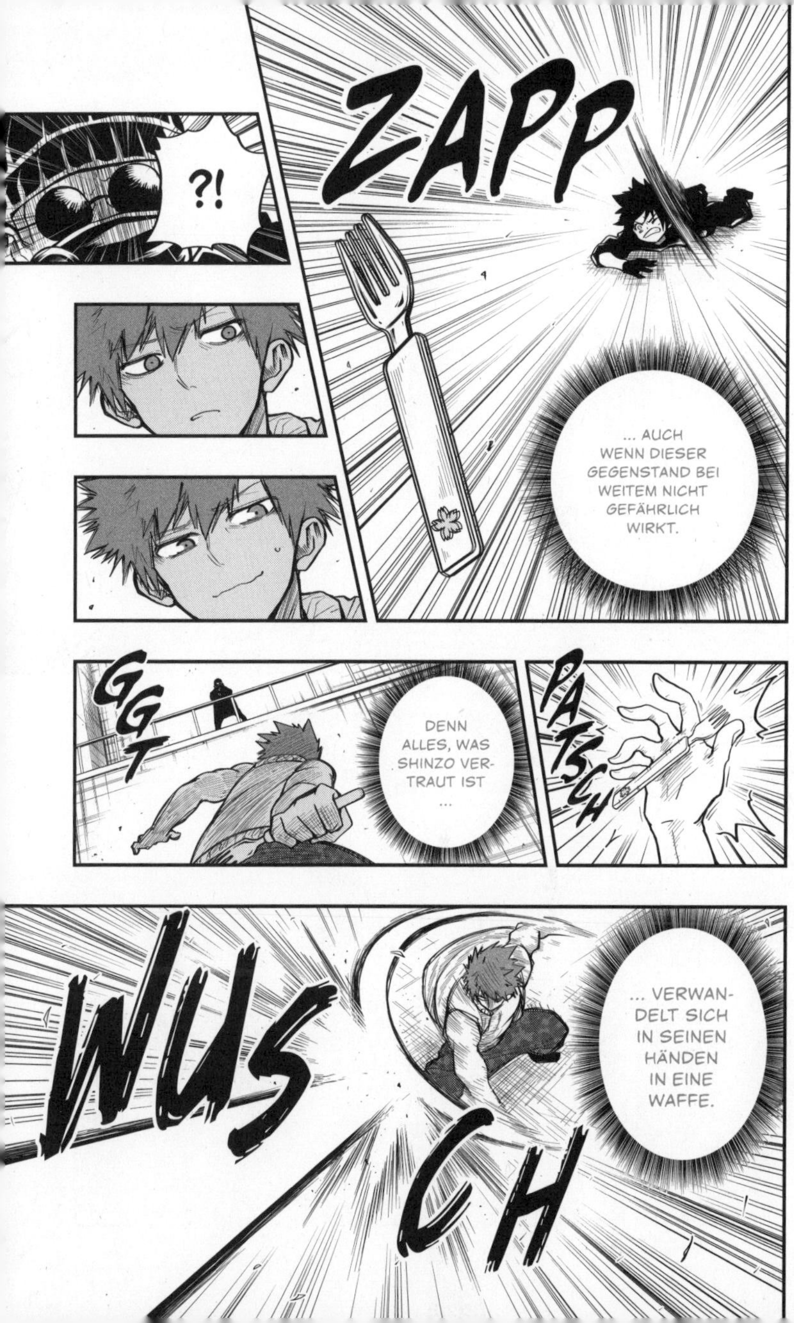
ZAPP
?!
... AUCH WENN DIESER GEGENSTAND BEI WEITEM NICHT GEFÄHRLICH WIRKT.
PATSCH
GGT
DENN ALLES, WAS SHINZO VERTRAUT IST ...
WUSCH
... VERWANDELT SICH IN SEINEN HÄNDEN IN EINE WAFFE.

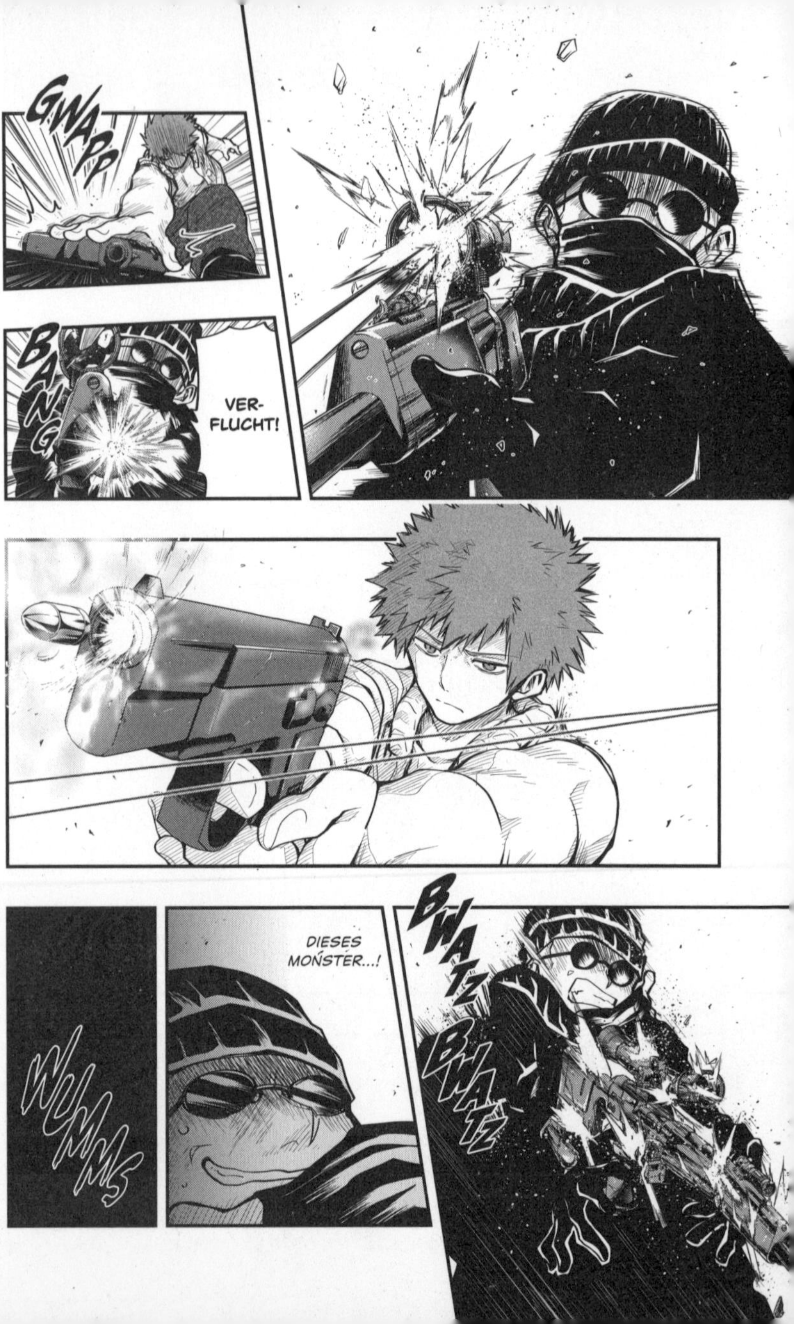
GWAPP
BANG
VER-
FLUCHT!
BWATZ
BWATZ
DIESES
MONSTER...!
WUMMS

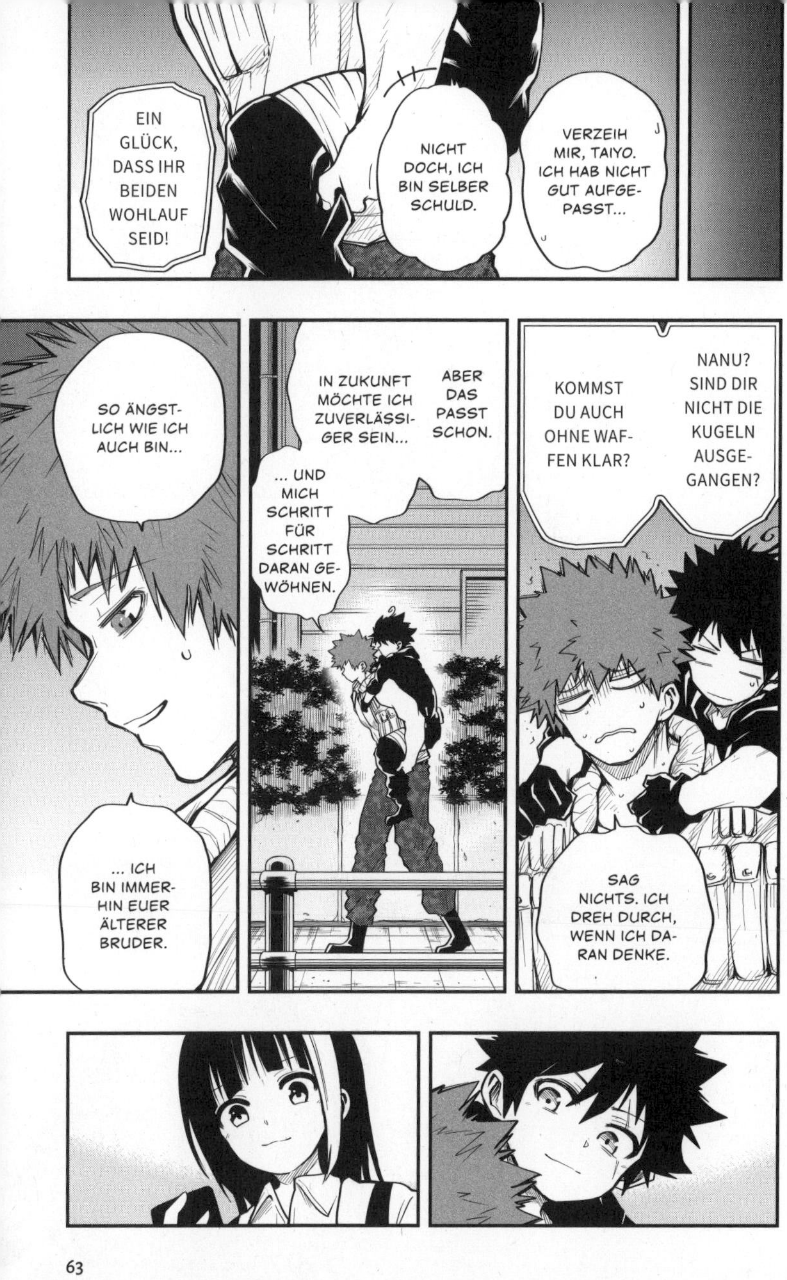
VERZEIH MIR, TAIYO. ICH HAB NICHT GUT AUFGE-PASST...
NICHT DOCH, ICH BIN SELBER SCHULD.
EIN GLÜCK, DASS IHR BEIDEN WOHLAUF SEID!
NANU? SIND DIR NICHT DIE KUGELN AUSGE-GANGEN?
KOMMST DU AUCH OHNE WAF-FEN KLAR?
SAG NICHTS. ICH DREH DURCH, WENN ICH DA-RAN DENKE.
ABER DAS PASST SCHON.
IN ZUKUNFT MÖCHTE ICH ZUVERLÄSSI-GER SEIN...
... UND MICH SCHRITT FÜR SCHRITT DARAN GE-WÖHNEN.
SO ÄNGST-LICH WIE ICH AUCH BIN...
... ICH BIN IMMER-HIN EUER ÄLTERER BRUDER.

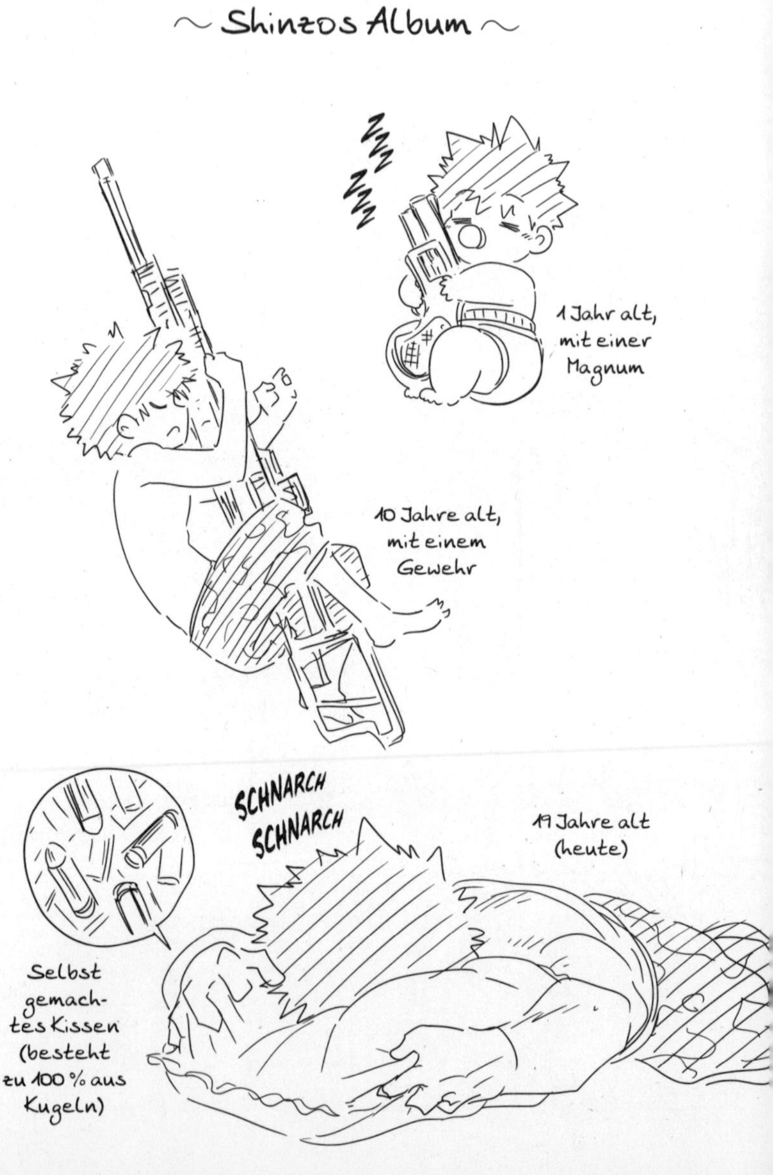
~ Shinzos Album ~
Z Z Z
Z Z Z
1 Jahr alt, mit einer Magnum
10 Jahre alt, mit einem Gewehr
SCHNARCH
SCHNARCH
19 Jahre alt (heute)
Selbst gemach-tes Kissen (besteht zu 100 % aus Kugeln)

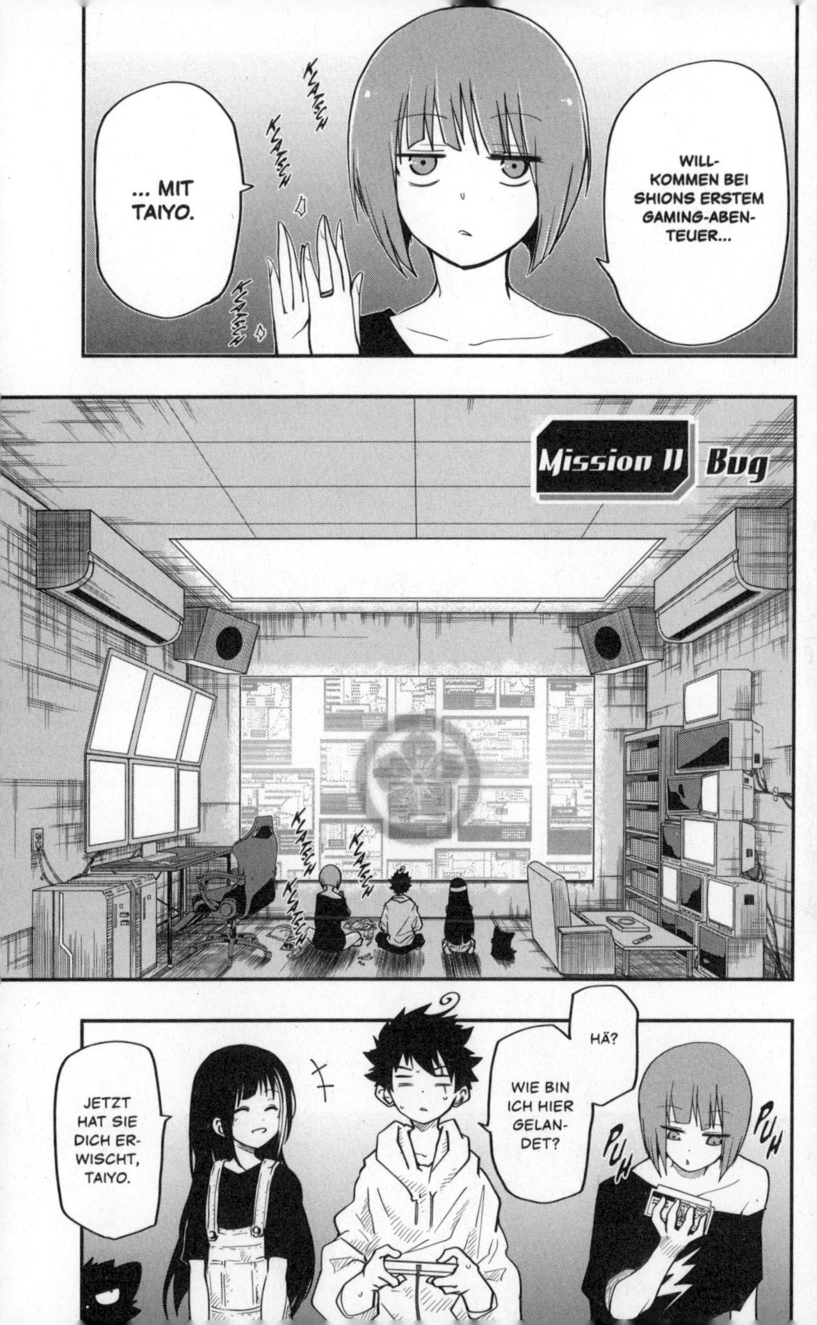
WILL-KOMMEN BEI SHIONS ERSTEM GAMING-ABEN-TEUER...
KLATSCH
KLATSCH
KLATSCH
... MIT TAIYO.
Mission 11 Bug
KLATSCH
KLATSCH
KLATSCH
HÄ?
WIE BIN ICH HIER GELAN-DET?
PUH
PUH
JETZT HAT SIE DICH ER-WISCHT, TAIYO.

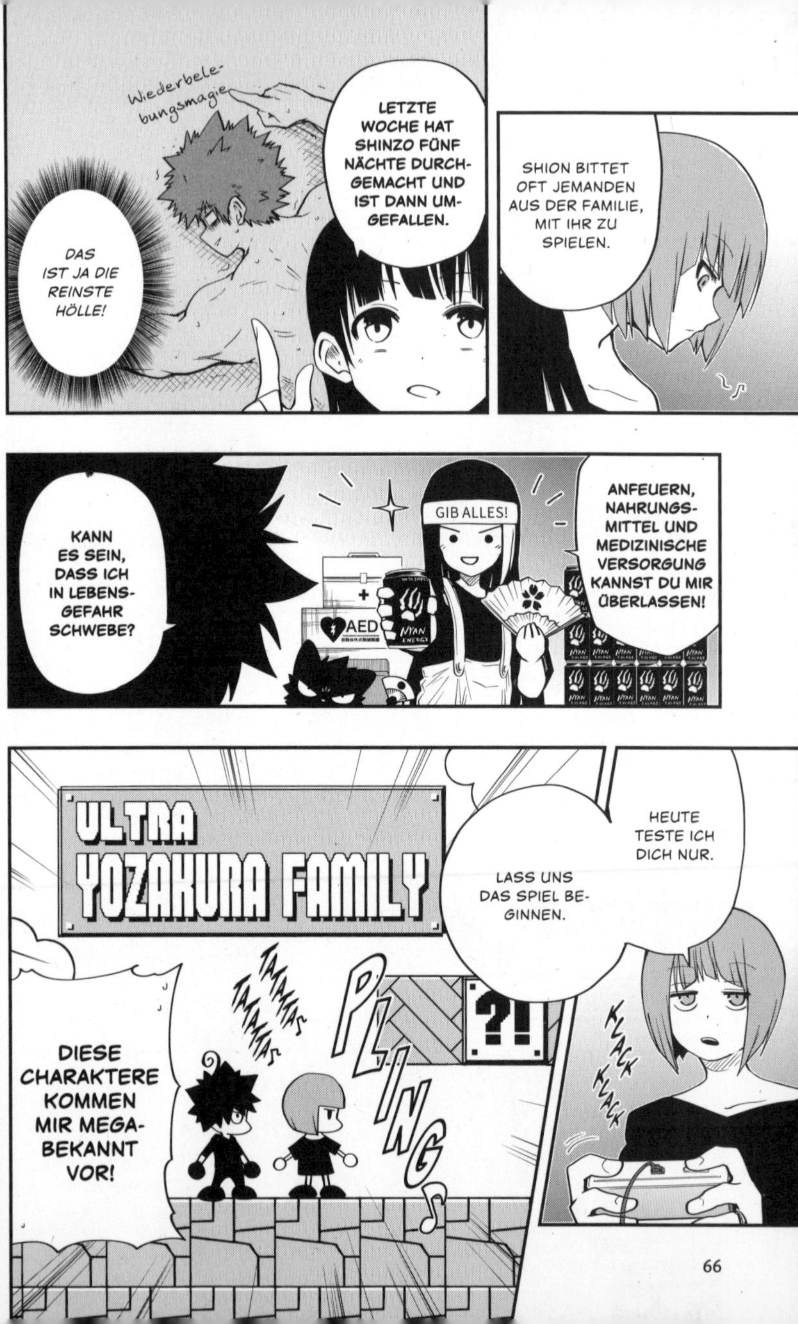
SHION BITTET OFT JEMANDEN AUS DER FAMILIE, MIT IHR ZU SPIELEN.
LETZTE WOCHE HAT SHINZO FÜNF NÄCHTE DURCH-GEMACHT UND IST DANN UM-GEFALLEN.
Wiederbele-bungsmagie
DAS IST JA DIE REINSTE HÖLLE!
ANFEUERN, NAHRUNGS-MITTEL UND MEDIZINISCHE VERSORGUNG KANNST DU MIR ÜBERLASSEN!
GIB ALLES!
AED
NYAN ENERGY
KANN ES SEIN, DASS ICH IN LEBENS-GEFAHR SCHWEBE?
HEUTE TESTE ICH DICH NUR.
LASS UNS DAS SPIEL BE-GINNEN.
KLACK KLACK
ULTRA YOZAKURA FAMILY
?!
PLING
TAKAKAS TAKAKAS
DIESE CHARAKTERE KOMMEN MIR MEGA-BEKANNT VOR!

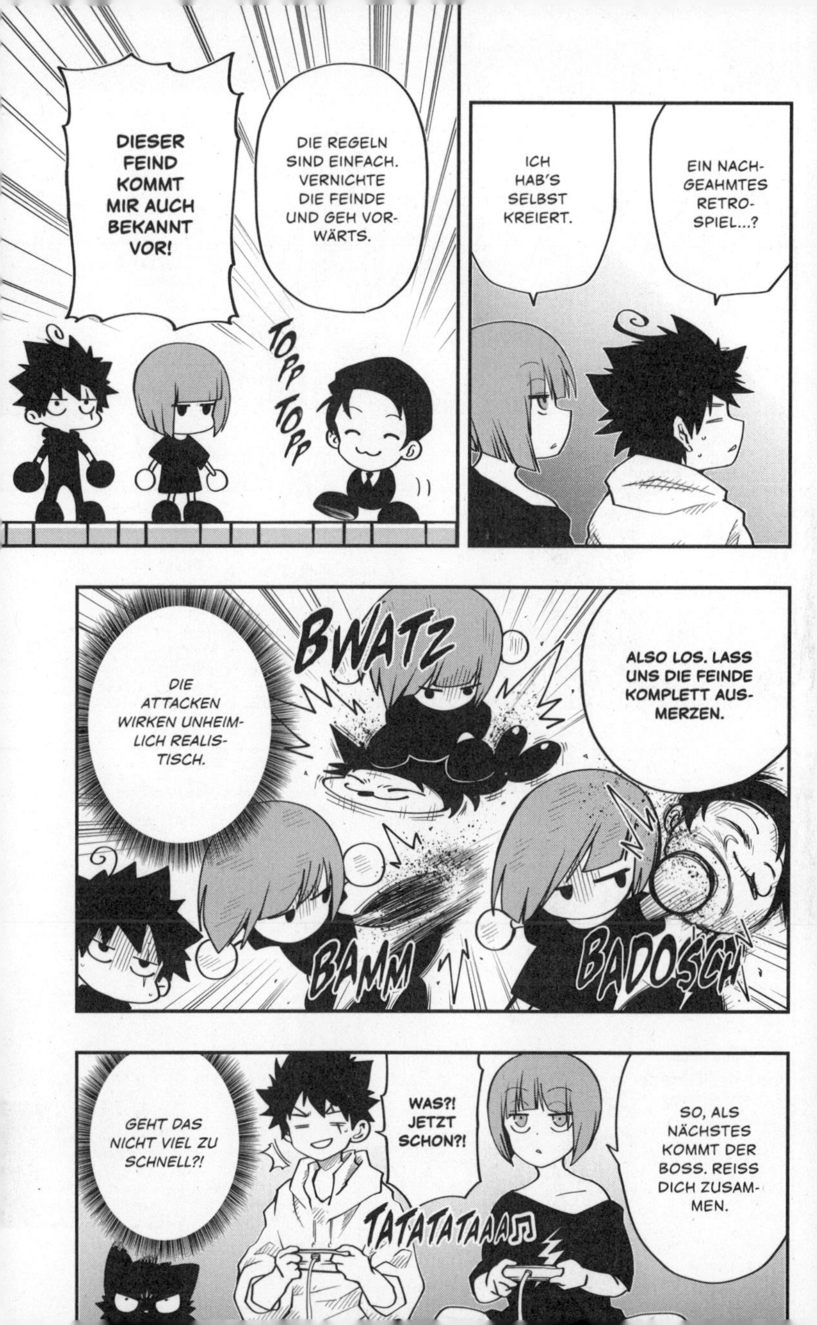
EIN NACH-
GEAHMTES
RETRO-
SPIEL...?
ICH
HAB'S
SELBST
KREIERT.
DIE REGELN
SIND EINFACH.
VERNICHTE
DIE FEINDE
UND GEH VOR-
WÄRTS.
TOPP TOPP
DIESER
FEIND
KOMMT
MIR AUCH
BEKANNT
VOR!
ALSO LOS. LASS
UNS DIE FEINDE
KOMPLETT AUS-
MERZEN.
BWATZ
DIE
ATTACKEN
WIRKEN UNHEIM-
LICH REALIS-
TISCH.
BADOSCH
BAMM
SO, ALS
NÄCHSTES
KOMMT DER
BOSS. REISS
DICH ZUSAM-
MEN.
TATATATAAA♫
WAS?!
JETZT
SCHON?!
GEHT DAS
NICHT VIEL ZU
SCHNELL?!

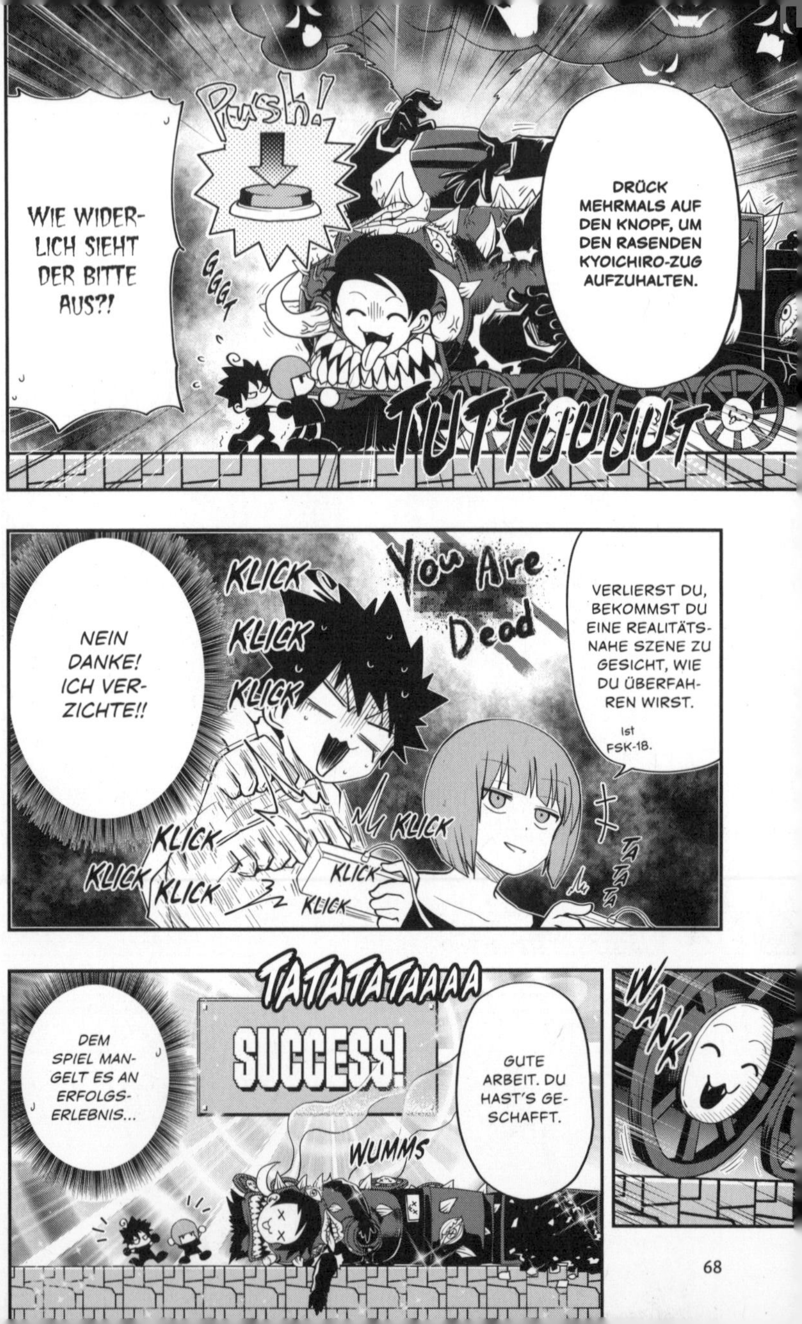
DRÜCK MEHRMALS AUF DEN KNOPF, UM DEN RASENDEN KYOICHIRO-ZUG AUFZUHALTEN.
Push!
WIE WIDERLICH SIEHT DER BITTE AUS?!
TUTTUUUUT
VERLIERST DU, BEKOMMST DU EINE REALITÄTSNAHE SZENE ZU GESICHT, WIE DU ÜBERFAHREN WIRST.
Ist FSK-18.
You Are Dead
NEIN DANKE! ICH VERZICHTE!!
KLICK KLICK KLICK
KLICK KLICK KLICK KLICK KLICK KLICK
TATATA
WANK
TATATATAAAA
SUCCESS!
GUTE ARBEIT. DU HAST'S GESCHAFFT.
DEM SPIEL MANGELT ES AN ERFOLGSERLEBNIS...
WUMMS

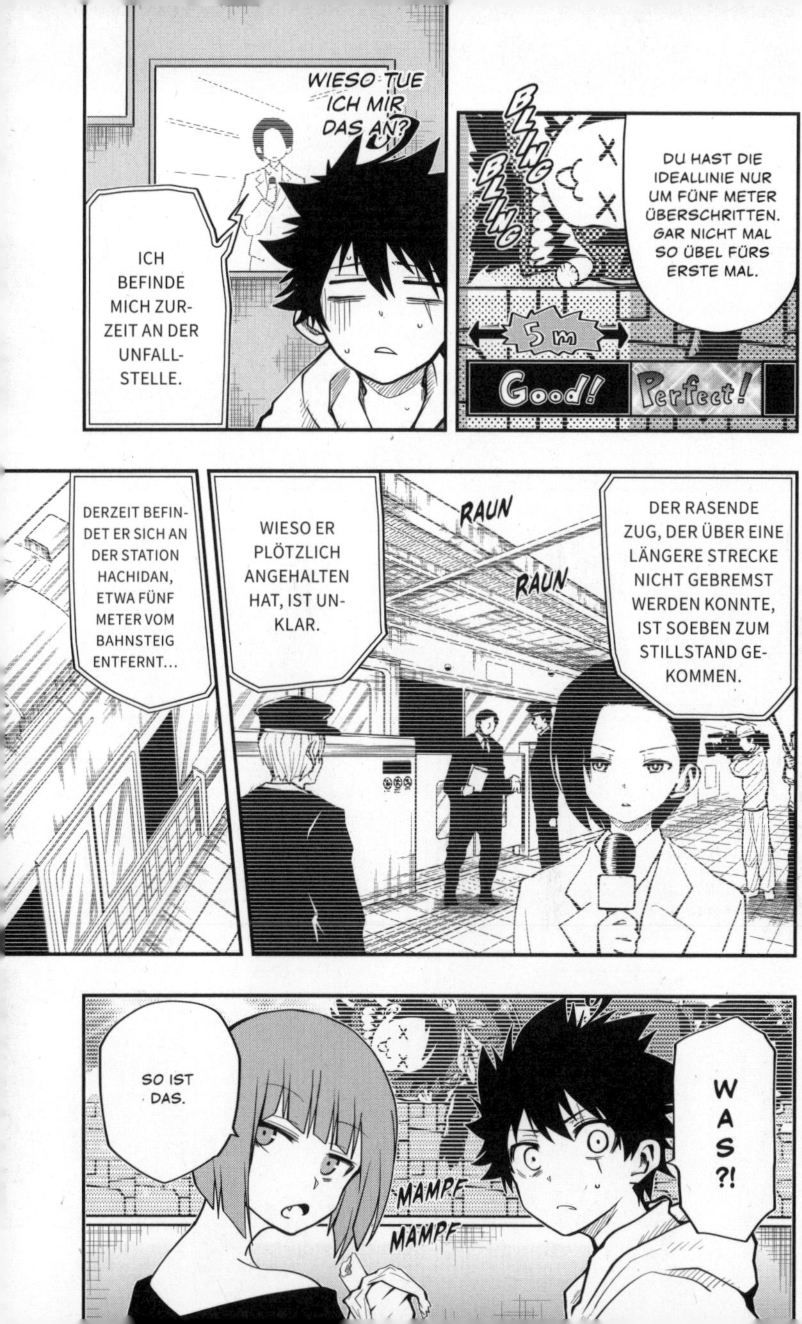
BLING BLING
DU HAST DIE IDEALLINIE NUR UM FÜNF METER ÜBERSCHRITTEN. GAR NICHT MAL SO ÜBEL FÜRS ERSTE MAL.
5 m
Good!
Perfect!
WIESO TUE ICH MIR DAS AN?
ICH BEFINDE MICH ZURZEIT AN DER UNFALLSTELLE.
DER RASENDE ZUG, DER ÜBER EINE LÄNGERE STRECKE NICHT GEBREMST WERDEN KONNTE, IST SOEBEN ZUM STILLSTAND GEKOMMEN.
RAUN
RAUN
WIESO ER PLÖTZLICH ANGEHALTEN HAT, IST UNKLAR.
DERZEIT BEFINDET ER SICH AN DER STATION HACHIDAN, ETWA FÜNF METER VOM BAHNSTEIG ENTFERNT…
WAS?!
SO IST DAS.
MAMPF
MAMPF

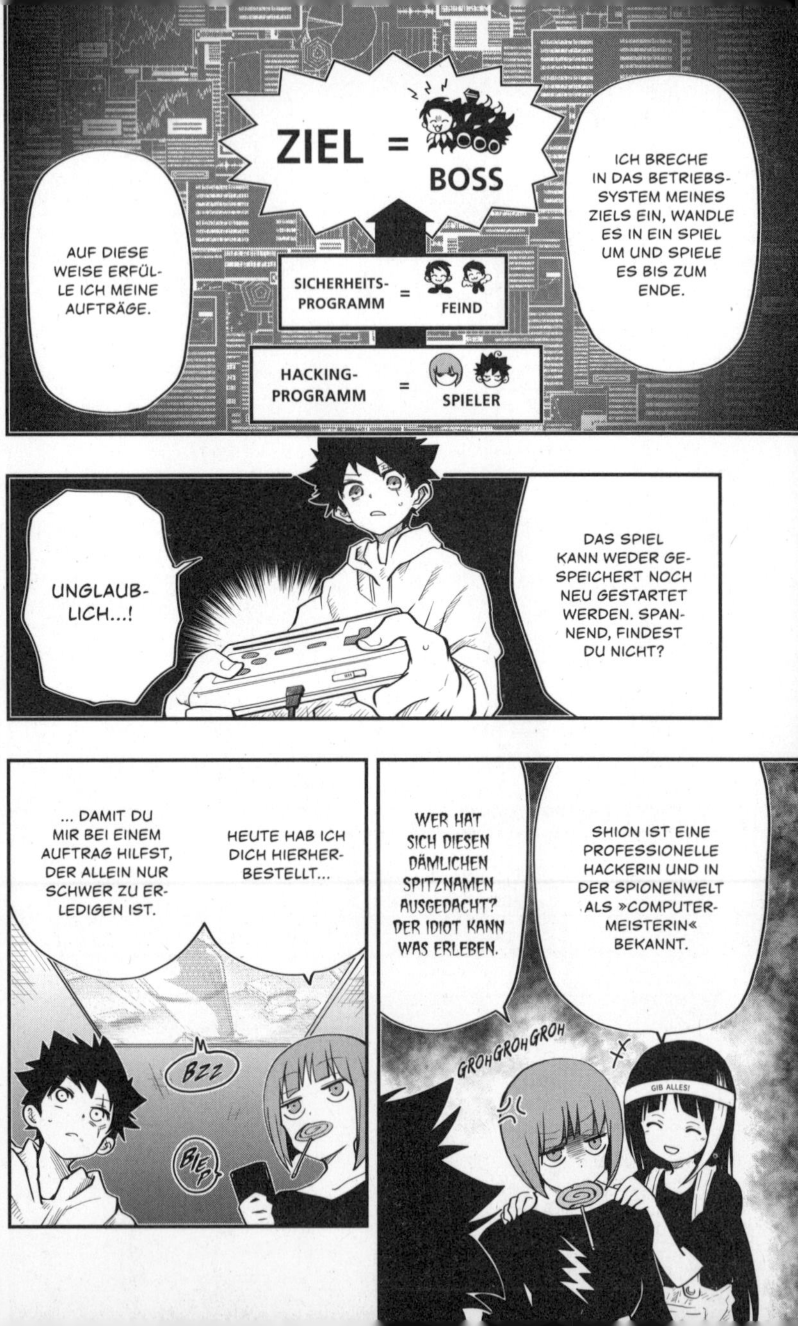
ICH BRECHE IN DAS BETRIEBS-SYSTEM MEINES ZIELS EIN, WANDLE ES IN EIN SPIEL UM UND SPIELE ES BIS ZUM ENDE.
ZIEL = BOSS
SICHERHEITS-PROGRAMM = FEIND
HACKING-PROGRAMM = SPIELER
AUF DIESE WEISE ERFÜL-LE ICH MEINE AUFTRÄGE.
DAS SPIEL KANN WEDER GE-SPEICHERT NOCH NEU GESTARTET WERDEN. SPAN-NEND, FINDEST DU NICHT?
UNGLAUB-LICH...!
SHION IST EINE PROFESSIONELLE HACKERIN UND IN DER SPIONENWELT ALS »COMPUTER-MEISTERIN« BEKANNT.
WER HAT SICH DIESEN DÄMLICHEN SPITZNAMEN AUSGEDACHT? DER IDIOT KANN WAS ERLEBEN.
GROHGROHGROH
GIB ALLES!
HEUTE HAB ICH DICH HIERHER-BESTELLT...
... DAMIT DU MIR BEI EINEM AUFTRAG HILFST, DER ALLEIN NUR SCHWER ZU ER-LEDIGEN IST.
BZZ
BIEP

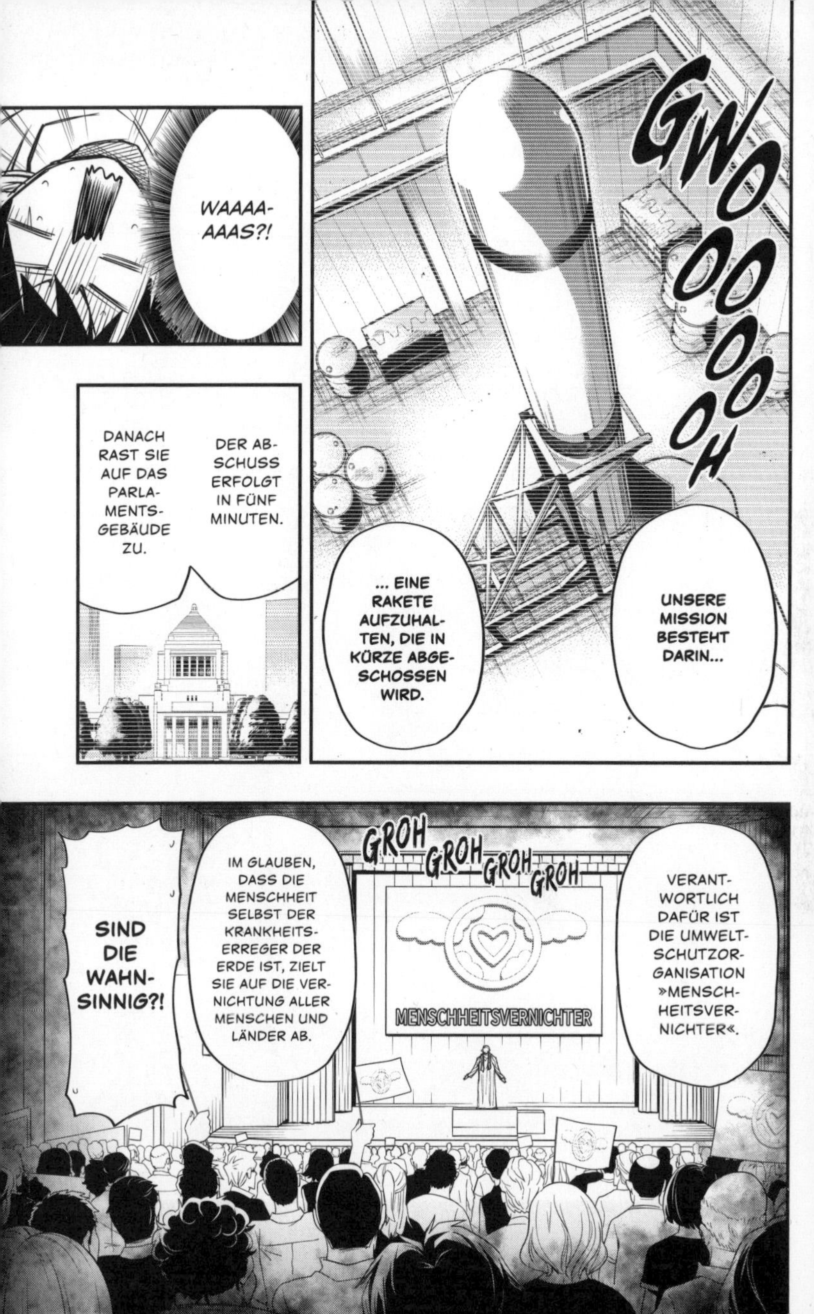
GWOOOOOOOH
UNSERE MISSION BESTEHT DARIN...
... EINE RAKETE AUFZUHALTEN, DIE IN KÜRZE ABGESCHOSSEN WIRD.
WAAAAAAAS?!
DER ABSCHUSS ERFOLGT IN FÜNF MINUTEN.
DANACH RAST SIE AUF DAS PARLAMENTSGEBÄUDE ZU.
VERANTWORTLICH DAFÜR IST DIE UMWELTSCHUTZORGANISATION »MENSCHHEITSVERNICHTER«.
GROH GROH GROH GROH
MENSCHHEITSVERNICHTER
IM GLAUBEN, DASS DIE MENSCHHEIT SELBST DER KRANKHEITSERREGER DER ERDE IST, ZIELT SIE AUF DIE VERNICHTUNG ALLER MENSCHEN UND LÄNDER AB.
SIND DIE WAHNSINNIG?!

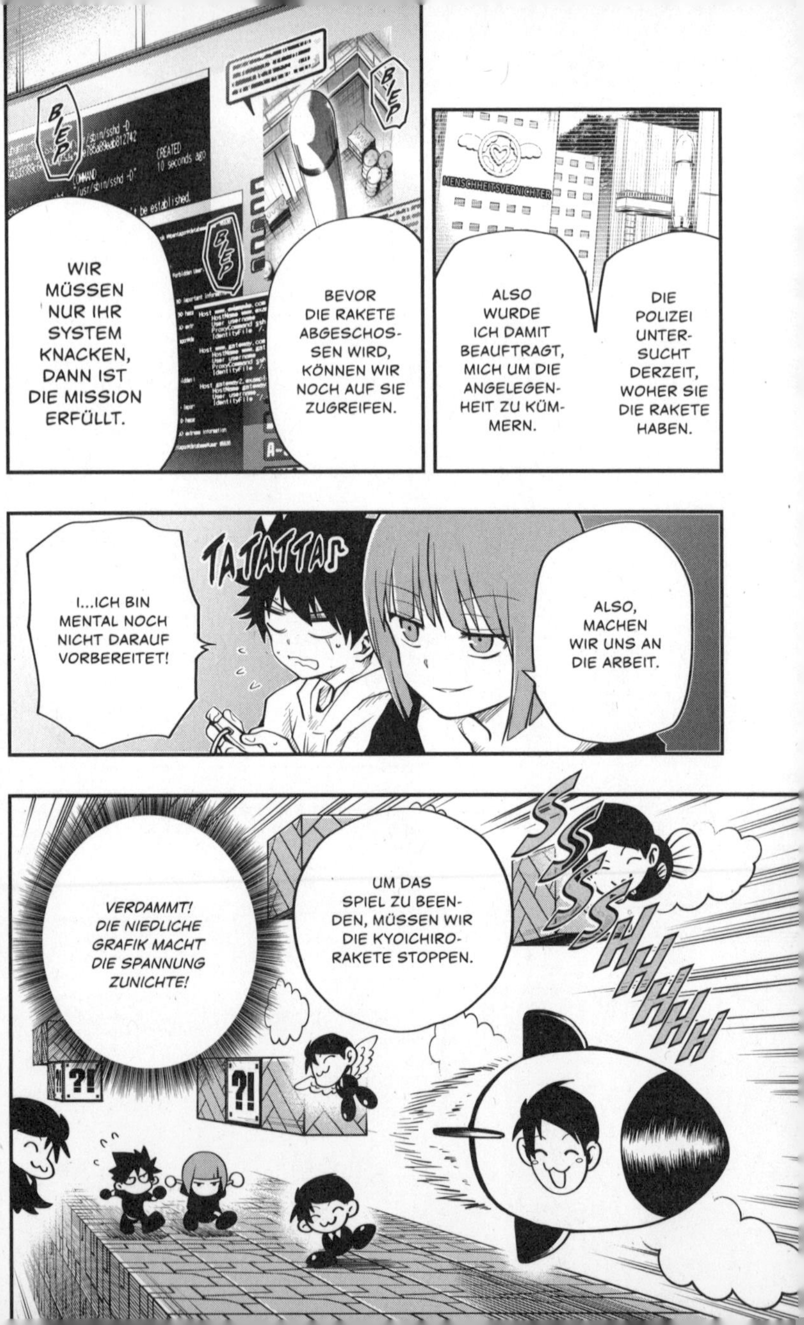
MENSCHHEITSVERNICHTER
DIE POLIZEI UNTERSUCHT DERZEIT, WOHER SIE DIE RAKETE HABEN.
ALSO WURDE ICH DAMIT BEAUFTRAGT, MICH UM DIE ANGELEGENHEIT ZU KÜMMERN.
BIEP
BIEP
BIEP
BEVOR DIE RAKETE ABGESCHOSSEN WIRD, KÖNNEN WIR NOCH AUF SIE ZUGREIFEN.
WIR MÜSSEN NUR IHR SYSTEM KNACKEN, DANN IST DIE MISSION ERFÜLLT.
ALSO, MACHEN WIR UNS AN DIE ARBEIT.
TATATTA♪
I...ICH BIN MENTAL NOCH NICHT DARAUF VORBEREITET!
SSSHHHHHH
UM DAS SPIEL ZU BEENDEN, MÜSSEN WIR DIE KYOICHIRO-RAKETE STOPPEN.
VERDAMMT! DIE NIEDLICHE GRAFIK MACHT DIE SPANNUNG ZUNICHTE!
?!
?!

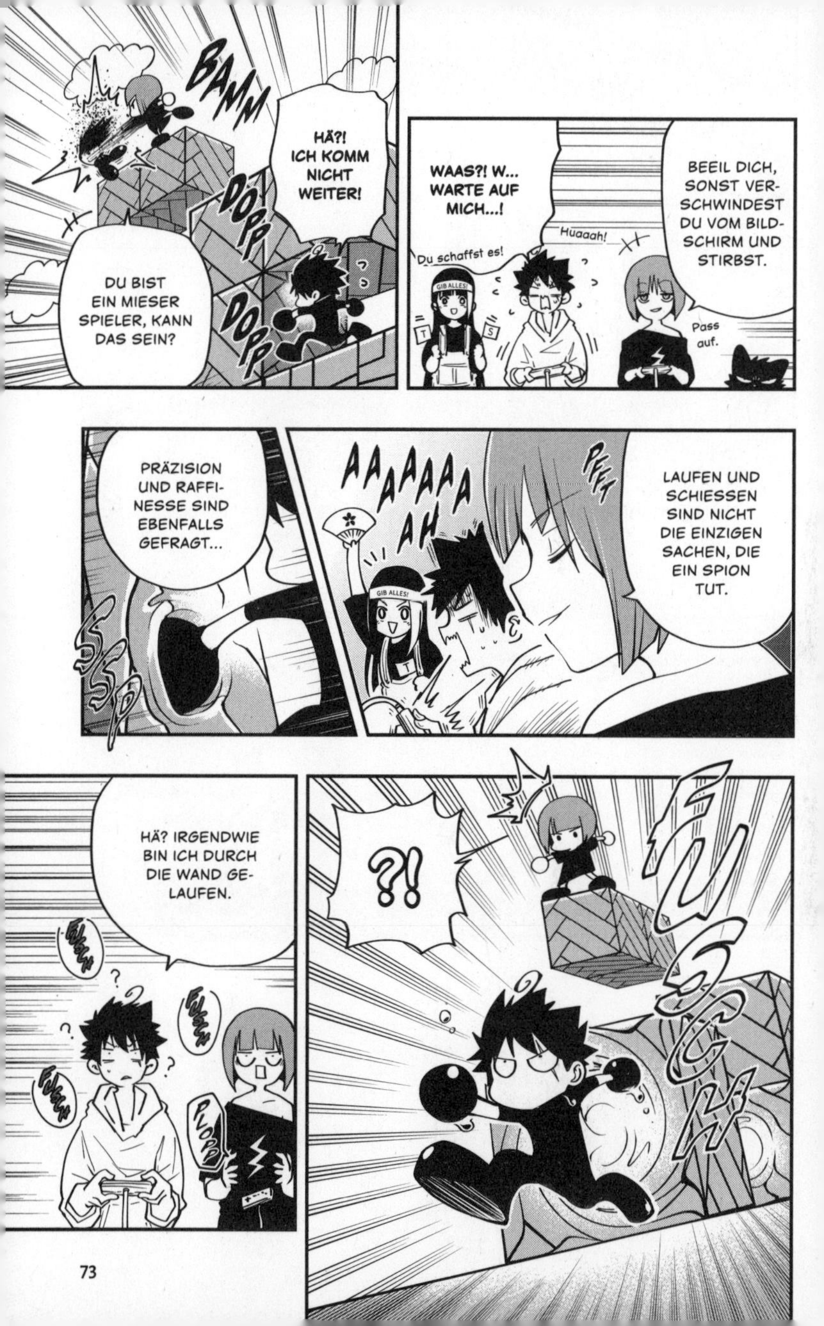
BEEIL DICH, SONST VERSCHWINDEST DU VOM BILDSCHIRM UND STIRBST.
Pass auf.
WAAS?! W... WARTE AUF MICH...!
Hüaaah!
Du schaffst es!
GIB ALLES!
BAMM
HÄ?! ICH KOMM NICHT WEITER!
DOPP
DOPP
DU BIST EIN MIESER SPIELER, KANN DAS SEIN?
LAUFEN UND SCHIESSEN SIND NICHT DIE EINZIGEN SACHEN, DIE EIN SPION TUT.
PFFT
AAAAAAAH
GIB ALLES!
PRÄZISION UND RAFFINESSE SIND EBENFALLS GEFRAGT...
?!
HÄ? IRGENDWIE BIN ICH DURCH DIE WAND GELAUFEN.
FUSCH
FUSCH
FUSCH
PLOPP

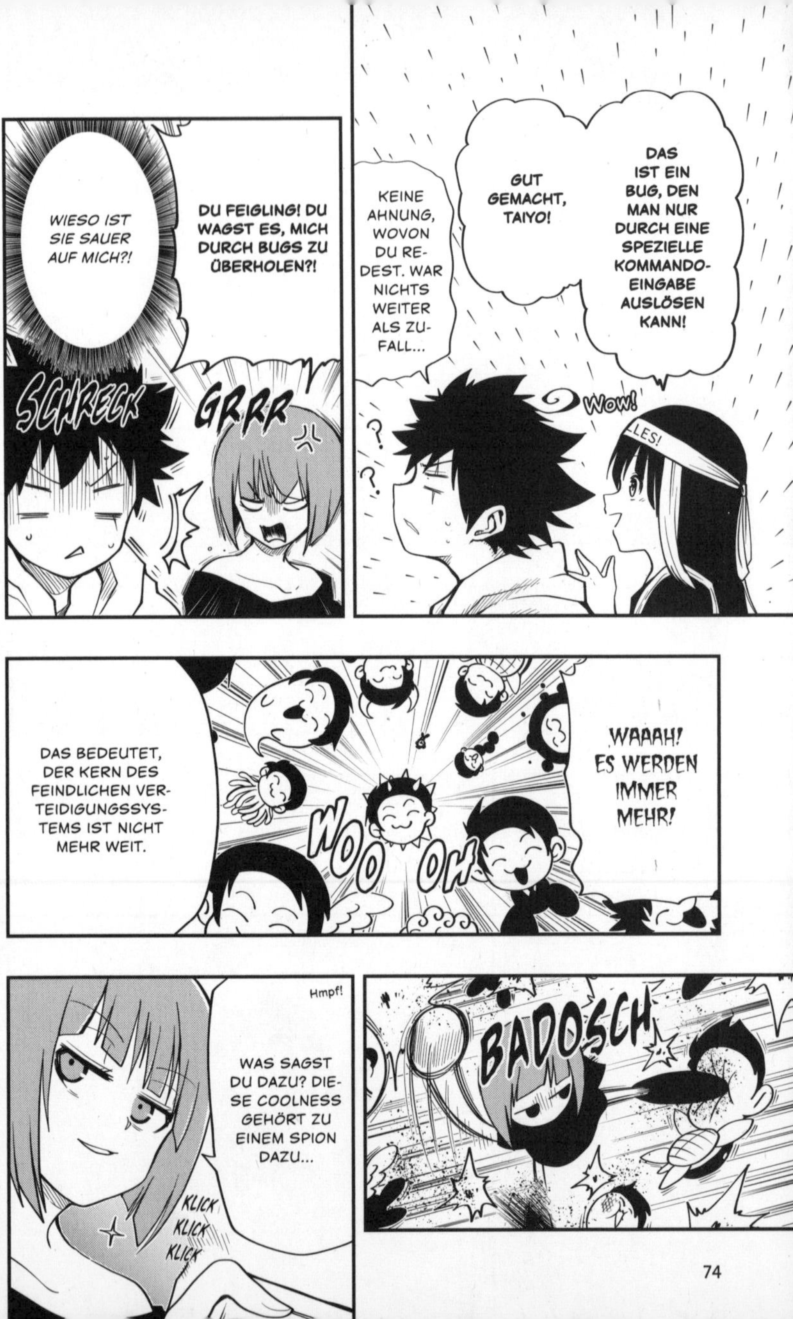
DAS IST EIN BUG, DEN MAN NUR DURCH EINE SPEZIELLE KOMMANDO-EINGABE AUSLÖSEN KANN!
GUT GEMACHT, TAIYO!
KEINE AHNUNG, WOVON DU REDEST. WAR NICHTS WEITER ALS ZUFALL...
Wow!
DU FEIGLING! DU WAGST ES, MICH DURCH BUGS ZU ÜBERHOLEN?!
WIESO IST SIE SAUER AUF MICH?!
GRRR
SCHRECK
WAAAH! ES WERDEN IMMER MEHR!
WOOOH
DAS BEDEUTET, DER KERN DES FEINDLICHEN VERTEIDIGUNGSSYSTEMS IST NICHT MEHR WEIT.
BADOSCH
Hmpf!
WAS SAGST DU DAZU? DIESE COOLNESS GEHÖRT ZU EINEM SPION DAZU...
KLICK
KLICK
KLICK

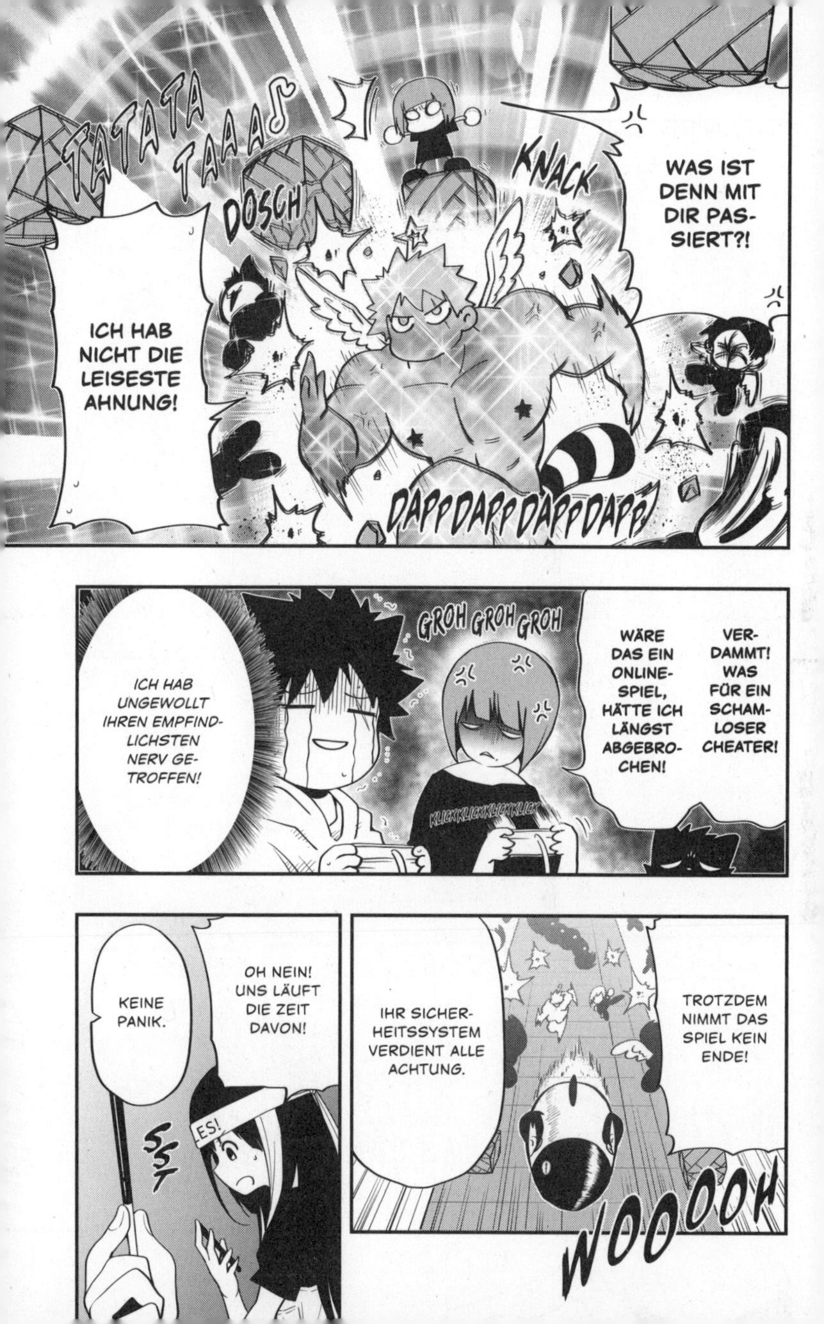
TATATA TAAA♪
DOSCH
KNACK
WAS IST DENN MIT DIR PASSIERT?!
ICH HAB NICHT DIE LEISESTE AHNUNG!
DAPP DAPP DAPP DAPP
GROH GROH GROH
VERDAMMT! WAS FÜR EIN SCHAMLOSER CHEATER!
WÄRE DAS EIN ONLINE-SPIEL, HÄTTE ICH LÄNGST ABGEBROCHEN!
KLICKKLICKKLICKKLICK
ICH HAB UNGEWOLLT IHREN EMPFINDLICHSTEN NERV GETROFFEN!
TROTZDEM NIMMT DAS SPIEL KEIN ENDE!
IHR SICHERHEITSSYSTEM VERDIENT ALLE ACHTUNG.
WOOOOOH
OH NEIN! UNS LÄUFT DIE ZEIT DAVON!
KEINE PANIK.
ES!
SST

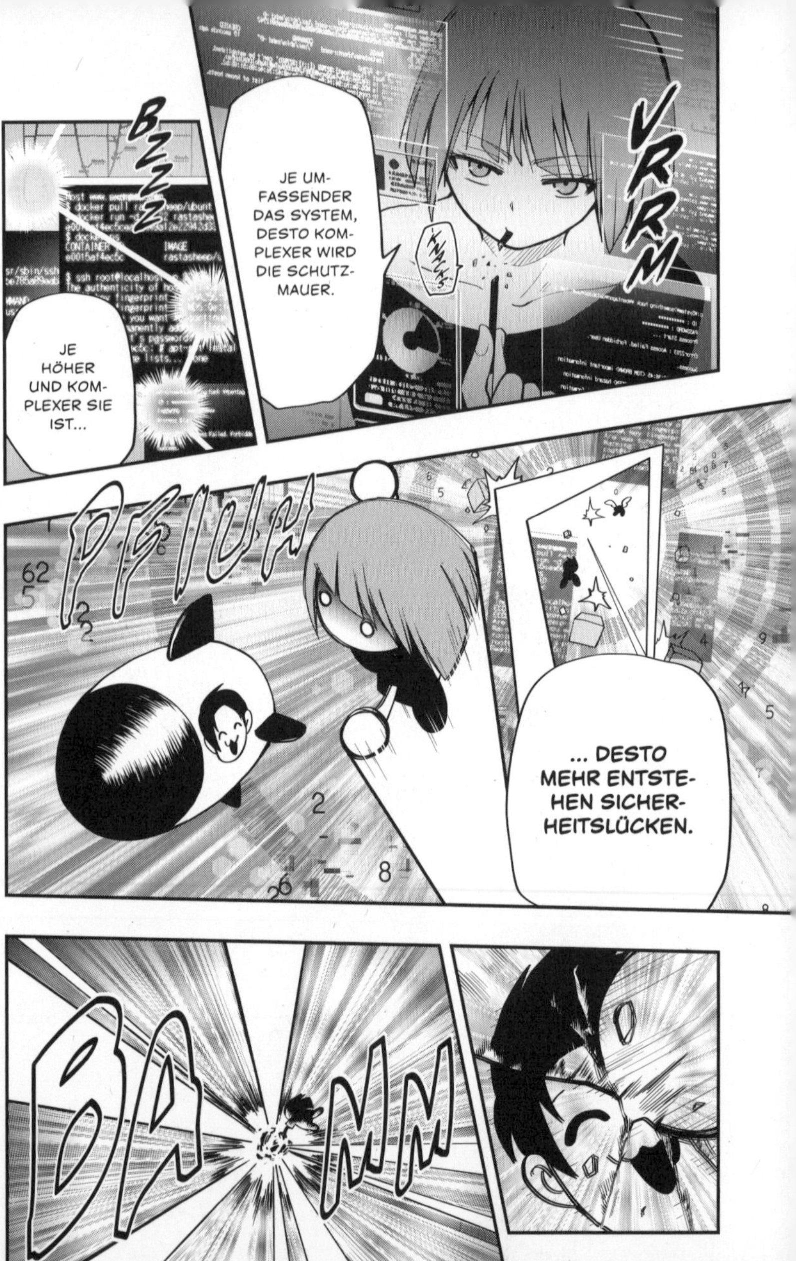
VRRM
KNACKS
JE UMFASSENDER DAS SYSTEM, DESTO KOMPLEXER WIRD DIE SCHUTZMAUER.
BZZZ
JE HÖHER UND KOMPLEXER SIE IST...
... DESTO MEHR ENTSTEHEN SICHERHEITSLÜCKEN.
BAMM

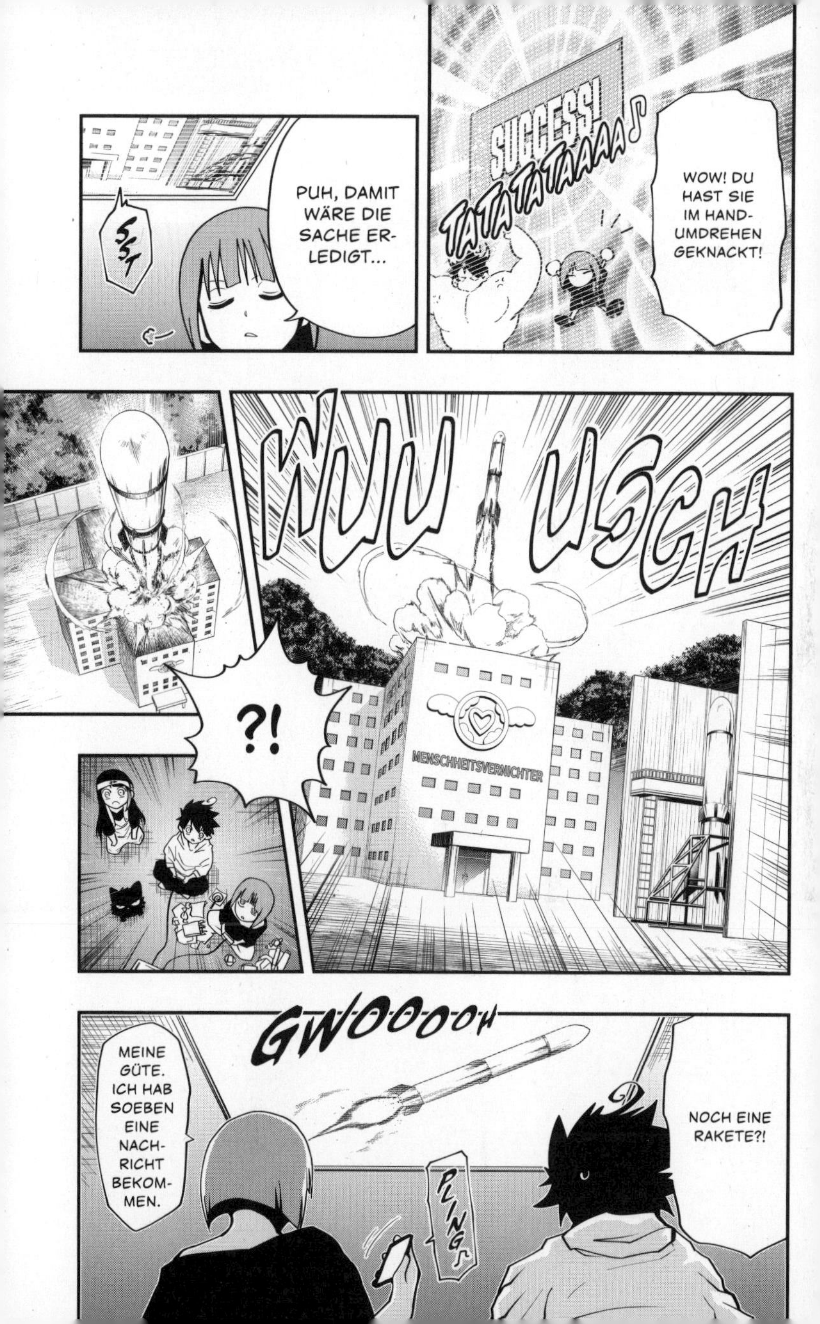
SUCCESS!
TATATATAAA♪
WOW! DU HAST SIE IM HAND-UMDREHEN GEKNACKT!
PUH, DAMIT WÄRE DIE SACHE ER-LEDIGT...
WUUUSCH
?!
MENSCHHEITSVERNICHTER
GWOOOOOH
NOCH EINE RAKETE?!
MEINE GÜTE. ICH HAB SOEBEN EINE NACH-RICHT BEKOM-MEN.
PLING♪

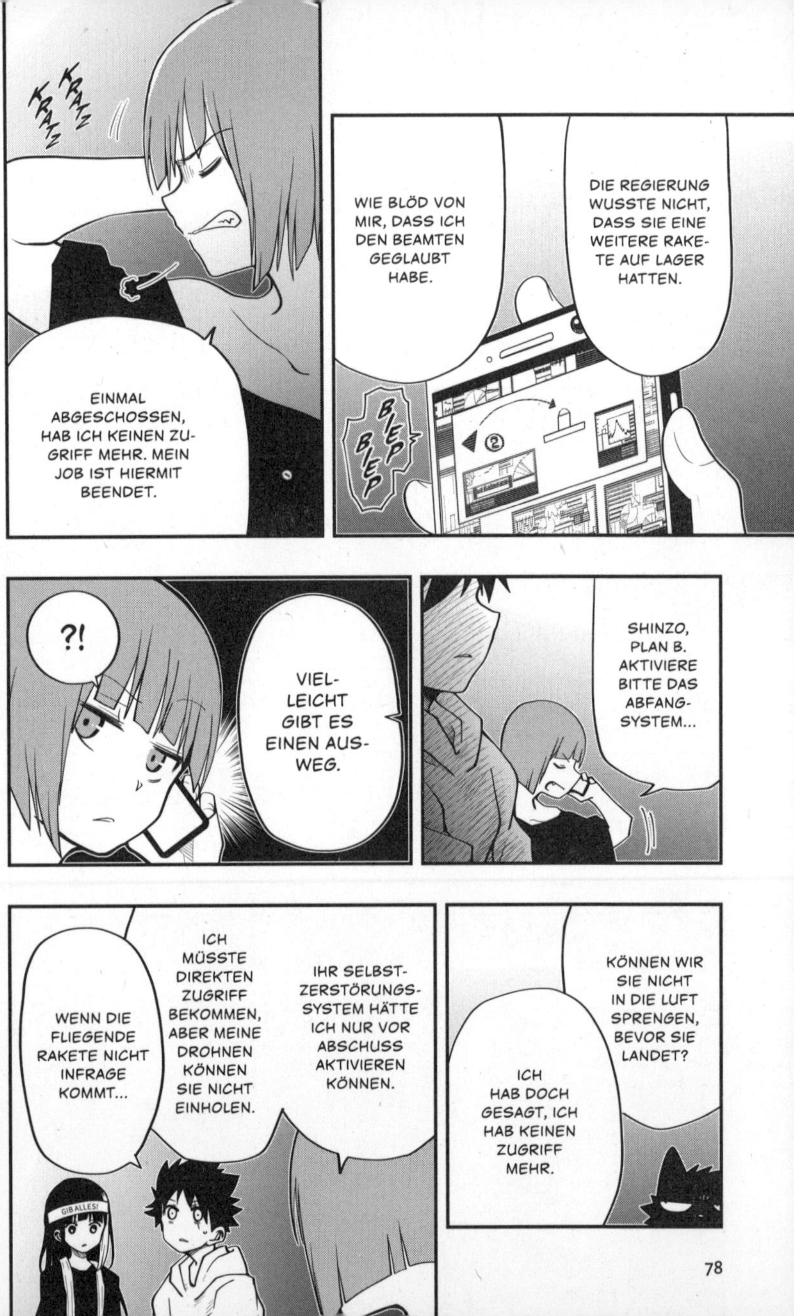
DIE REGIERUNG WUSSTE NICHT, DASS SIE EINE WEITERE RAKETE AUF LAGER HATTEN.
WIE BLÖD VON MIR, DASS ICH DEN BEAMTEN GEGLAUBT HABE.
BIEP BIEP
KRATZ KRATZ
EINMAL ABGESCHOSSEN, HAB ICH KEINEN ZUGRIFF MEHR. MEIN JOB IST HIERMIT BEENDET.
SHINZO, PLAN B. AKTIVIERE BITTE DAS ABFANGSYSTEM...
VIELLEICHT GIBT ES EINEN AUSWEG.
?!
KÖNNEN WIR SIE NICHT IN DIE LUFT SPRENGEN, BEVOR SIE LANDET?
ICH HAB DOCH GESAGT, ICH HAB KEINEN ZUGRIFF MEHR.
IHR SELBSTZERSTÖRUNGSSYSTEM HÄTTE ICH NUR VOR ABSCHUSS AKTIVIEREN KÖNNEN.
ICH MÜSSTE DIREKTEN ZUGRIFF BEKOMMEN, ABER MEINE DROHNEN KÖNNEN SIE NICHT EINHOLEN.
WENN DIE FLIEGENDE RAKETE NICHT INFRAGE KOMMT...
GIB ALLES!

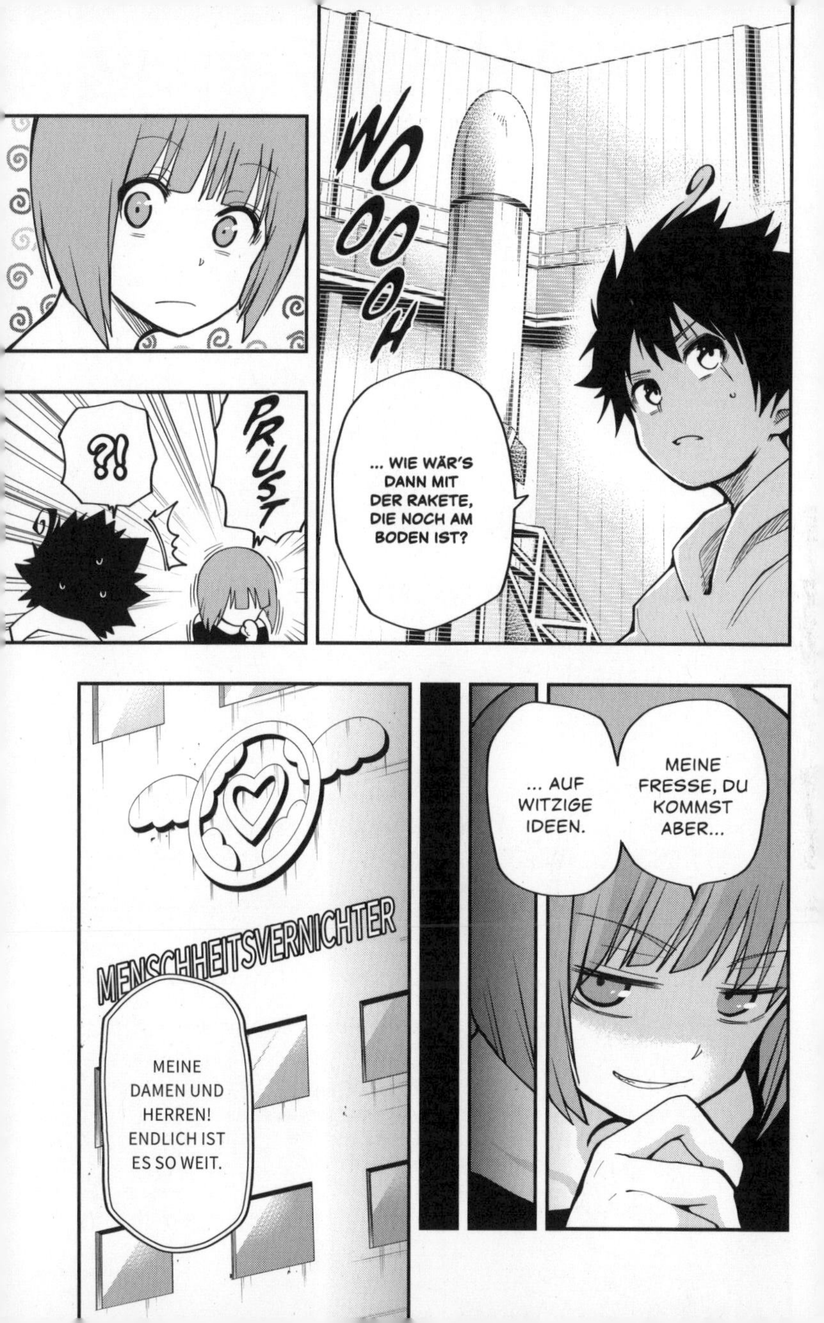
WOOOOOH
... WIE WÄR'S DANN MIT DER RAKETE, DIE NOCH AM BODEN IST?
PRUST
?!
MEINE FRESSE, DU KOMMST ABER...
... AUF WITZIGE IDEEN.
MENSCHHEITSVERNICHTER
MEINE DAMEN UND HERREN! ENDLICH IST ES SO WEIT.

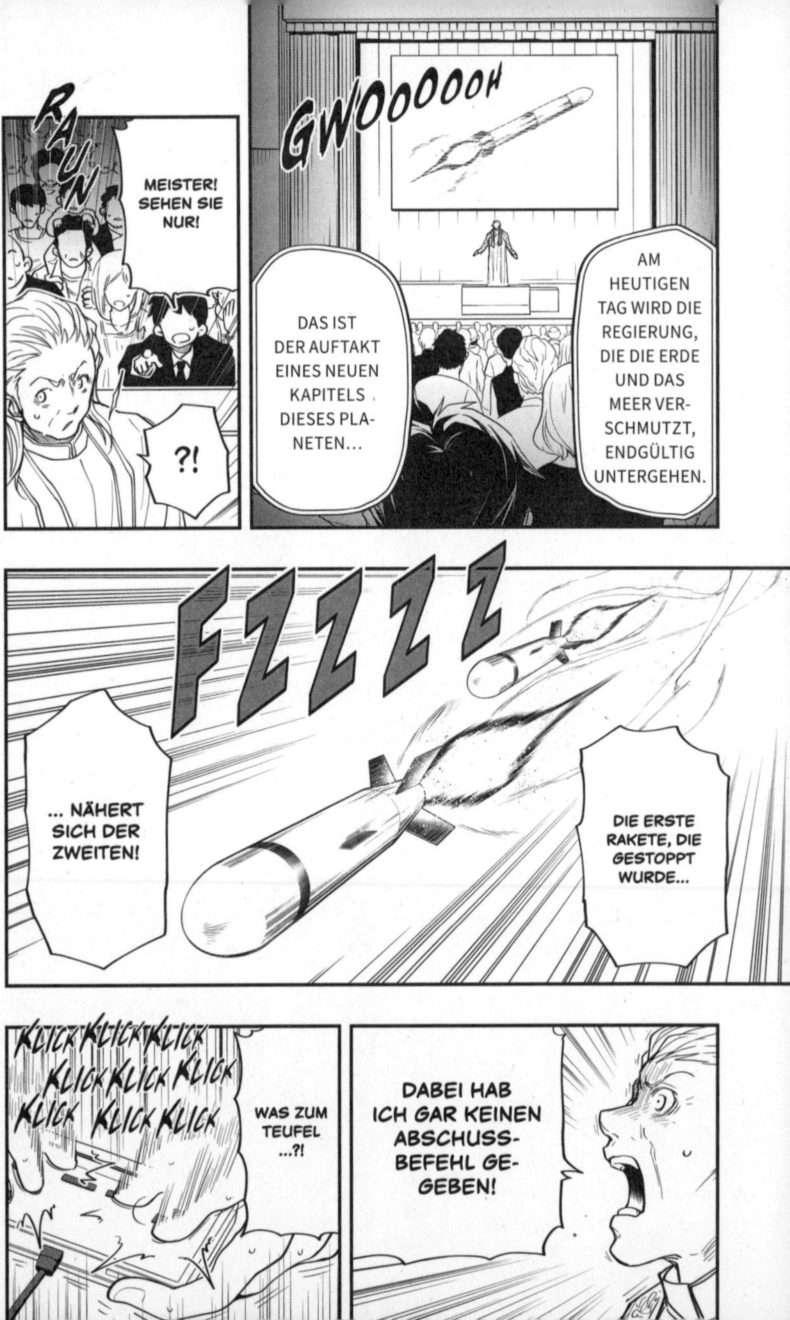
GWOOOOOH
AM HEUTIGEN TAG WIRD DIE REGIERUNG, DIE DIE ERDE UND DAS MEER VERSCHMUTZT, ENDGÜLTIG UNTERGEHEN.
DAS IST DER AUFTAKT EINES NEUEN KAPITELS DIESES PLANETEN…
RAUN
MEISTER! SEHEN SIE NUR!
?!
FZZZZ
DIE ERSTE RAKETE, DIE GESTOPPT WURDE...
... NÄHERT SICH DER ZWEITEN!
DABEI HAB ICH GAR KEINEN ABSCHUSSBEFEHL GEGEBEN!
KLICK KLICK KLICK KLICK KLICK KLICK KLICK KLICK KLICK
WAS ZUM TEUFEL ...?!

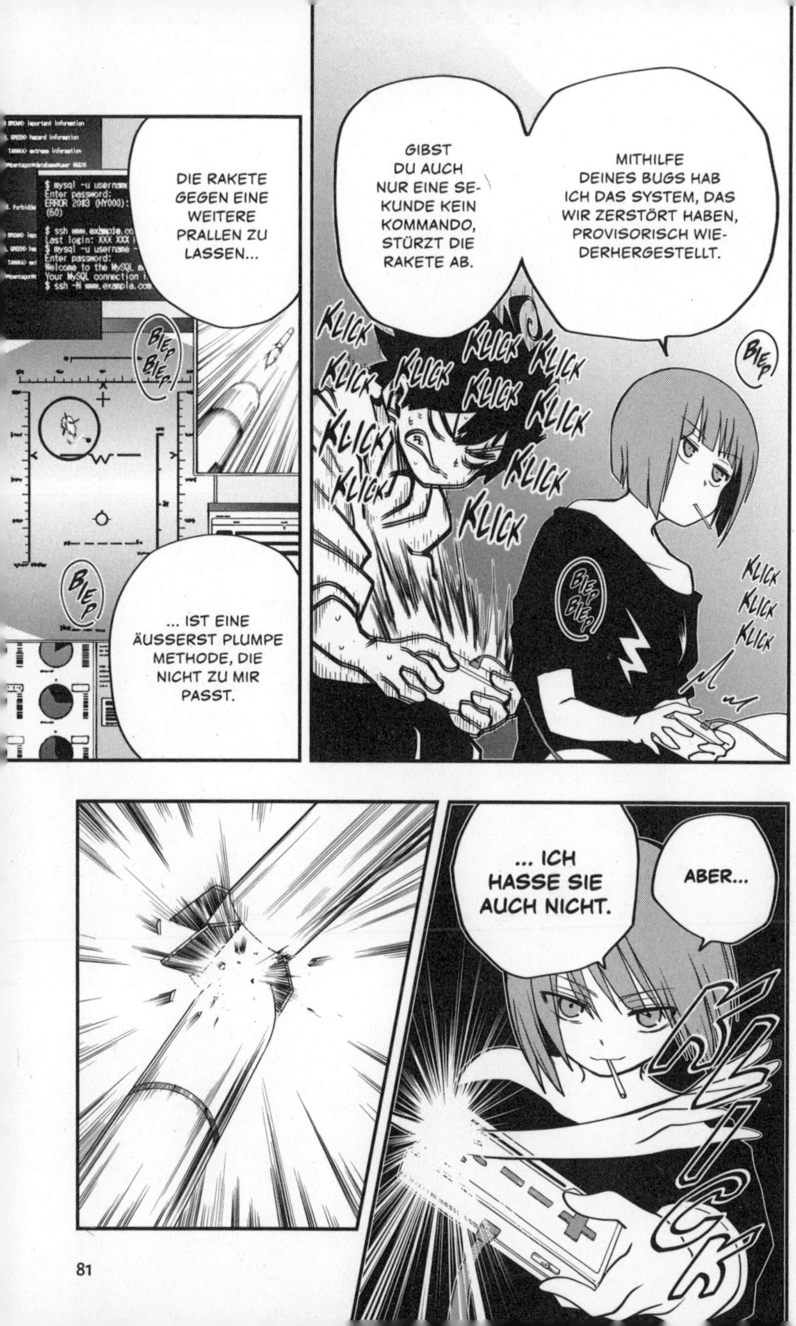
MITHILFE DEINES BUGS HAB ICH DAS SYSTEM, DAS WIR ZERSTÖRT HABEN, PROVISORISCH WIEDERHERGESTELLT.
GIBST DU AUCH NUR EINE SEKUNDE KEIN KOMMANDO, STÜRZT DIE RAKETE AB.
BIEP
KLICK KLICK KLICK
KLICK KLICK KLICK KLICK KLICK KLICK KLICK KLICK KLICK KLICK
BIEP BIEP
DIE RAKETE GEGEN EINE WEITERE PRALLEN ZU LASSEN...
BIEP BIEP
BIEP
... IST EINE ÄUSSERST PLUMPE METHODE, DIE NICHT ZU MIR PASST.
ABER...
... ICH HASSE SIE AUCH NICHT.

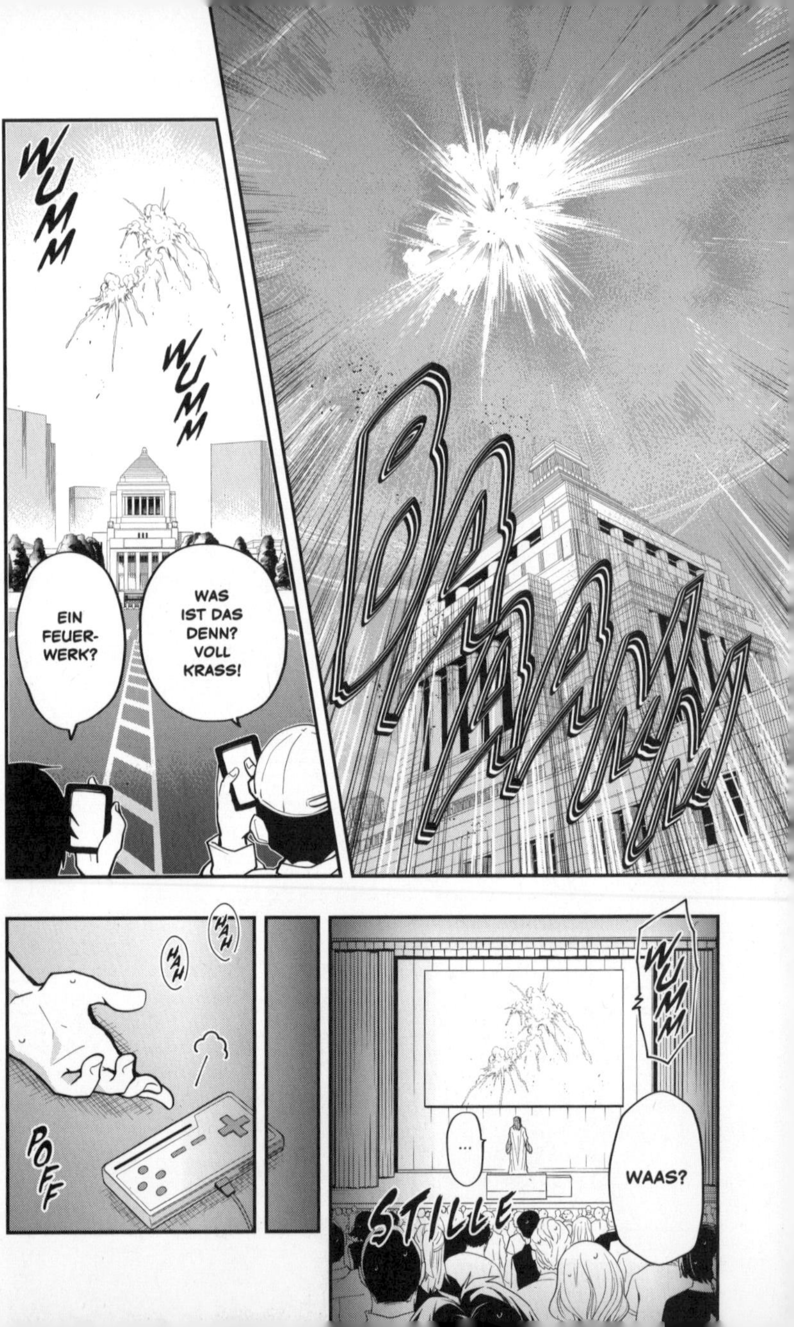
WUMM
WUMM
WAS IST DAS DENN? VOLL KRASS!
EIN FEUERWERK?
WUMM
WAAS?
...
STILLE
HAH
HAH
POFF

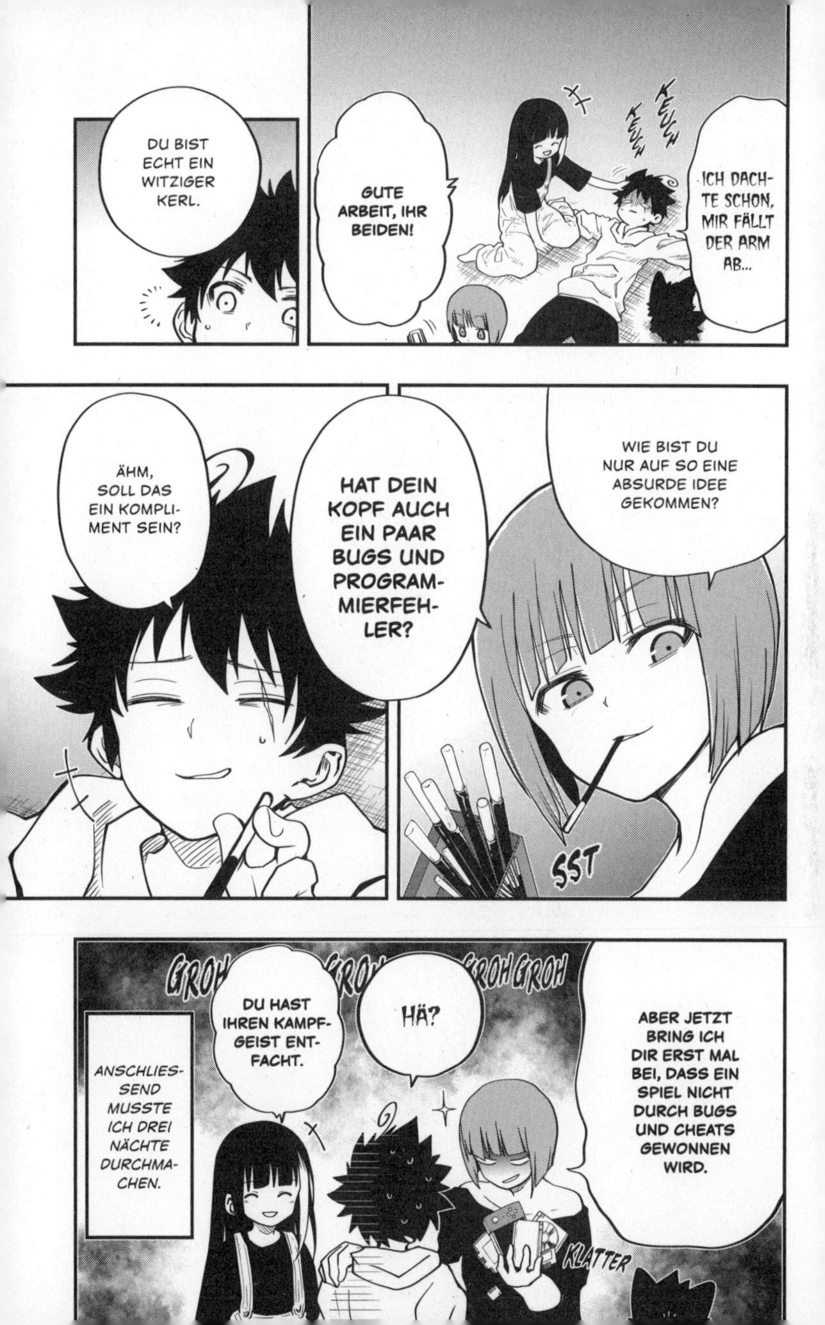
ICH DACHTE SCHON, MIR FÄLLT DER ARM AB...
KEUCH KEUCH
GUTE ARBEIT, IHR BEIDEN!
DU BIST ECHT EIN WITZIGER KERL.
WIE BIST DU NUR AUF SO EINE ABSURDE IDEE GEKOMMEN?
SST
HAT DEIN KOPF AUCH EIN PAAR BUGS UND PROGRAMMIERFEHLER?
ÄHM, SOLL DAS EIN KOMPLIMENT SEIN?
ABER JETZT BRING ICH DIR ERST MAL BEI, DASS EIN SPIEL NICHT DURCH BUGS UND CHEATS GEWONNEN WIRD.
KLATTER
GROH GROH GROH GROH
HÄ?
DU HAST IHREN KAMPFGEIST ENTFACHT.
ANSCHLIESSEND MUSSTE ICH DREI NÄCHTE DURCHMACHEN.

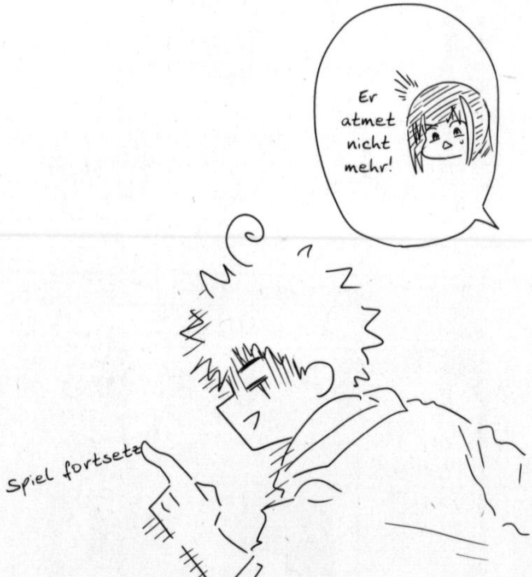
Er atmet nicht mehr!
Spiel fortsetz

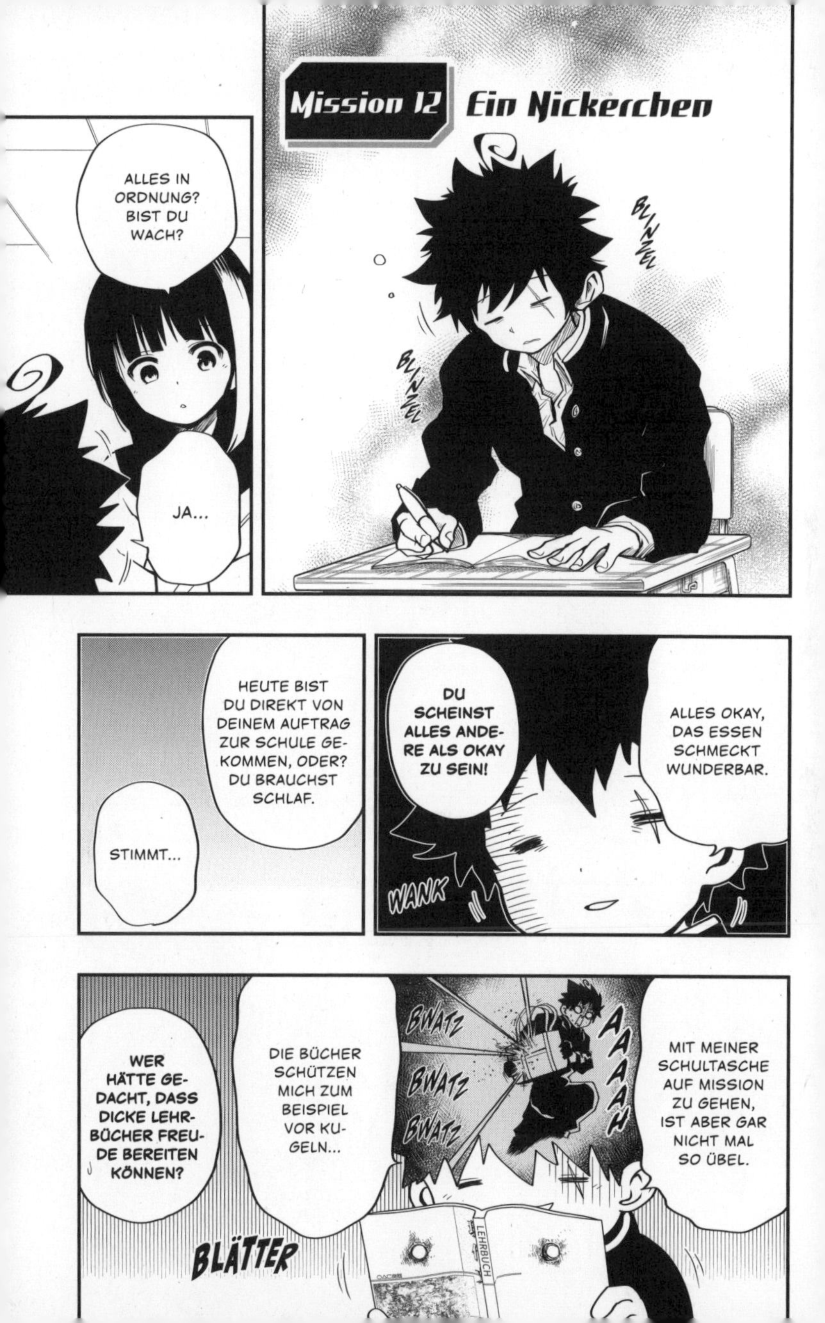
Mission 12
Ein Nickerchen
BLINZEL
BLINZEL
ALLES IN ORDNUNG? BIST DU WACH?
JA...
ALLES OKAY, DAS ESSEN SCHMECKT WUNDERBAR.
DU SCHEINST ALLES ANDERE ALS OKAY ZU SEIN!
WANK
HEUTE BIST DU DIREKT VON DEINEM AUFTRAG ZUR SCHULE GEKOMMEN, ODER? DU BRAUCHST SCHLAF.
STIMMT...
MIT MEINER SCHULTASCHE AUF MISSION ZU GEHEN, IST ABER GAR NICHT MAL SO ÜBEL.
AAAAAH
BWATZ
BWATZ
BWATZ
DIE BÜCHER SCHÜTZEN MICH ZUM BEISPIEL VOR KUGELN...
WER HÄTTE GEDACHT, DASS DICKE LEHRBÜCHER FREUDE BEREITEN KÖNNEN?
BLÄTTER
LEHRBUCH

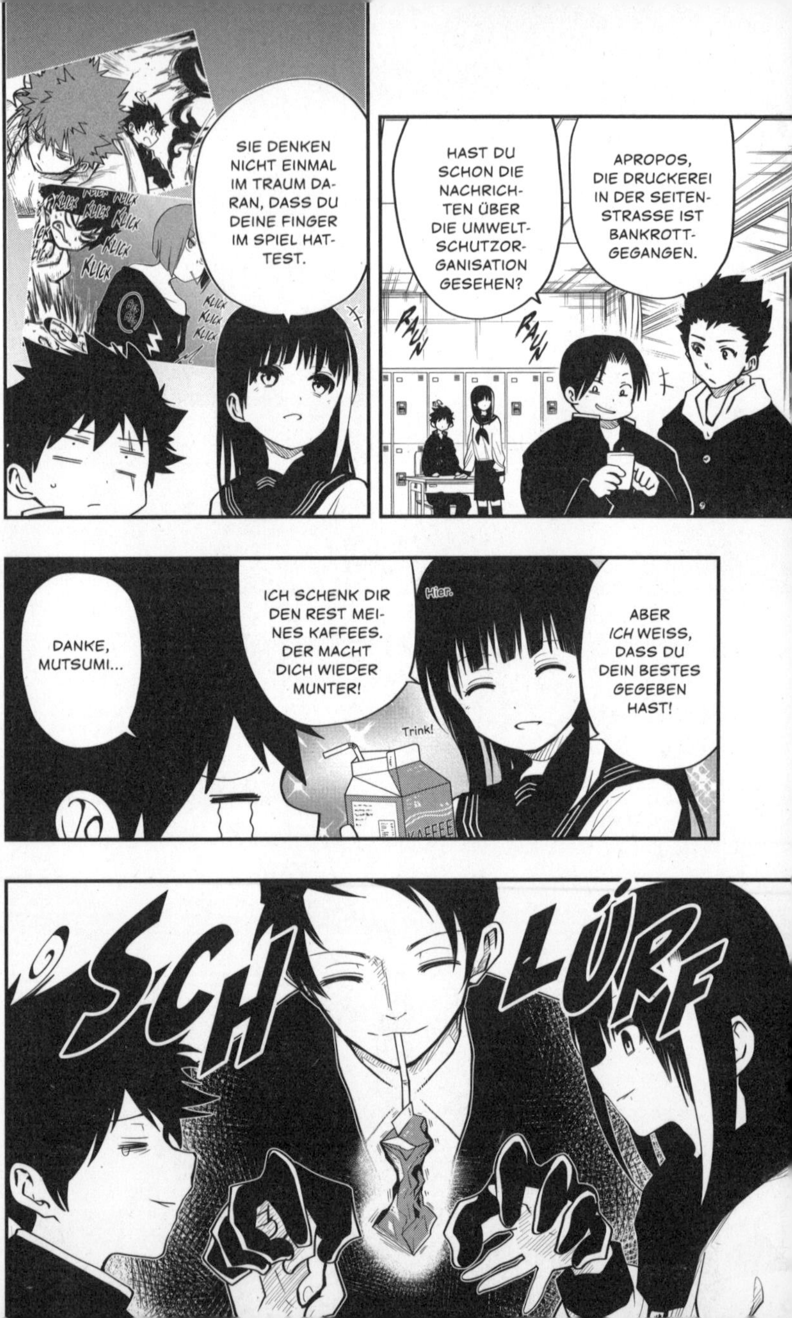
APROPOS, DIE DRUCKEREI IN DER SEITENSTRASSE IST BANKROTTGEGANGEN.
HAST DU SCHON DIE NACHRICHTEN ÜBER DIE UMWELTSCHUTZORGANISATION GESEHEN?
RAUN
RAUN
SIE DENKEN NICHT EINMAL IM TRAUM DARAN, DASS DU DEINE FINGER IM SPIEL HATTEST.
KLICK
KLICK
KLICK
KLICK
KLICK
KLICK
KLICK
ABER *ICH* WEISS, DASS DU DEIN BESTES GEGEBEN HAST!
Hier.
ICH SCHENK DIR DEN REST MEINES KAFFEES. DER MACHT DICH WIEDER MUNTER!
Trink!
KAFFEE
DANKE, MUTSUMI...
SCHLÜRF

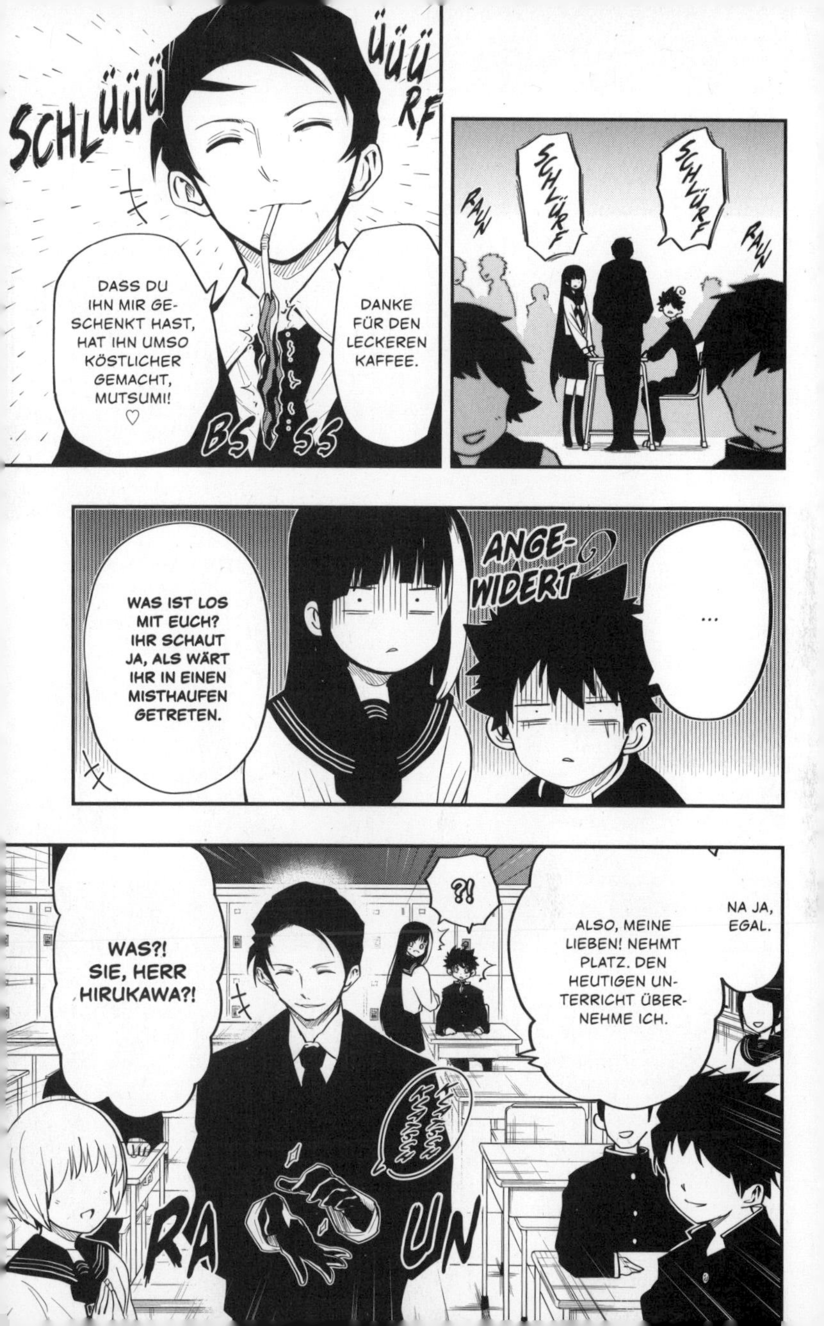
SCHLÜRF
SCHLÜRF
RAUN
RAUN
SCHLÜÜÜÜÜÜRF
DANKE FÜR DEN LECKEREN KAFFEE.
DASS DU IHN MIR GESCHENKT HAST, HAT IHN UMSO KÖSTLICHER GEMACHT, MUTSUMI! ♡
BSSS
ANGEWIDERT
...
WAS IST LOS MIT EUCH? IHR SCHAUT JA, ALS WÄRT IHR IN EINEN MISTHAUFEN GETRETEN.
NA JA, EGAL.
ALSO, MEINE LIEBEN! NEHMT PLATZ. DEN HEUTIGEN UNTERRICHT ÜBERNEHME ICH.
?!
WAS?! SIE, HERR HIRUKAWA?!
RAUN

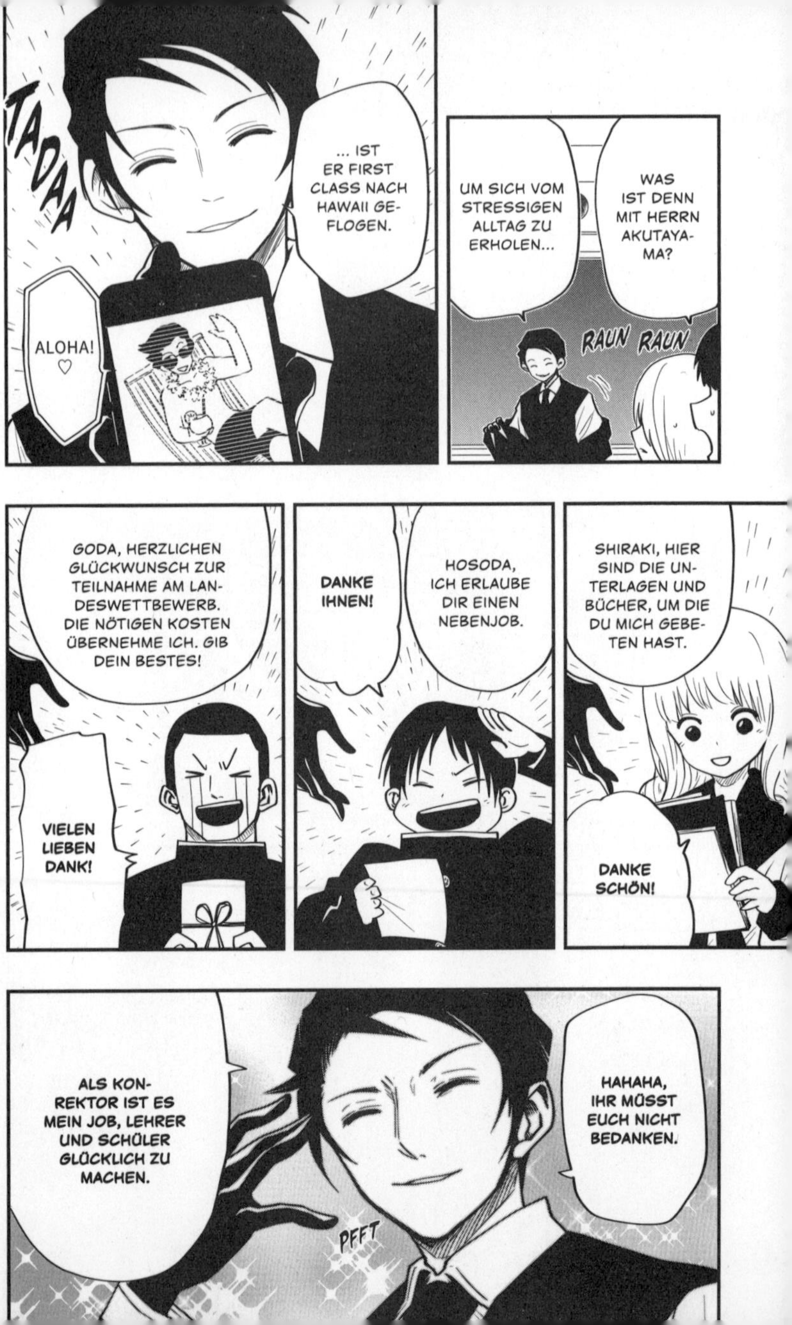
WAS IST DENN MIT HERRN AKUTAYAMA?
UM SICH VOM STRESSIGEN ALLTAG ZU ERHOLEN...
RAUN RAUN
... IST ER FIRST CLASS NACH HAWAII GEFLOGEN.
TADAA
ALOHA! ♡
SHIRAKI, HIER SIND DIE UNTERLAGEN UND BÜCHER, UM DIE DU MICH GEBETEN HAST.
DANKE SCHÖN!
HOSODA, ICH ERLAUBE DIR EINEN NEBENJOB.
DANKE IHNEN!
GODA, HERZLICHEN GLÜCKWUNSCH ZUR TEILNAHME AM LANDESWETTBEWERB. DIE NÖTIGEN KOSTEN ÜBERNEHME ICH. GIB DEIN BESTES!
VIELEN LIEBEN DANK!
HAHAHA, IHR MÜSST EUCH NICHT BEDANKEN.
ALS KONREKTOR IST ES MEIN JOB, LEHRER UND SCHÜLER GLÜCKLICH ZU MACHEN.
PFFT

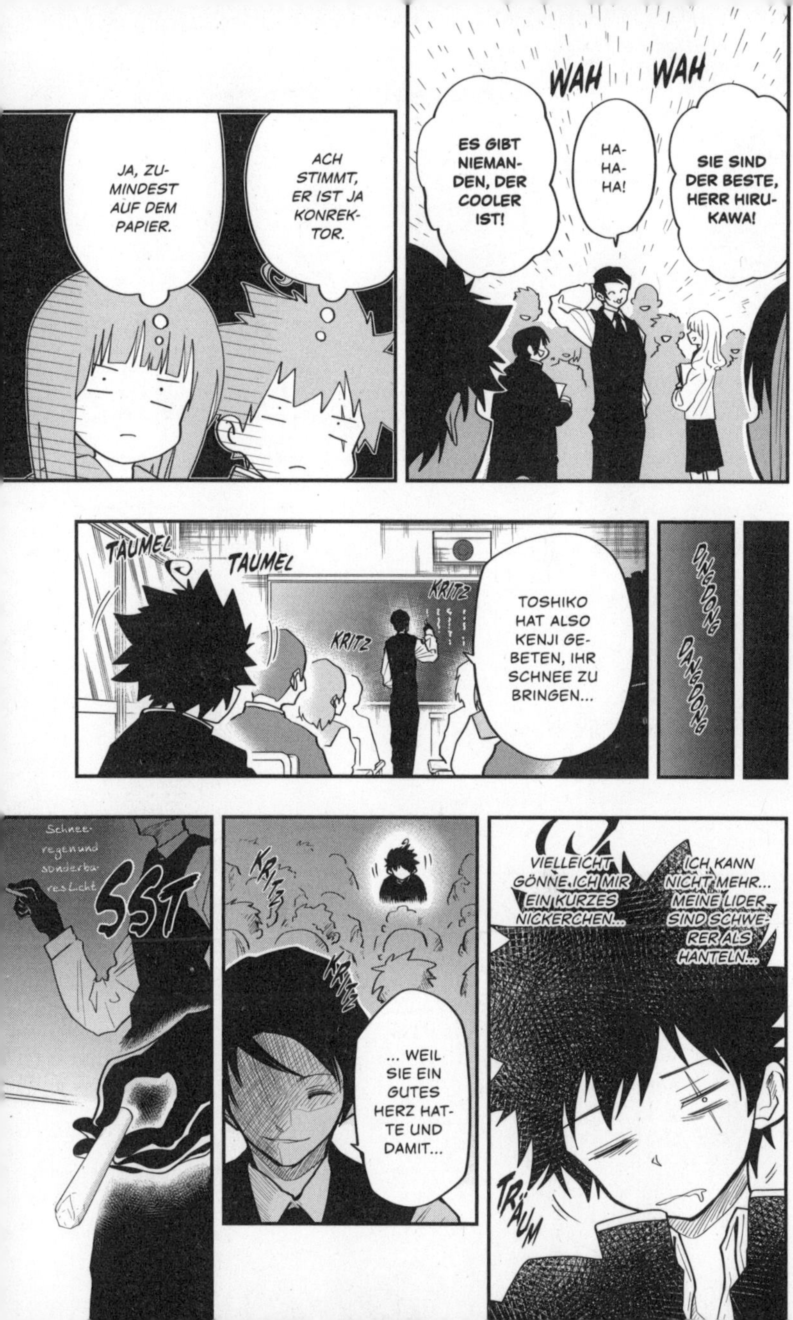
WAH WAH
SIE SIND DER BESTE, HERR HIRUKAWA!
HA-HA-HA!
ES GIBT NIEMANDEN, DER COOLER IST!
ACH STIMMT, ER IST JA KONREKTOR.
JA, ZUMINDEST AUF DEM PAPIER.
DINGDONG
DANGDONG
TOSHIKO HAT ALSO KENJI GEBETEN, IHR SCHNEE ZU BRINGEN...
KRITZ
KRITZ
TAUMEL
TAUMEL
ICH KANN NICHT MEHR... MEINE LIDER SIND SCHWERER ALS HANTELN...
VIELLEICHT GÖNNE ICH MIR EIN KURZES NICKERCHEN...
TRÄUM
KRITZ
KRITZ
... WEIL SIE EIN GUTES HERZ HATTE UND DAMIT...
SST
Schneeregen und sonderbares Licht

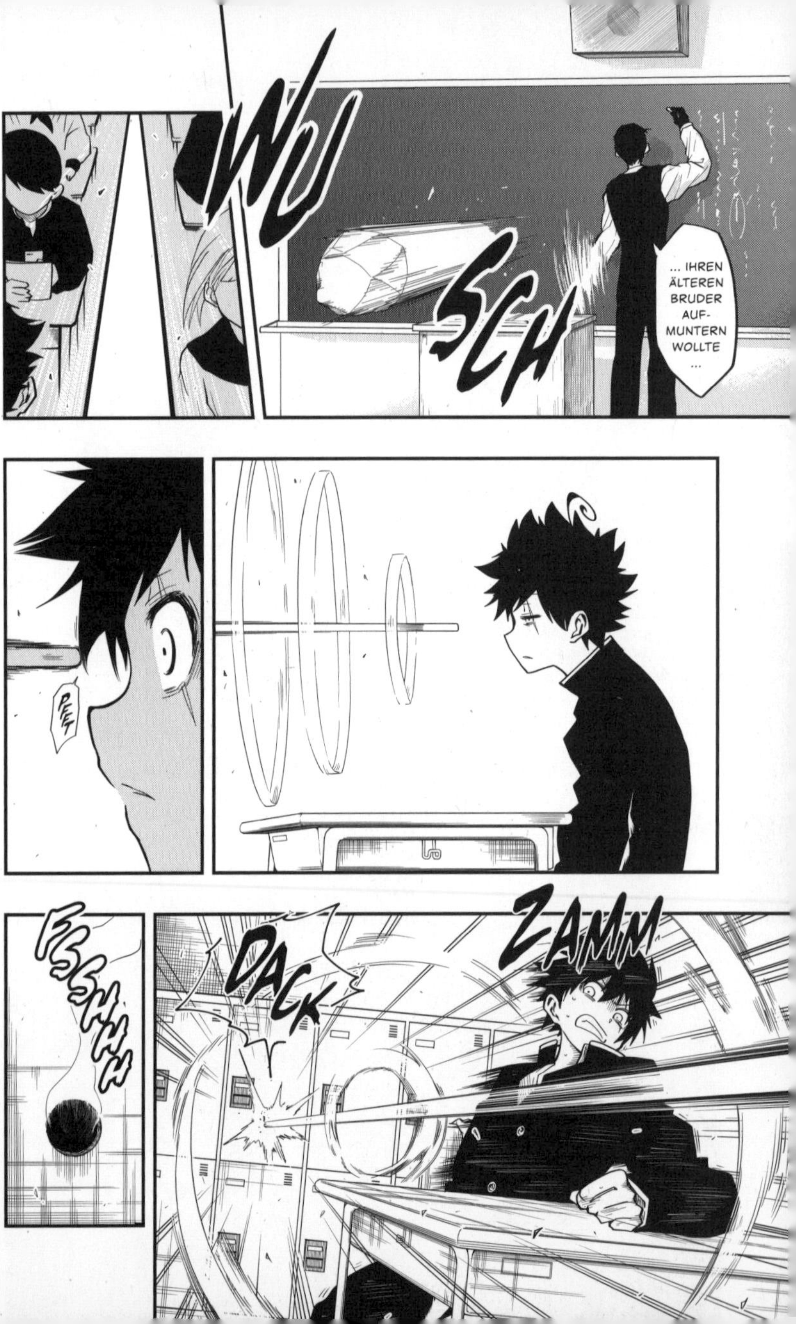
WUSCH
... IHREN ÄLTEREN BRUDER AUF-MUNTERN WOLLTE ...
PFFT
ZAMM
DACK
FSCHHH

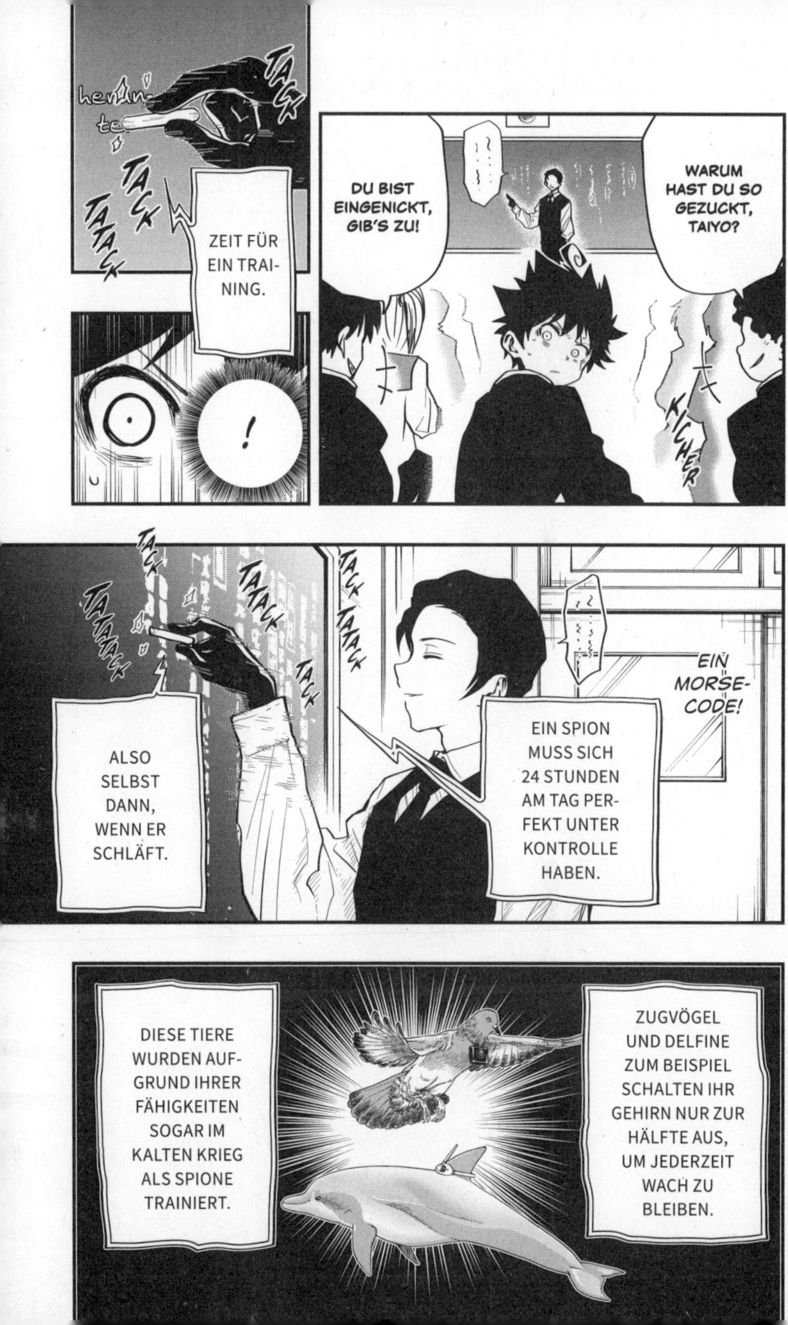

TACK
TACK
TATACK
ZEIT FÜR EIN TRAINING.
!
WARUM HAST DU SO GEZUCKT, TAIYO?
DU BIST EINGENICKT, GIB'S ZU!
KICHER
TACK
TATACK
TACK
TATACK
TATACK
TACK
EIN MORSE-CODE!
EIN SPION MUSS SICH 24 STUNDEN AM TAG PERFEKT UNTER KONTROLLE HABEN.
ALSO SELBST DANN, WENN ER SCHLÄFT.
ZUGVÖGEL UND DELFINE ZUM BEISPIEL SCHALTEN IHR GEHIRN NUR ZUR HÄLFTE AUS, UM JEDERZEIT WACH ZU BLEIBEN.
DIESE TIERE WURDEN AUFGRUND IHRER FÄHIGKEITEN SOGAR IM KALTEN KRIEG ALS SPIONE TRAINIERT.

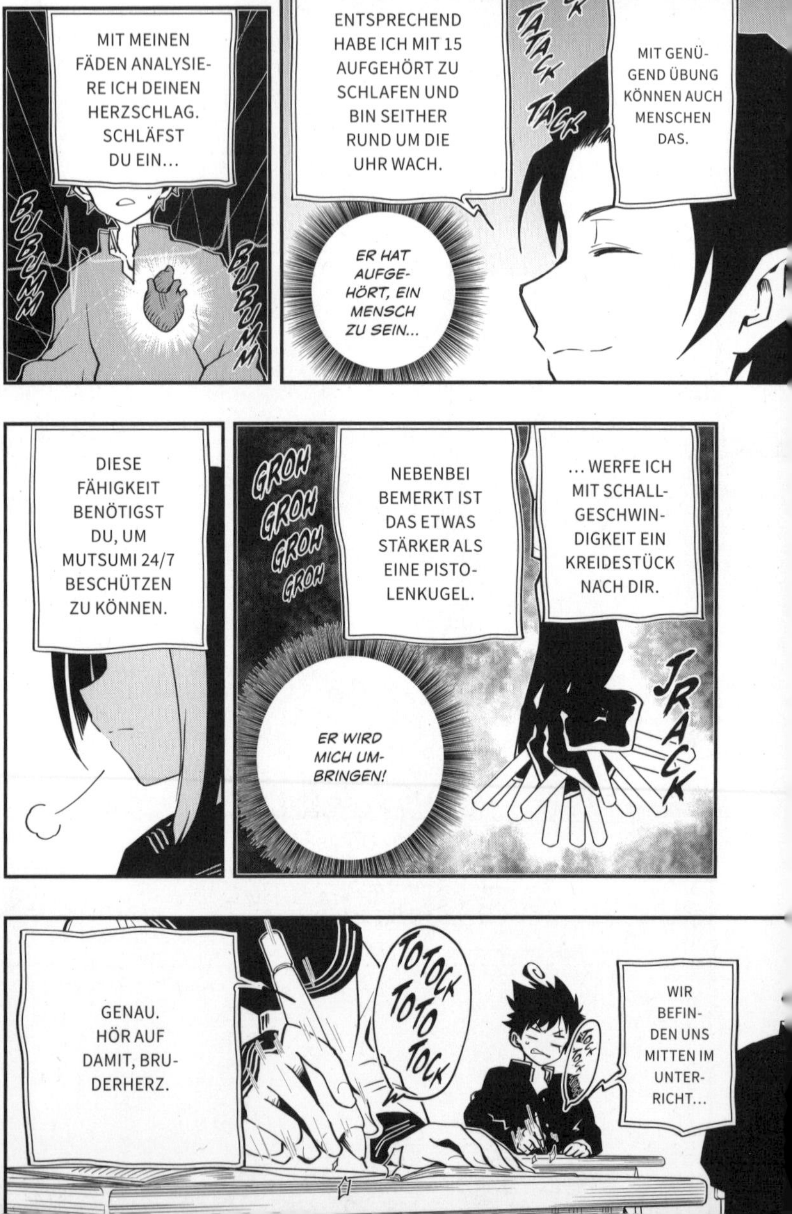
TACK TATACK TACK
MIT GENÜGEND ÜBUNG KÖNNEN AUCH MENSCHEN DAS.
ENTSPRECHEND HABE ICH MIT 15 AUFGEHÖRT ZU SCHLAFEN UND BIN SEITHER RUND UM DIE UHR WACH.
ER HAT AUFGEHÖRT, EIN MENSCH ZU SEIN…
MIT MEINEN FÄDEN ANALYSIERE ICH DEINEN HERZSCHLAG. SCHLÄFST DU EIN…
BUBUMM
BUBUMM
… WERFE ICH MIT SCHALLGESCHWINDIGKEIT EIN KREIDESTÜCK NACH DIR.
JRACK
NEBENBEI BEMERKT IST DAS ETWAS STÄRKER ALS EINE PISTOLENKUGEL.
GROH GROH GROH GROH
ER WIRD MICH UMBRINGEN!
DIESE FÄHIGKEIT BENÖTIGST DU, UM MUTSUMI 24/7 BESCHÜTZEN ZU KÖNNEN.
WIR BEFINDEN UNS MITTEN IM UNTERRICHT…
TOTOCK TOTOTOCK
GENAU. HÖR AUF DAMIT, BRUDERHERZ.

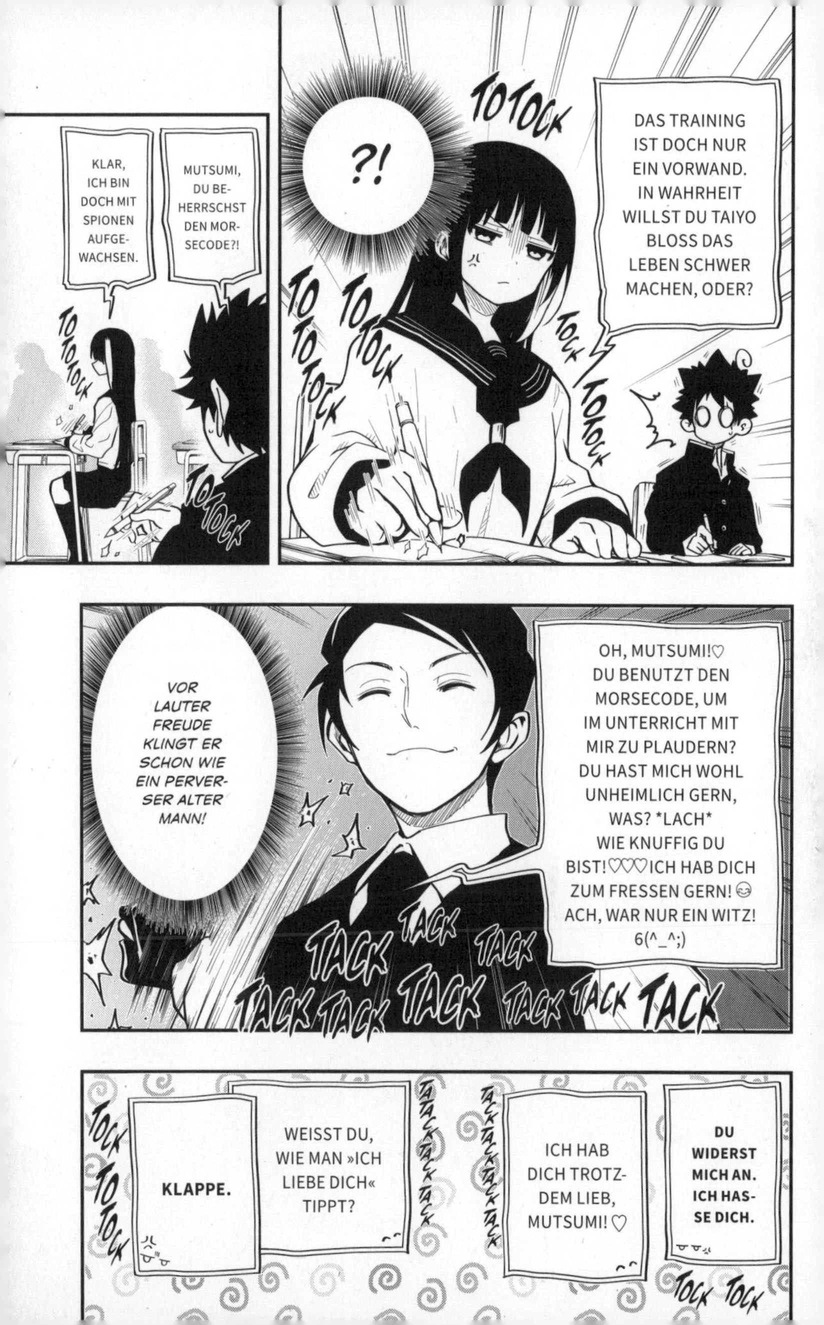
TOTOCK
DAS TRAINING IST DOCH NUR EIN VORWAND. IN WAHRHEIT WILLST DU TAIYO BLOSS DAS LEBEN SCHWER MACHEN, ODER?
?!
TOCK
TOTOCK
TOTOTOTOCK
TOTOCK
MUTSUMI, DU BE-HERRSCHST DEN MOR-SECODE?!
KLAR, ICH BIN DOCH MIT SPIONEN AUFGE-WACHSEN.
TOTOTOCK
TOTOCK
OH, MUTSUMI!♡ DU BENUTZT DEN MORSECODE, UM IM UNTERRICHT MIT MIR ZU PLAUDERN? DU HAST MICH WOHL UNHEIMLICH GERN, WAS? *LACH* WIE KNUFFIG DU BIST!♡♡♡ICH HAB DICH ZUM FRESSEN GERN! 😊 ACH, WAR NUR EIN WITZ! 6(^_^;)
VOR LAUTER FREUDE KLINGT ER SCHON WIE EIN PERVER-SER ALTER MANN!
TACK TACK TACK TACK TACK TACK TACK TACK TACK
DU WIDERST MICH AN. ICH HAS-SE DICH.
TOCK TOCK
ICH HAB DICH TROTZ-DEM LIEB, MUTSUMI! ♡
TACKTACKTACKTACK
TATACKTACKTACK
WEISST DU, WIE MAN »ICH LIEBE DICH« TIPPT?
KLAPPE.
TOCK TOTOCK

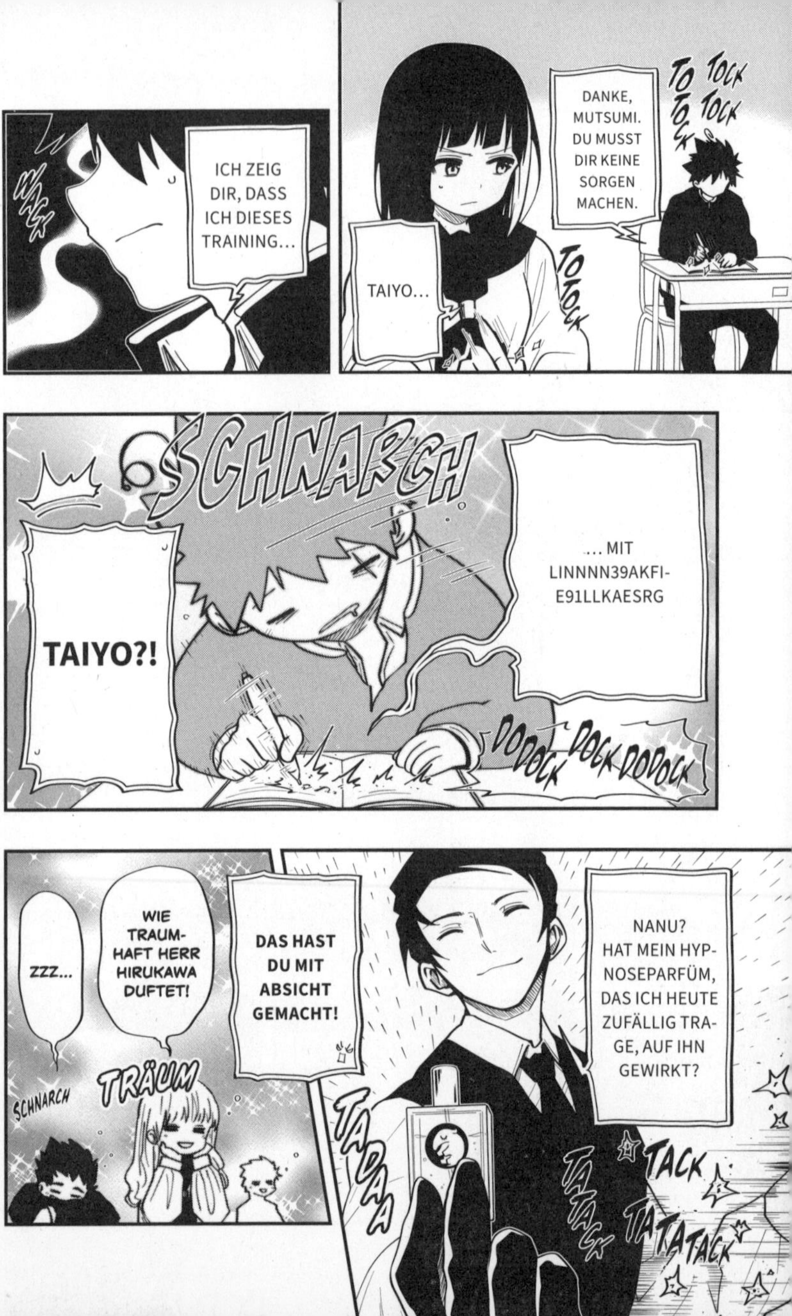
TOCK TOCK
TOTOCK
DANKE, MUTSUMI. DU MUSST DIR KEINE SORGEN MACHEN.
TAIYO…
TOTOCK
ICH ZEIG DIR, DASS ICH DIESES TRAINING…
… MIT LINNNN39AKFI-E91LLKAESRG
SCHNARCH
TAIYO?!
DODOCK DOCK DODOCK
NANU? HAT MEIN HYP-NOSEPARFÜM, DAS ICH HEUTE ZUFÄLLIG TRA-GE, AUF IHN GEWIRKT?
TADAA
TATACK TACK TATATACK
DAS HAST DU MIT ABSICHT GEMACHT!
WIE TRAUM-HAFT HERR HIRUKAWA DUFTET!
ZZZ…
TRÄUM
SCHNARCH

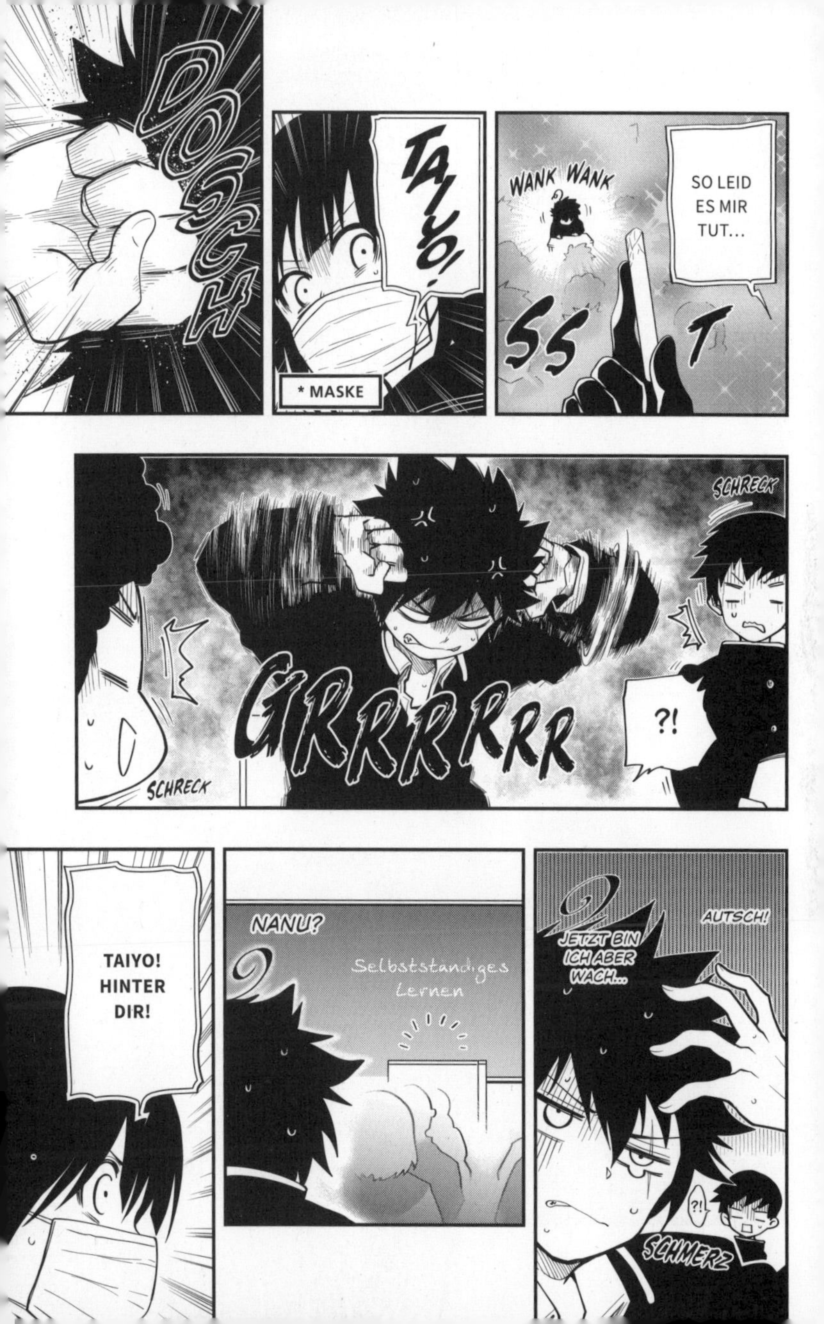
WANK WANK
SO LEID ES MIR TUT…
SS T
TAIYO!
* MASKE
DOOCH
SCHRECK
?!
GRRRRRR
SCHRECK
AUTSCH!
JETZT BIN ICH ABER WACH…
?!
SCHMERZ
NANU?
Selbststandiges Lernen
TAIYO! HINTER DIR!

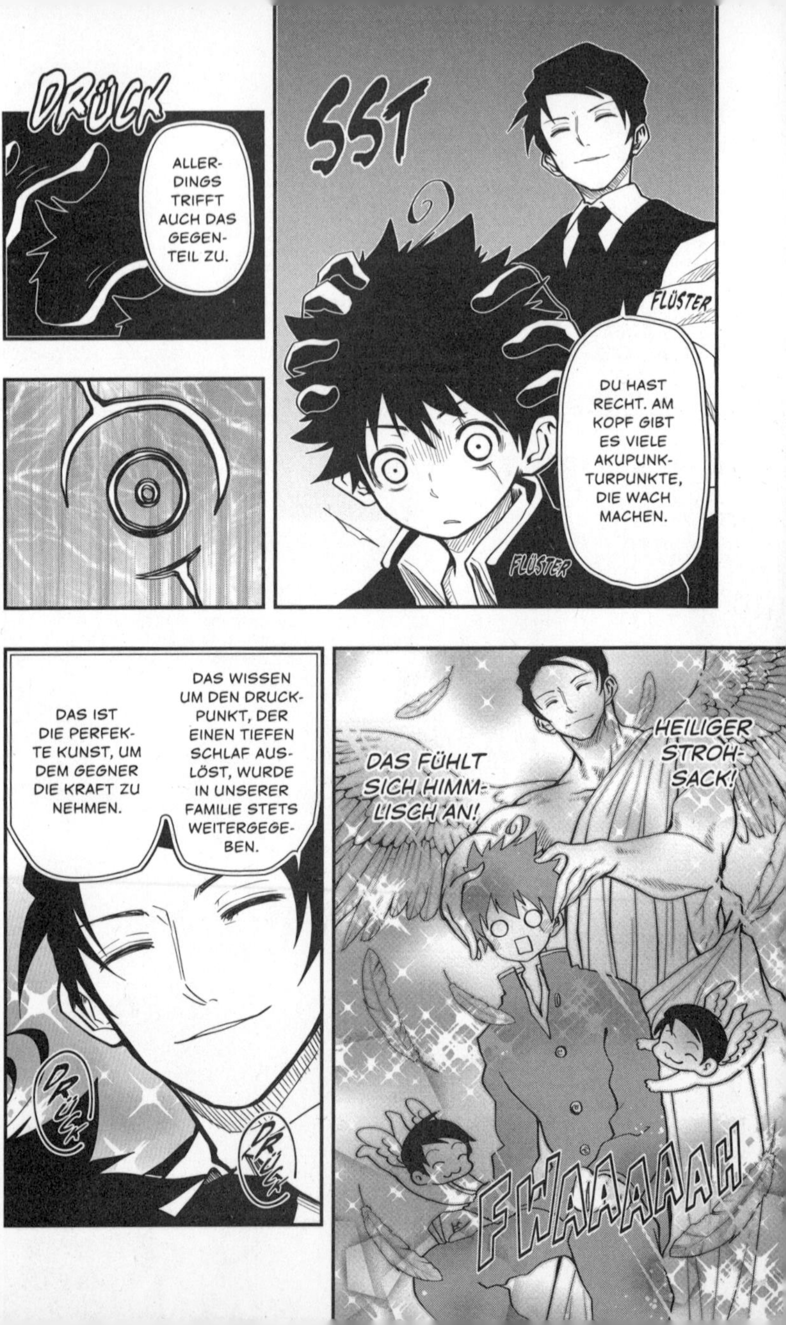
SST
FLÜSTER
DU HAST RECHT. AM KOPF GIBT ES VIELE AKUPUNKTURPUNKTE, DIE WACH MACHEN.
FLÜSTER
DRÜCK
ALLERDINGS TRIFFT AUCH DAS GEGENTEIL ZU.
HEILIGER STROHSACK!
DAS FÜHLT SICH HIMMLISCH AN!
FHAAAAAH
DAS WISSEN UM DEN DRUCKPUNKT, DER EINEN TIEFEN SCHLAF AUSLÖST, WURDE IN UNSERER FAMILIE STETS WEITERGEGEBEN.
DAS IST DIE PERFEKTE KUNST, UM DEM GEGNER DIE KRAFT ZU NEHMEN.
DRÜCK
DRÜCK

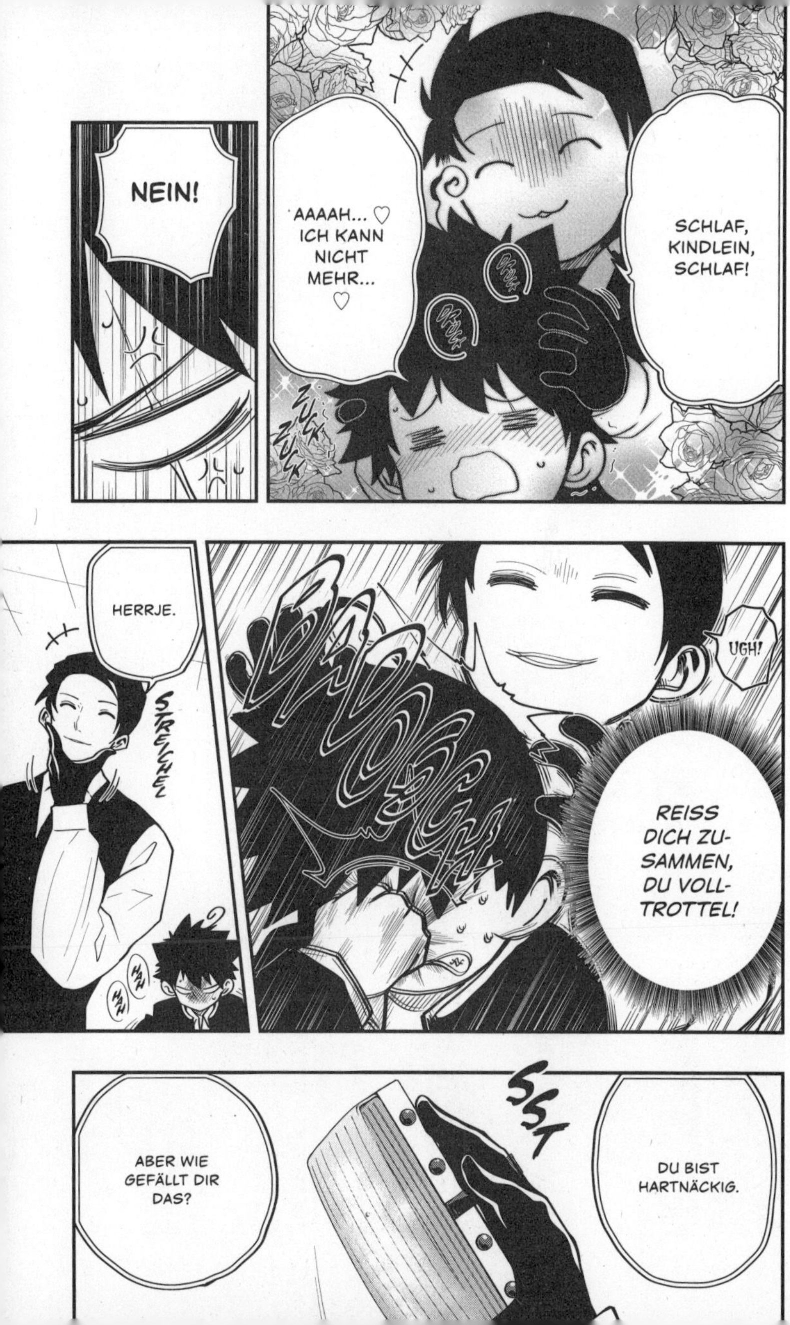
SCHLAF, KINDLEIN, SCHLAF!
AAAAH... ♡ ICH KANN NICHT MEHR... ♡
ZUCK ZUCK
NEIN!
UGH!
REISS DICH ZU-SAMMEN, DU VOLL-TROTTEL!
HERRJE.
STREICHEL
HAH HAH
DU BIST HARTNÄCKIG.
ABER WIE GEFÄLLT DIR DAS?

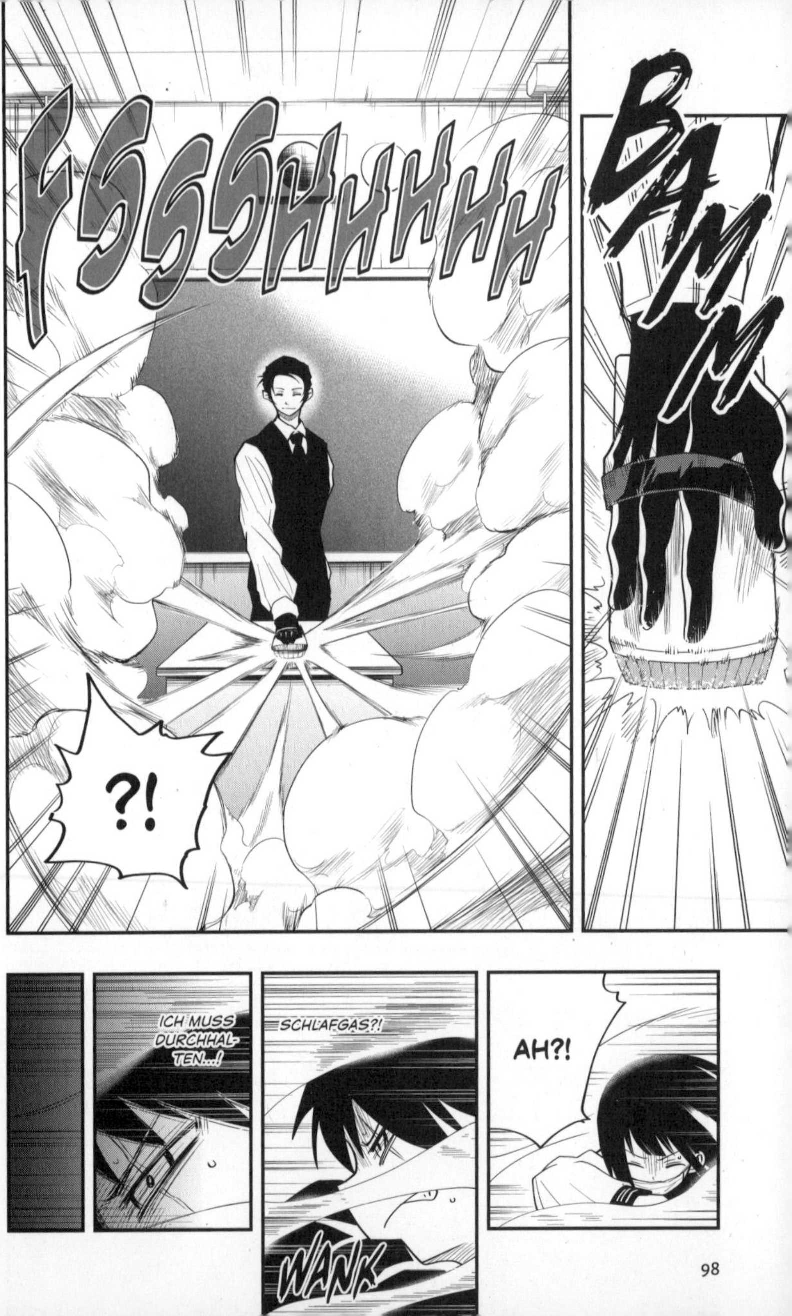
BAMM
FSSSHHHHH
?!
AH?!
SCHLAFGAS?!
WANK
ICH MUSS DURCHHAL-TEN...!

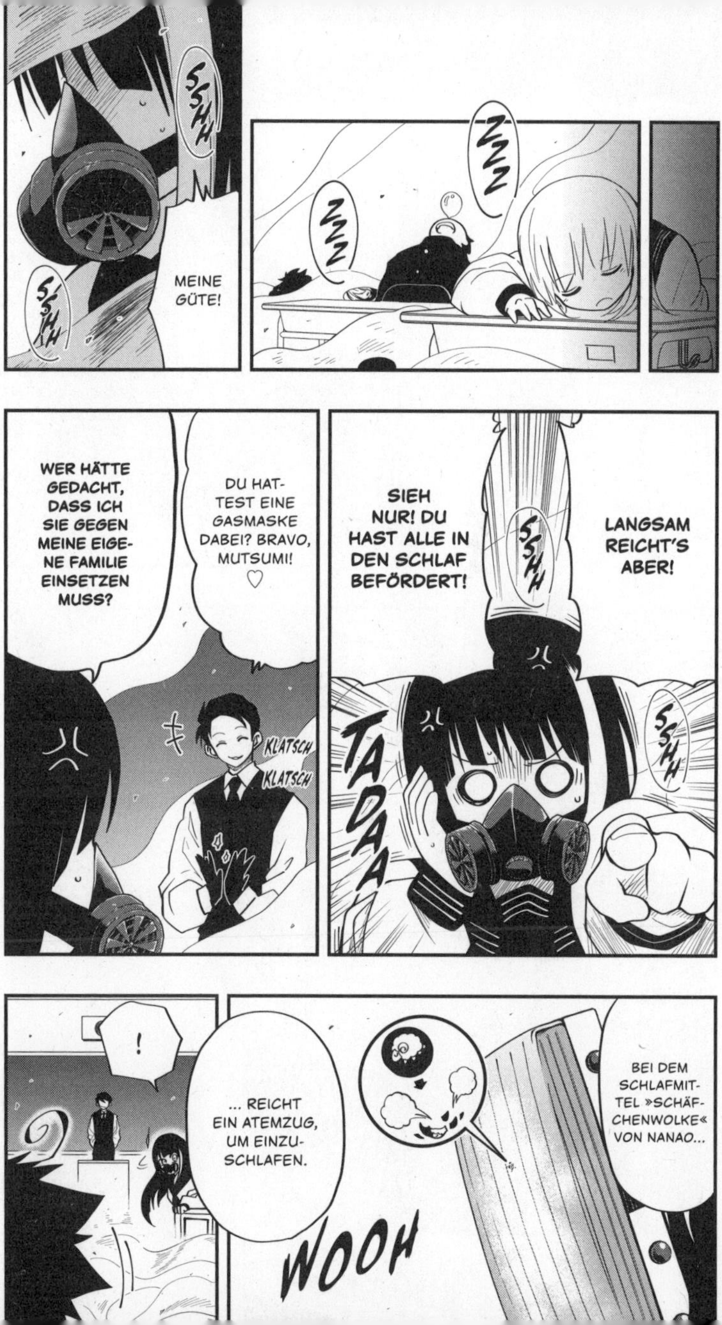
SSHH
ZZZ
ZZZ
MEINE GÜTE!
SSHH
LANGSAM REICHT'S ABER!
SSHH
SIEH NUR! DU HAST ALLE IN DEN SCHLAF BEFÖRDERT!
TADAA!
SSHH
DU HAT-TEST EINE GASMASKE DABEI? BRAVO, MUTSUMI! ♡
KLATSCH
KLATSCH
WER HÄTTE GEDACHT, DASS ICH SIE GEGEN MEINE EIGE-NE FAMILIE EINSETZEN MUSS?
BEI DEM SCHLAFMIT-TEL »SCHÄF-CHENWOLKE« VON NANAO...
... REICHT EIN ATEMZUG, UM EINZU-SCHLAFEN.
WOOH
!

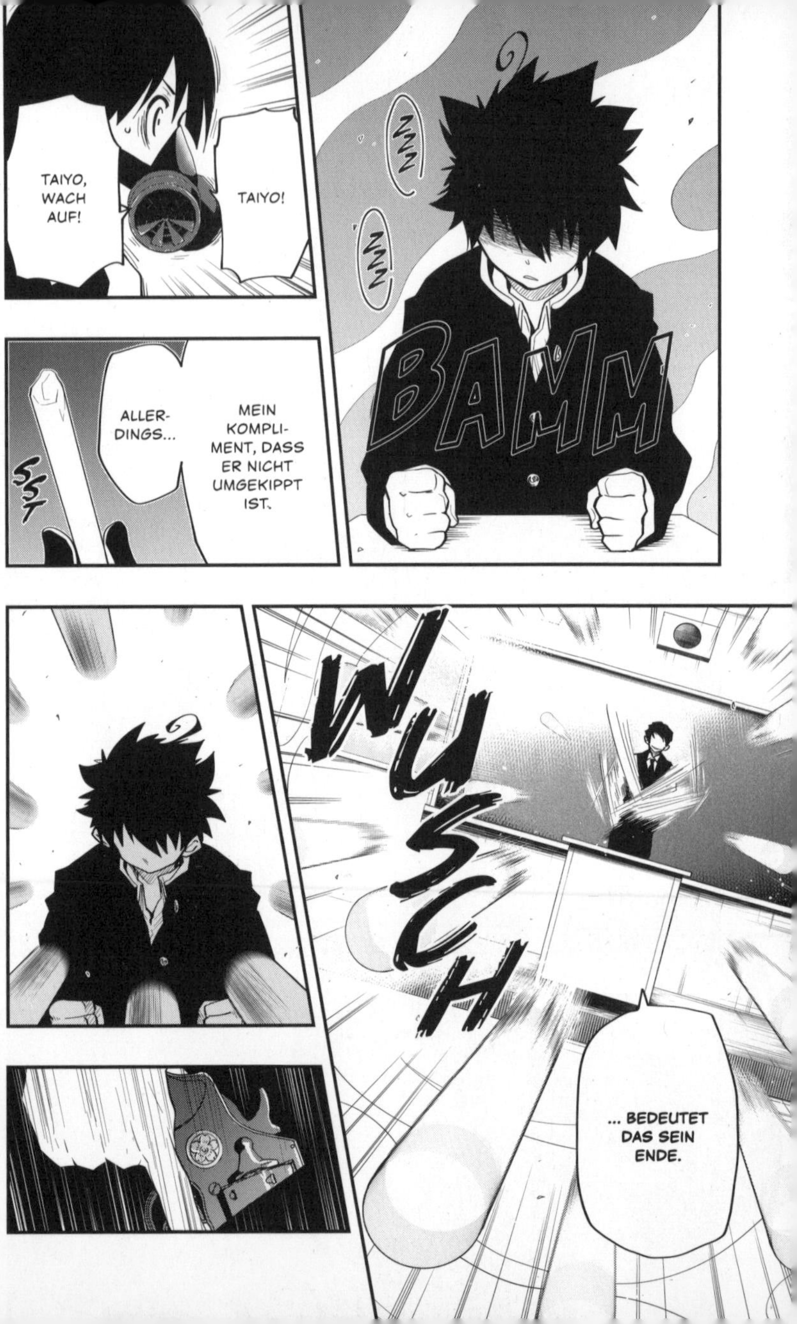
ZZZ
ZZZ
BAMM
TAIYO!
TAIYO, WACH AUF!
MEIN KOMPLIMENT, DASS ER NICHT UMGEKIPPT IST.
ALLERDINGS...
SST
WUSCH
... BEDEUTET DAS SEIN ENDE.

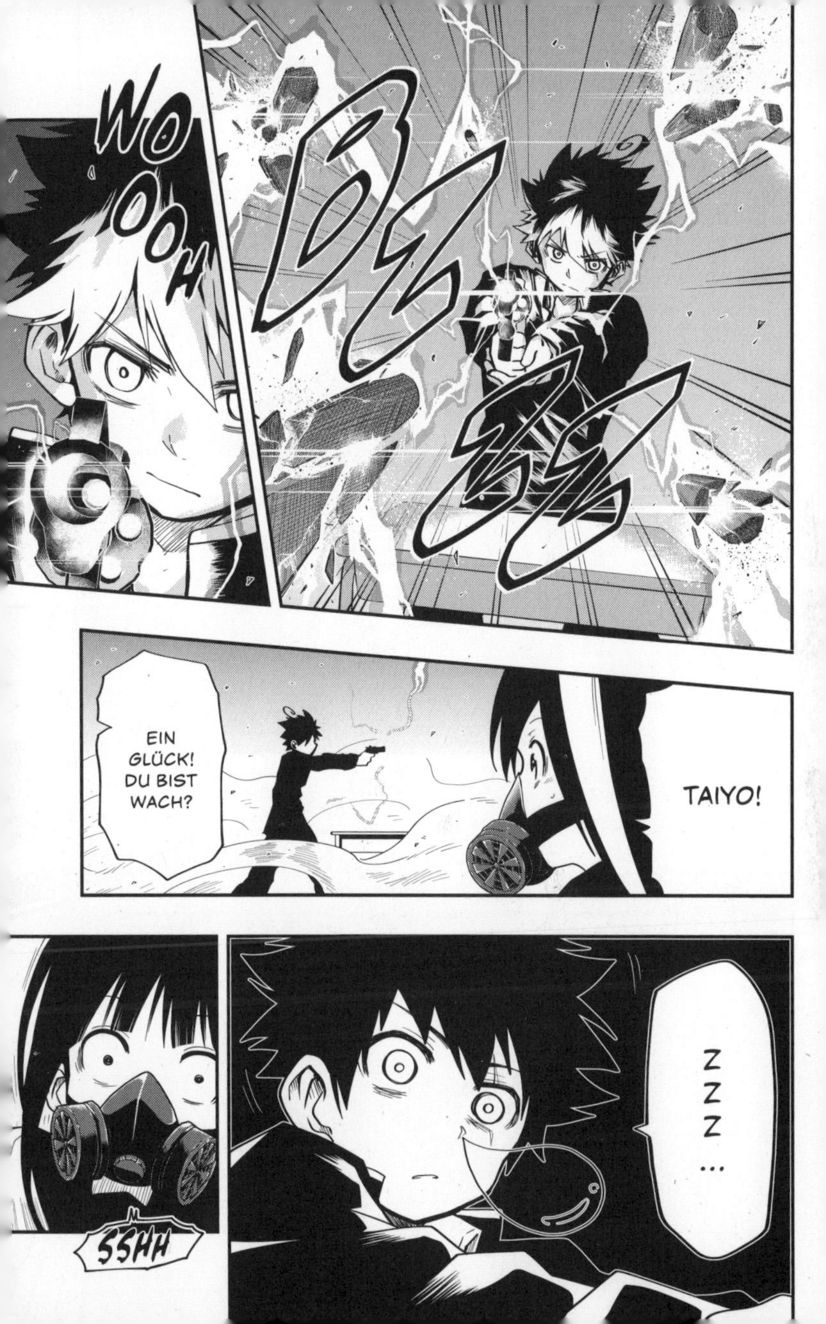
WOOOH
TAIYO!
EIN GLÜCK! DU BIST WACH?
ZZZ ...
SSHH

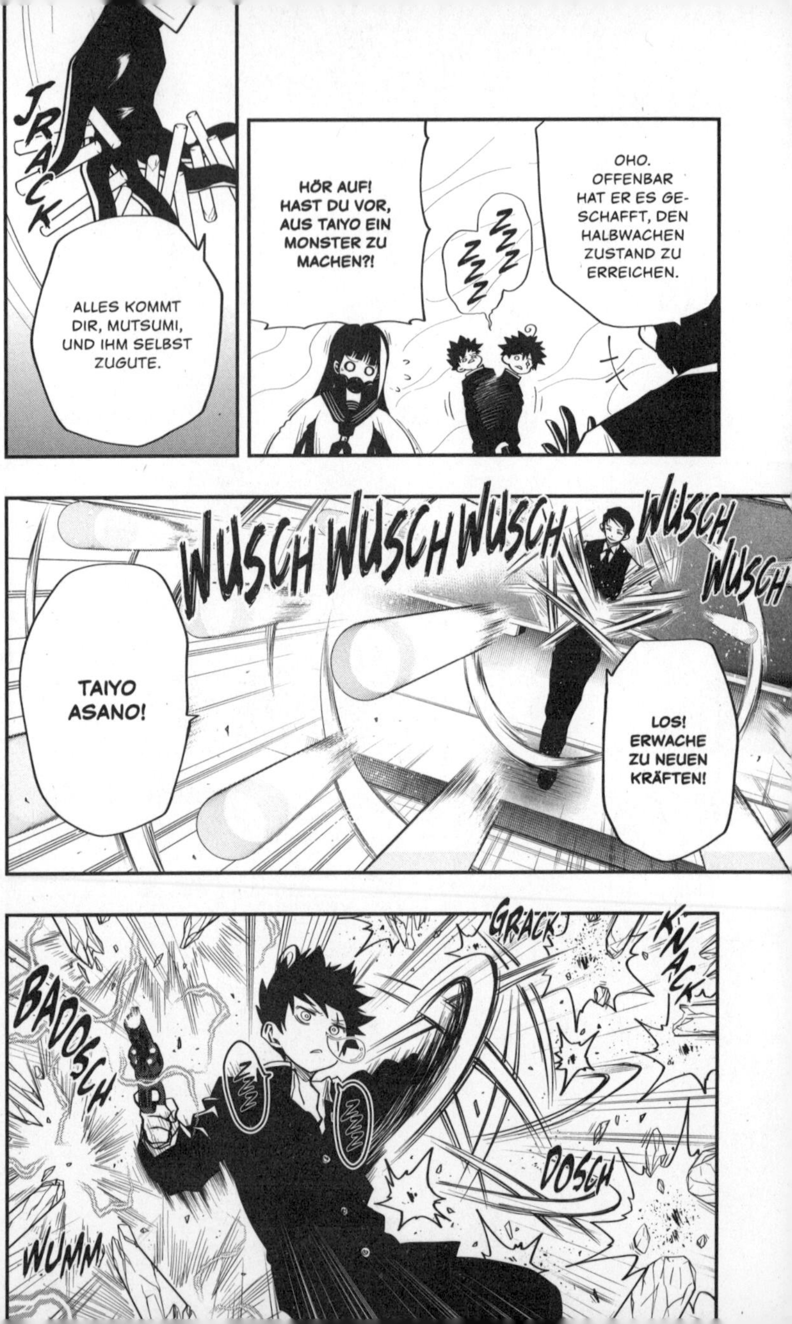
OHO. OFFENBAR HAT ER ES GESCHAFFT, DEN HALBWACHEN ZUSTAND ZU ERREICHEN.
ZZZZ
HÖR AUF! HAST DU VOR, AUS TAIYO EIN MONSTER ZU MACHEN?!
JRACK
ALLES KOMMT DIR, MUTSUMI, UND IHM SELBST ZUGUTE.
WUSCH WUSCH
WUSCH WUSCH WUSCH
LOS! ERWACHE ZU NEUEN KRÄFTEN!
TAIYO ASANO!
KNACK
GRACK
DOSCH
ZZZ
ZZZ
BADOSCH
WUMM

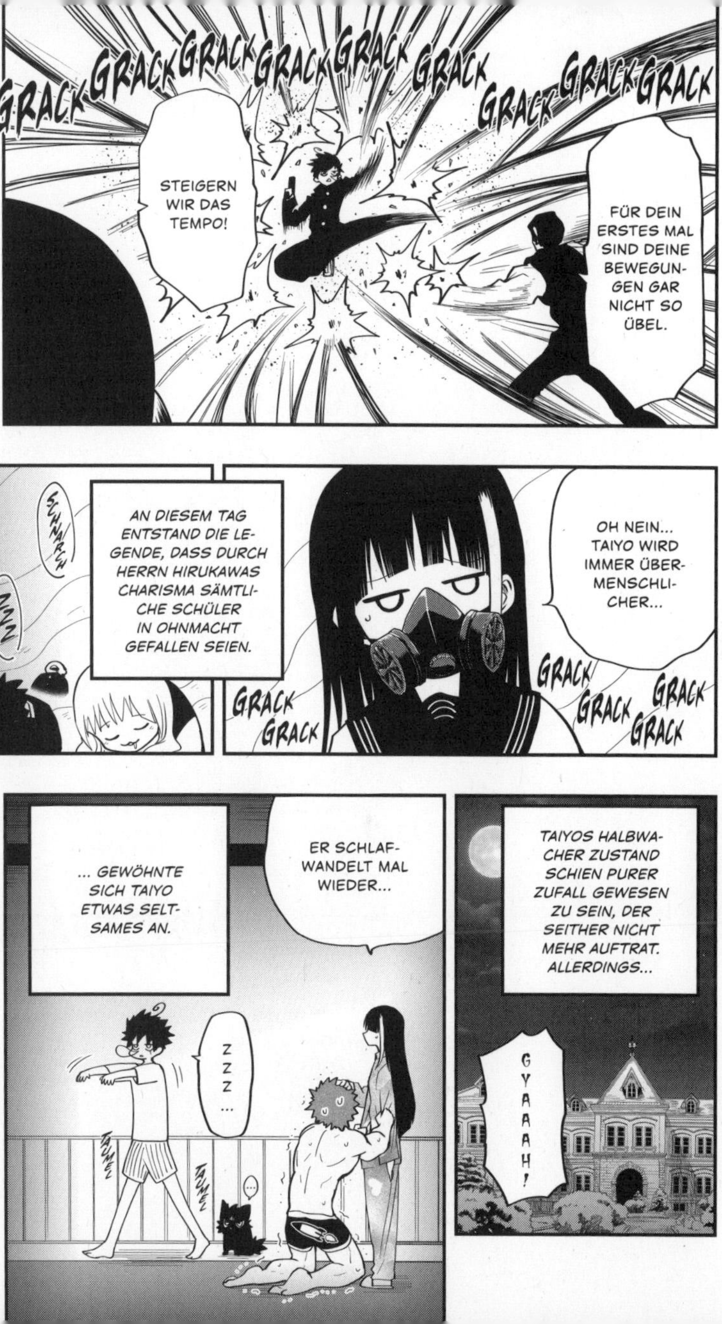
GRACK GRACK GRACK GRACK GRACK GRACK GRACK GRACK GRACK
FÜR DEIN ERSTES MAL SIND DEINE BEWEGUNGEN GAR NICHT SO ÜBEL.
STEIGERN WIR DAS TEMPO!
OH NEIN... TAIYO WIRD IMMER ÜBERMENSCHLICHER...
GRACK GRACK GRACK GRACK
GRACK GRACK
AN DIESEM TAG ENTSTAND DIE LEGENDE, DASS DURCH HERRN HIRUKAWAS CHARISMA SÄMTLICHE SCHÜLER IN OHNMACHT GEFALLEN SEIEN.
SCHNARCH
ZZZ
TAIYOS HALBWACHER ZUSTAND SCHIEN PURER ZUFALL GEWESEN ZU SEIN, DER SEITHER NICHT MEHR AUFTRAT. ALLERDINGS...
GYAAAAH!
... GEWÖHNTE SICH TAIYO ETWAS SELTSAMES AN.
ER SCHLAFWANDELT MAL WIEDER...
ZZZ ...
TAUMEL
TAUMEL
...

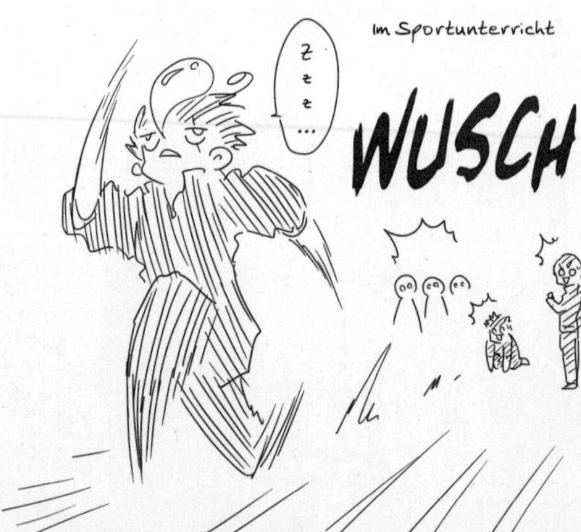
Im Sportunterricht
Z z z ...
WUSCH

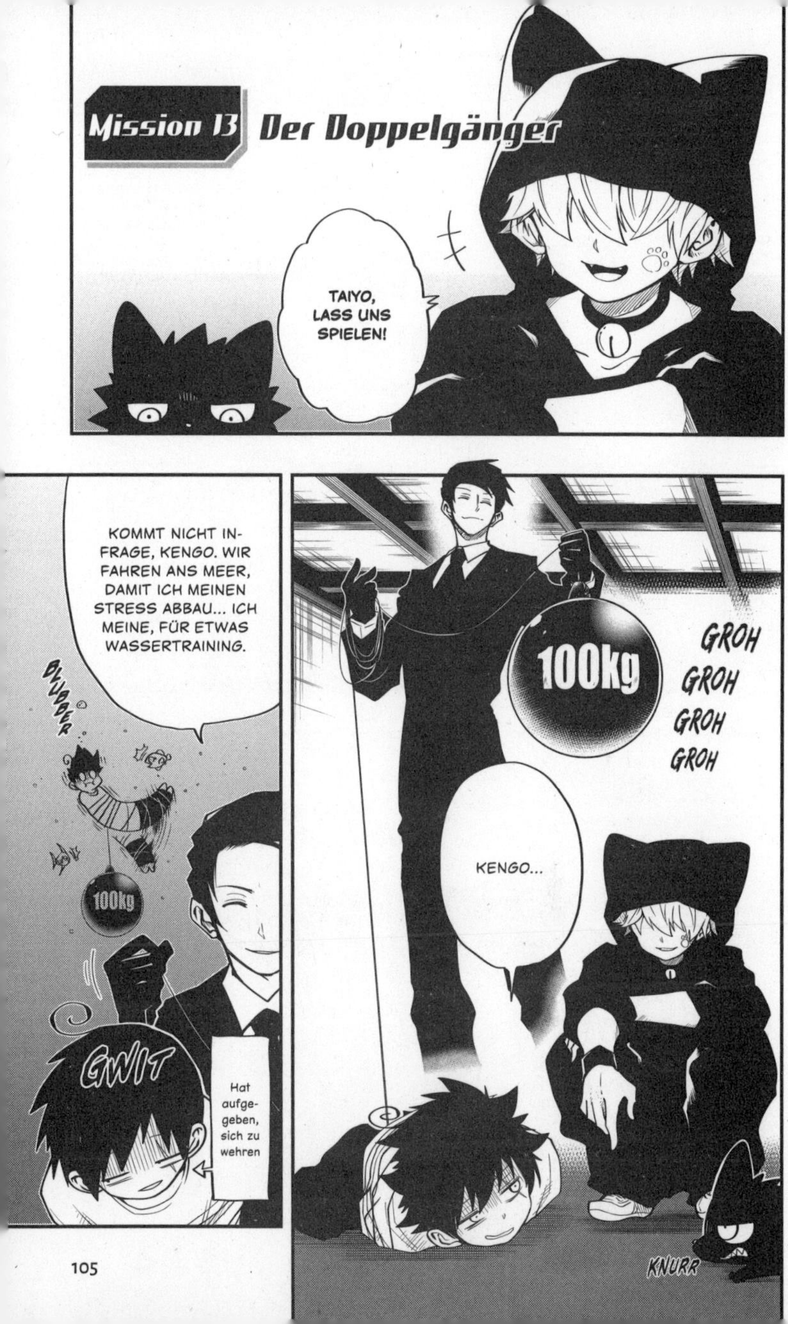
Mission 13 Der Doppelgänger
TAIYO, LASS UNS SPIELEN!
100kg
GROH GROH GROH GROH
KENGO...
KNURR
KOMMT NICHT INFRAGE, KENGO. WIR FAHREN ANS MEER, DAMIT ICH MEINEN STRESS ABBAU... ICH MEINE, FÜR ETWAS WASSERTRAINING.
BLUBBER
100kg
GWIT
Hat aufgegeben, sich zu wehren

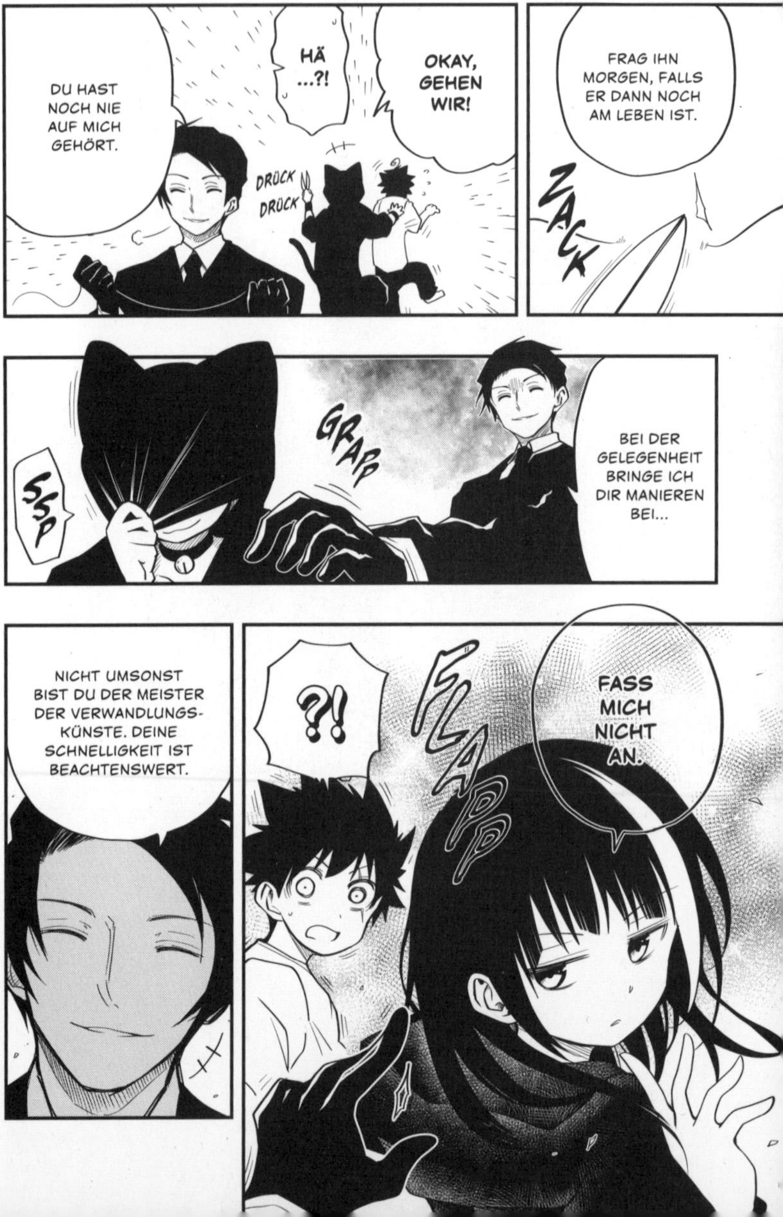
FRAG IHN MORGEN, FALLS ER DANN NOCH AM LEBEN IST.
ZACK
OKAY, GEHEN WIR!
HÄ ...?!
DRÜCK DRÜCK
DU HAST NOCH NIE AUF MICH GEHÖRT.
BEI DER GELEGENHEIT BRINGE ICH DIR MANIEREN BEI...
GRAPP
SSP
FASS MICH NICHT AN.
FLAPP
?!
NICHT UMSONST BIST DU DER MEISTER DER VERWANDLUNGS-KÜNSTE. DEINE SCHNELLIGKEIT IST BEACHTENSWERT.

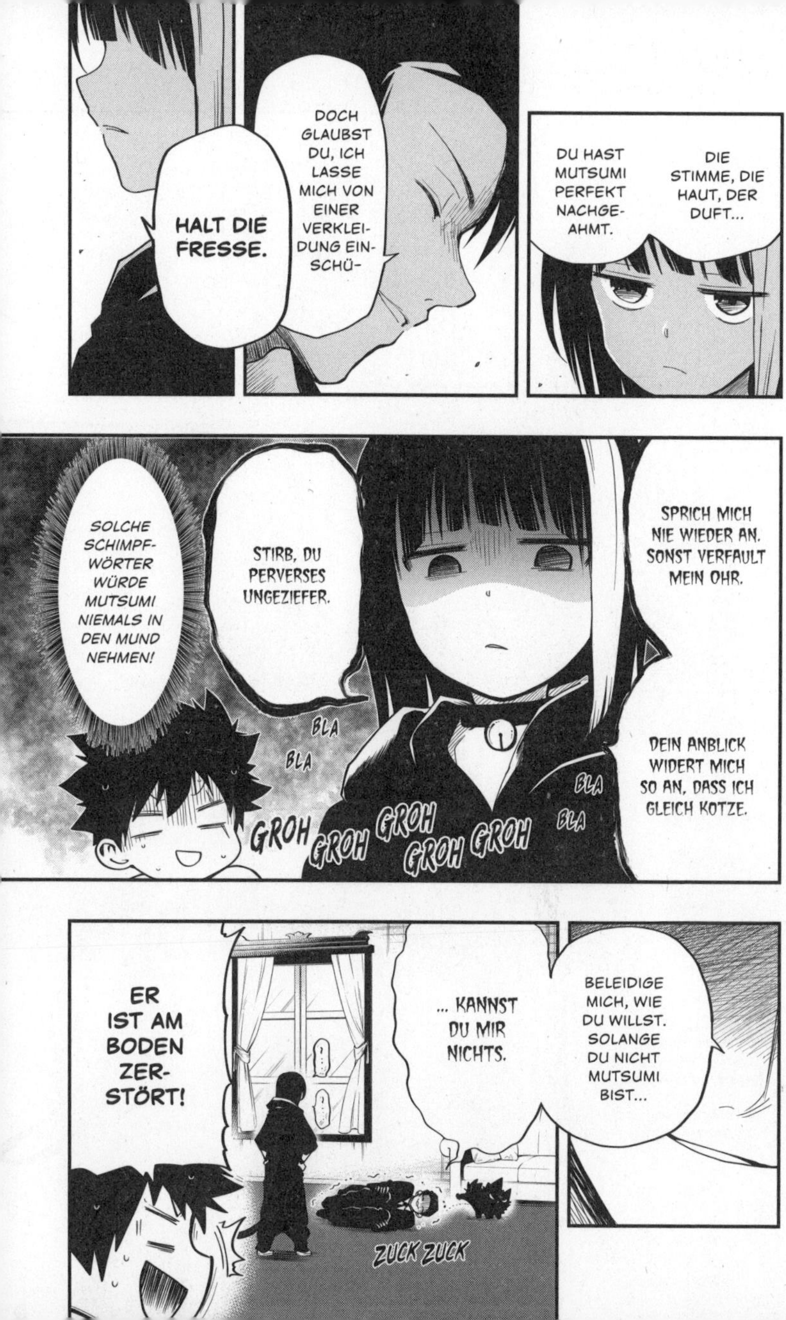
DIE STIMME, DIE HAUT, DER DUFT...
DU HAST MUTSUMI PERFEKT NACHGEAHMT.
DOCH GLAUBST DU, ICH LASSE MICH VON EINER VERKLEIDUNG EINSCHÜ-
HALT DIE FRESSE.
SPRICH MICH NIE WIEDER AN. SONST VERFAULT MEIN OHR.
DEIN ANBLICK WIDERT MICH SO AN, DASS ICH GLEICH KOTZE.
BLA BLA
STIRB, DU PERVERSES UNGEZIEFER.
BLA BLA
GROH GROH GROH GROH GROH
SOLCHE SCHIMPFWÖRTER WÜRDE MUTSUMI NIEMALS IN DEN MUND NEHMEN!
BELEIDIGE MICH, WIE DU WILLST. SOLANGE DU NICHT MUTSUMI BIST...
... KANNST DU MIR NICHTS.
ER IST AM BODEN ZERSTÖRT!
ZUCK ZUCK

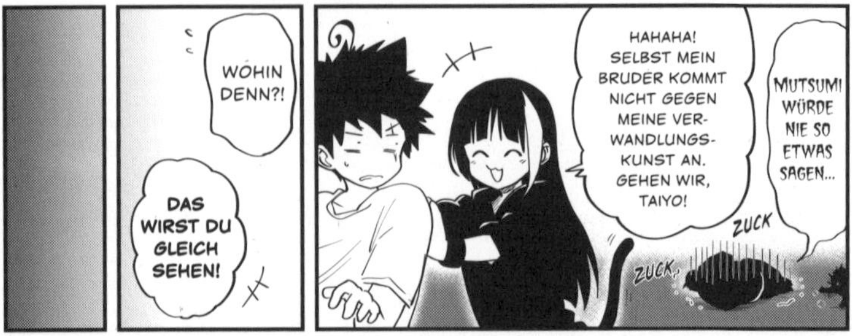

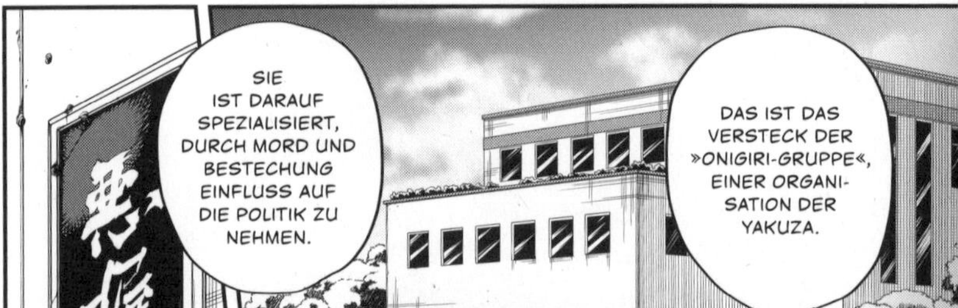

* Onigiri-Gruppe

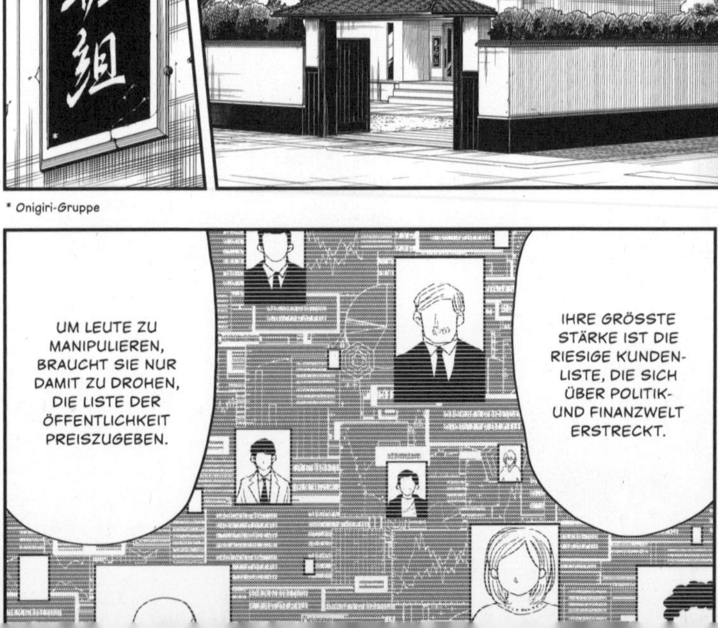

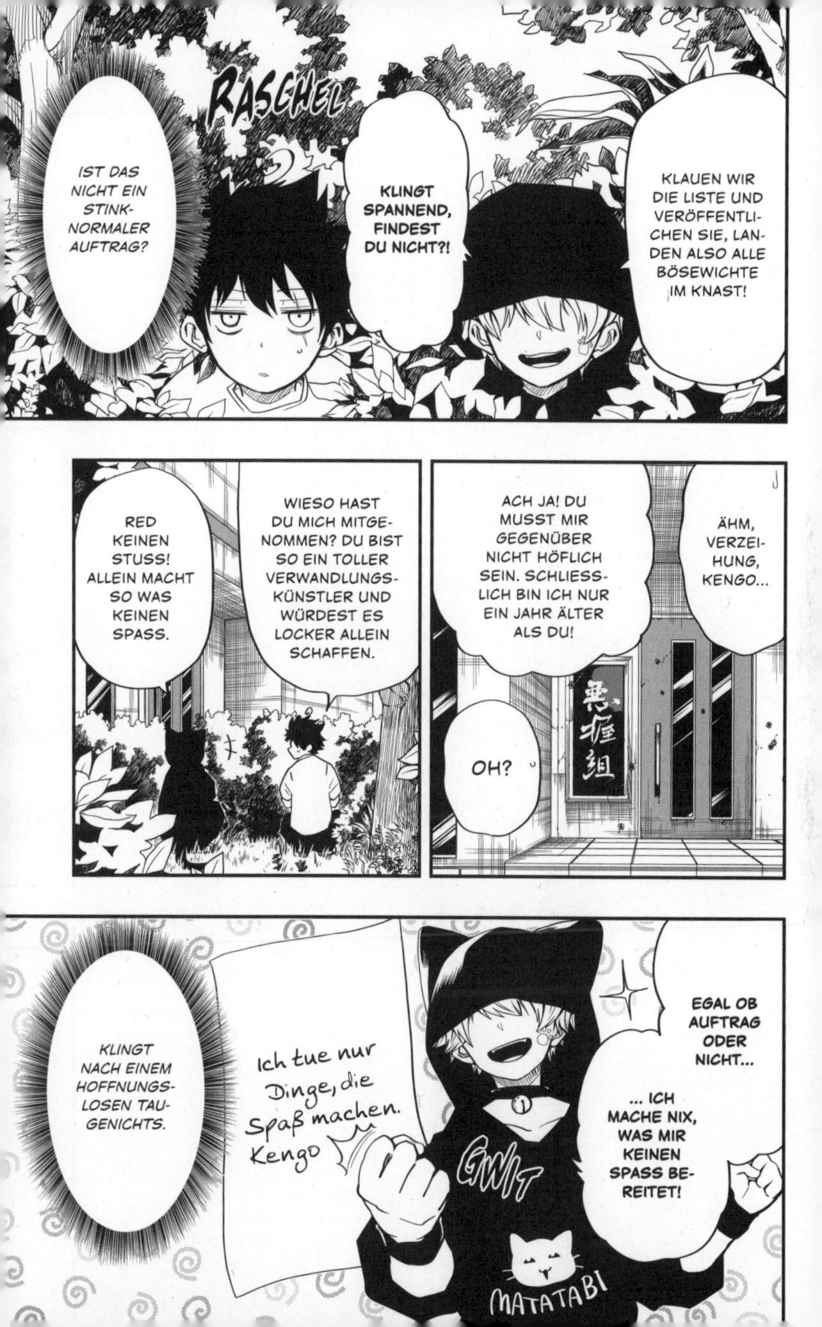
RASCHEL
KLAUEN WIR DIE LISTE UND VERÖFFENTLICHEN SIE, LANDEN ALSO ALLE BÖSEWICHTE IM KNAST!
KLINGT SPANNEND, FINDEST DU NICHT?!
IST DAS NICHT EIN STINKNORMALER AUFTRAG?
ÄHM, VERZEIHUNG, KENGO...
ACH JA! DU MUSST MIR GEGENÜBER NICHT HÖFLICH SEIN. SCHLIESSLICH BIN ICH NUR EIN JAHR ÄLTER ALS DU!
OH?
WIESO HAST DU MICH MITGENOMMEN? DU BIST SO EIN TOLLER VERWANDLUNGSKÜNSTLER UND WÜRDEST ES LOCKER ALLEIN SCHAFFEN.
RED KEINEN STUSS! ALLEIN MACHT SO WAS KEINEN SPASS.
EGAL OB AUFTRAG ODER NICHT...
... ICH MACHE NIX, WAS MIR KEINEN SPASS BEREITET!
Ich tue nur Dinge, die Spaß machen. Kengo
GWIT
MATATABI
KLINGT NACH EINEM HOFFNUNGSLOSEN TAUGENICHTS.

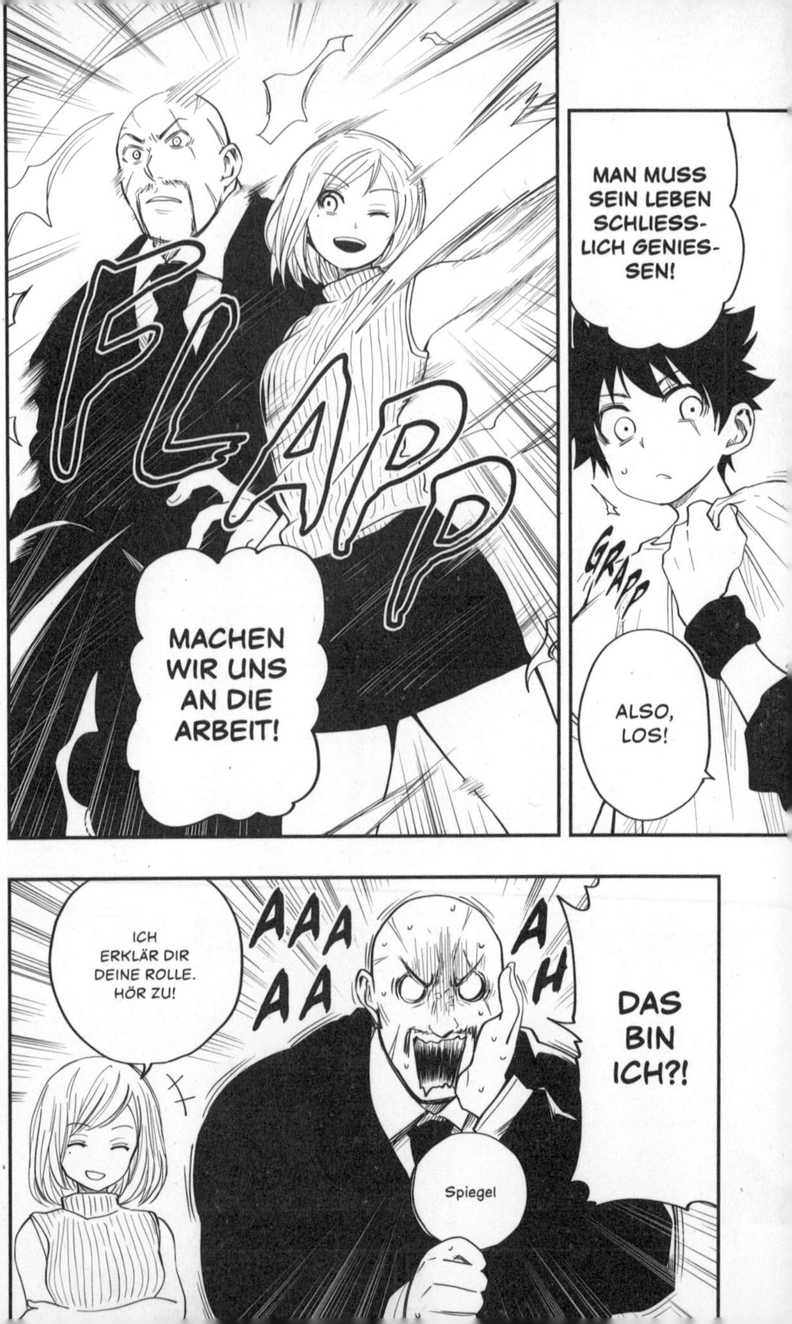
MAN MUSS SEIN LEBEN SCHLIESS-LICH GENIES-SEN!
GRAPP
ALSO, LOS!
FLAPP
MACHEN WIR UNS AN DIE ARBEIT!
DAS BIN ICH?!
AAAAAAH
ICH ERKLÄR DIR DEINE ROLLE. HÖR ZU!
Spiegel

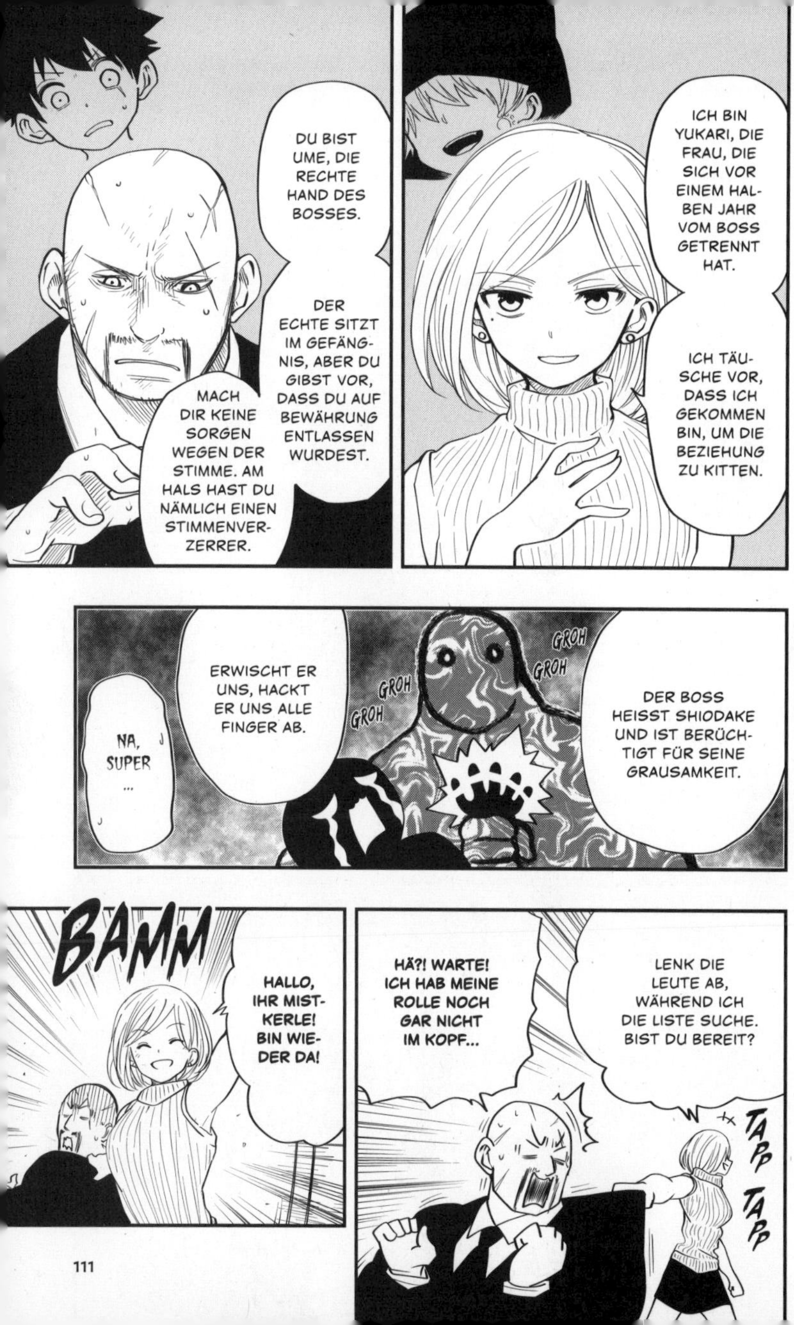
ICH BIN YUKARI, DIE FRAU, DIE SICH VOR EINEM HALBEN JAHR VOM BOSS GETRENNT HAT.
ICH TÄUSCHE VOR, DASS ICH GEKOMMEN BIN, UM DIE BEZIEHUNG ZU KITTEN.
DU BIST UME, DIE RECHTE HAND DES BOSSES.
DER ECHTE SITZT IM GEFÄNGNIS, ABER DU GIBST VOR, DASS DU AUF BEWÄHRUNG ENTLASSEN WURDEST.
MACH DIR KEINE SORGEN WEGEN DER STIMME. AM HALS HAST DU NÄMLICH EINEN STIMMENVERZERRER.
DER BOSS HEISST SHIODAKE UND IST BERÜCHTIGT FÜR SEINE GRAUSAMKEIT.
GROH GROH GROH GROH
ERWISCHT ER UNS, HACKT ER UNS ALLE FINGER AB.
NA, SUPER ...
LENK DIE LEUTE AB, WÄHREND ICH DIE LISTE SUCHE. BIST DU BEREIT?
HÄ?! WARTE! ICH HAB MEINE ROLLE NOCH GAR NICHT IM KOPF...
TAPP TAPP
BAMM
HALLO, IHR MISTKERLE! BIN WIEDER DA!

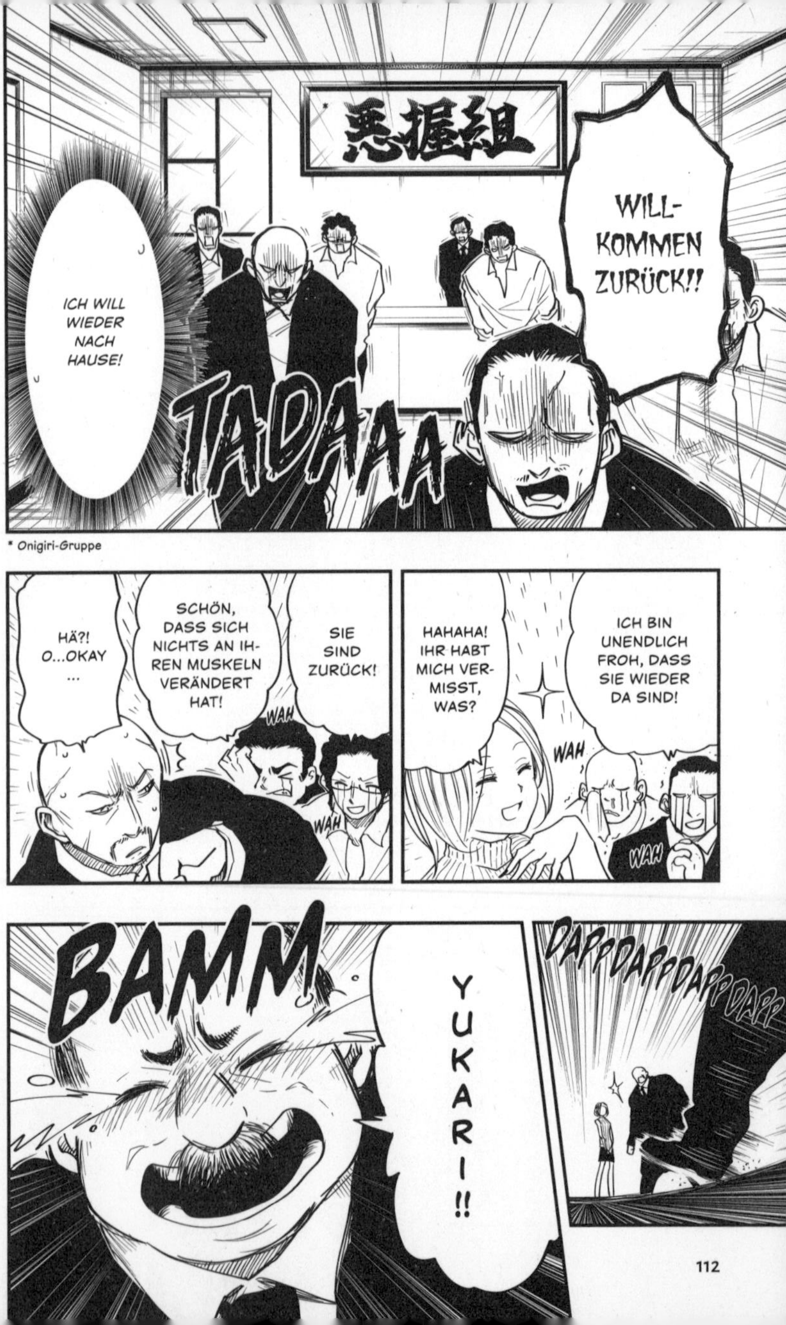

* Onigiri-Gruppe

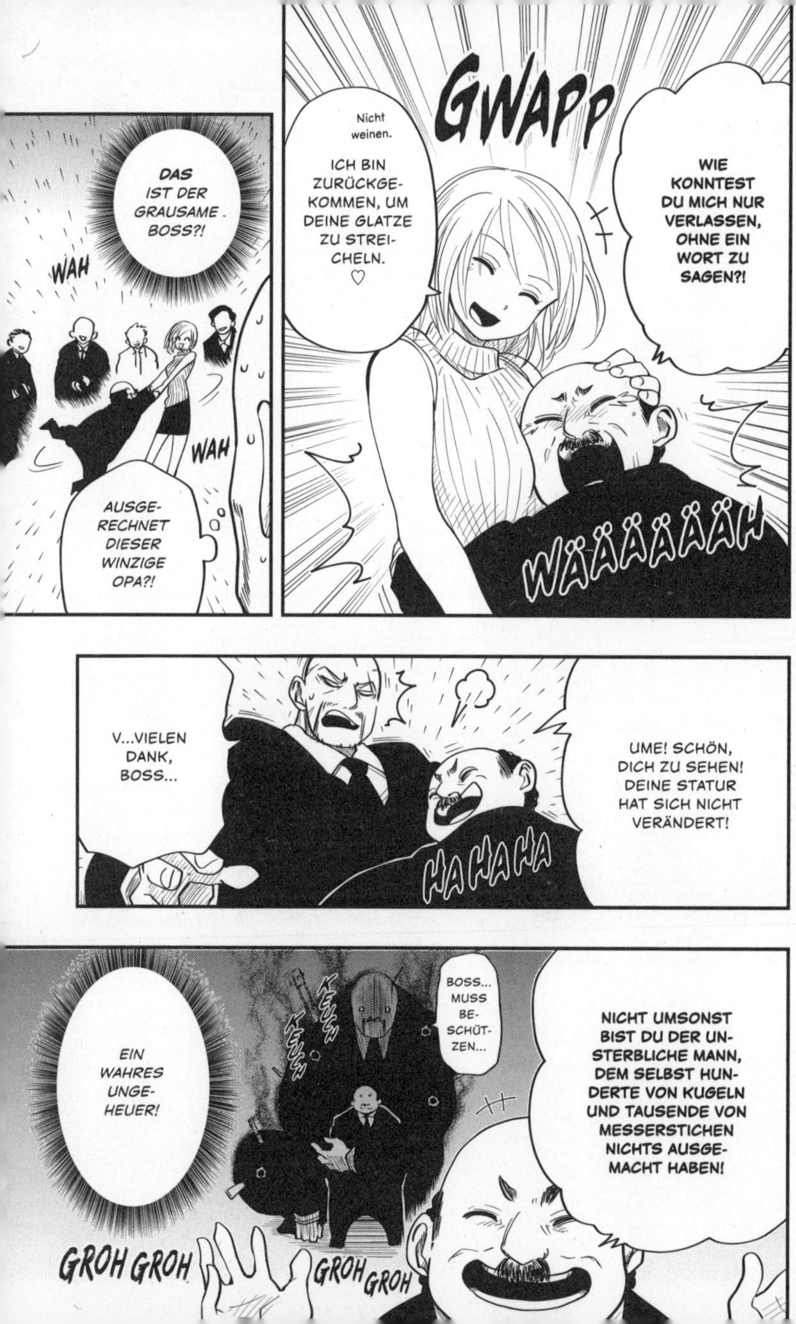
GWAPP
WIE KONNTEST DU MICH NUR VERLASSEN, OHNE EIN WORT ZU SAGEN?!
Nicht weinen.
ICH BIN ZURÜCKGE-KOMMEN, UM DEINE GLATZE ZU STREI-CHELN. ♡
WÄÄÄÄÄÄH
DAS IST DER GRAUSAME BOSS?!
WAH
WAH
AUSGE-RECHNET DIESER WINZIGE OPA?!
UME! SCHÖN, DICH ZU SEHEN! DEINE STATUR HAT SICH NICHT VERÄNDERT!
HAHAHA
V...VIELEN DANK, BOSS...
NICHT UMSONST BIST DU DER UN-STERBLICHE MANN, DEM SELBST HUN-DERTE VON KUGELN UND TAUSENDE VON MESSERSTICHEN NICHTS AUSGE-MACHT HABEN!
BOSS... MUSS BE-SCHÜT-ZEN...
KEUCH
KEUCH
EIN WAHRES UNGE-HEUER!
GROH GROH
GROH GROH

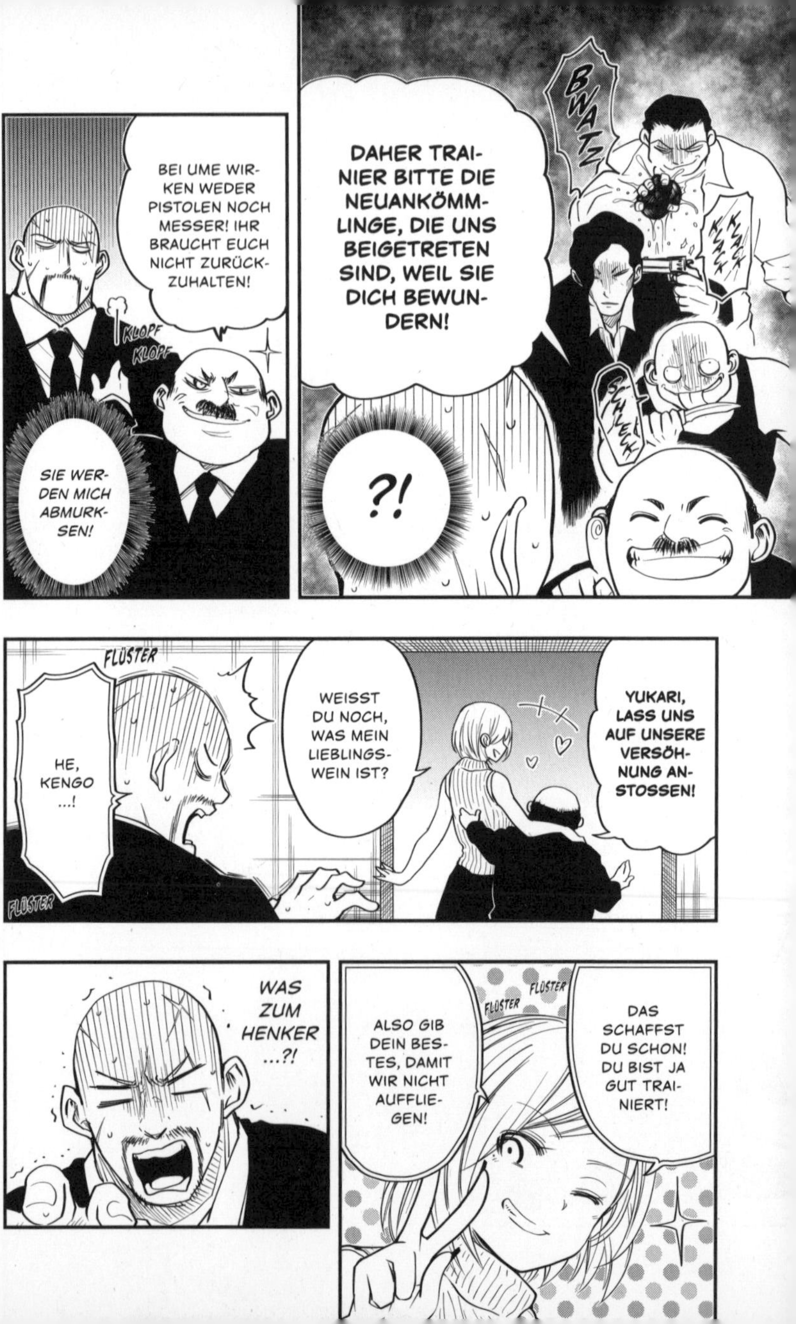
BWATZ
DAHER TRAINIER BITTE DIE NEUANKÖMMLINGE, DIE UNS BEIGETRETEN SIND, WEIL SIE DICH BEWUNDERN!
KLACK KLACK
SCHLECK
?!
BEI UME WIRKEN WEDER PISTOLEN NOCH MESSER! IHR BRAUCHT EUCH NICHT ZURÜCKZUHALTEN!
KLOPF KLOPF
SIE WERDEN MICH ABMURKSEN!
YUKARI, LASS UNS AUF UNSERE VERSÖHNUNG ANSTOSSEN!
WEISST DU NOCH, WAS MEIN LIEBLINGSWEIN IST?
FLÜSTER
HE, KENGO ...!
FLÜSTER
DAS SCHAFFST DU SCHON! DU BIST JA GUT TRAINIERT!
FLÜSTER
FLÜSTER
ALSO GIB DEIN BESTES, DAMIT WIR NICHT AUFFLIEGEN!
WAS ZUM HENKER ...?!

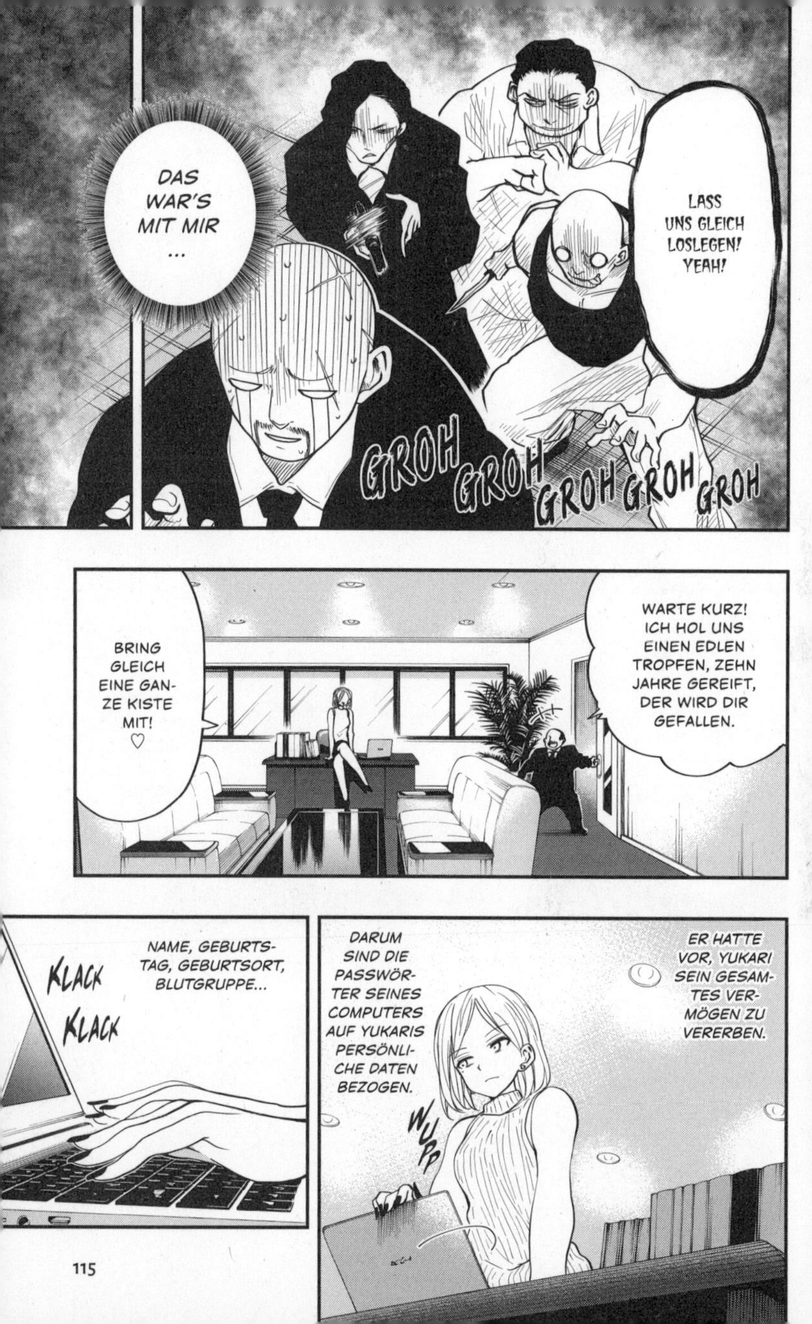
LASS UNS GLEICH LOSLEGEN! YEAH!
DAS WAR'S MIT MIR ...
GROH GROH GROH GROH GROH
WARTE KURZ! ICH HOL UNS EINEN EDLEN TROPFEN, ZEHN JAHRE GEREIFT, DER WIRD DIR GEFALLEN.
BRING GLEICH EINE GANZE KISTE MIT! ♡
ER HATTE VOR, YUKARI SEIN GESAMTES VERMÖGEN ZU VERERBEN.
DARUM SIND DIE PASSWÖRTER SEINES COMPUTERS AUF YUKARIS PERSÖNLICHE DATEN BEZOGEN.
WUPP
NAME, GEBURTSTAG, GEBURTSORT, BLUTGRUPPE...
KLACK
KLACK

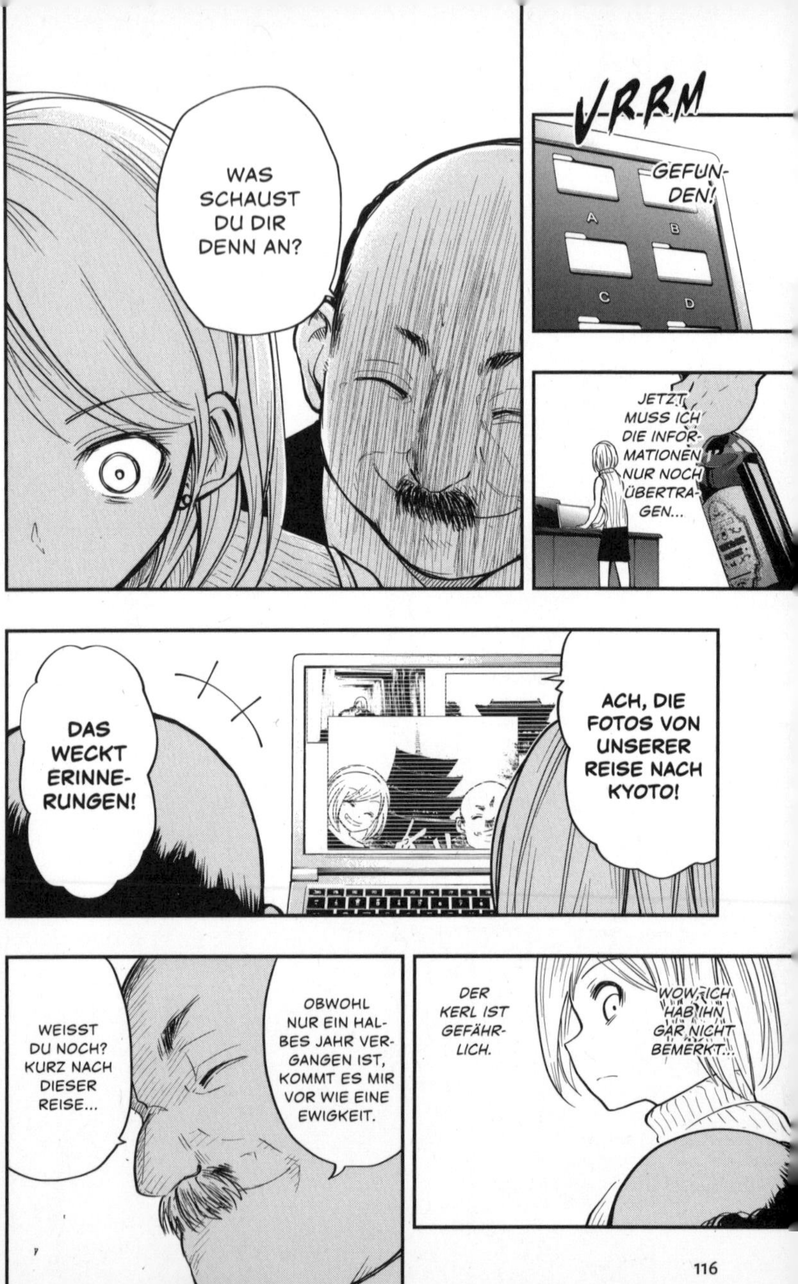
VRRM
GEFUNDEN!
JETZT MUSS ICH DIE INFORMATIONEN NUR NOCH ÜBERTRAGEN...
WAS SCHAUST DU DIR DENN AN?
ACH, DIE FOTOS VON UNSERER REISE NACH KYOTO!
DAS WECKT ERINNERUNGEN!
WOW, ICH HAB IHN GAR NICHT BEMERKT...
DER KERL IST GEFÄHRLICH.
OBWOHL NUR EIN HALBES JAHR VERGANGEN IST, KOMMT ES MIR VOR WIE EINE EWIGKEIT.
WEISST DU NOCH? KURZ NACH DIESER REISE...

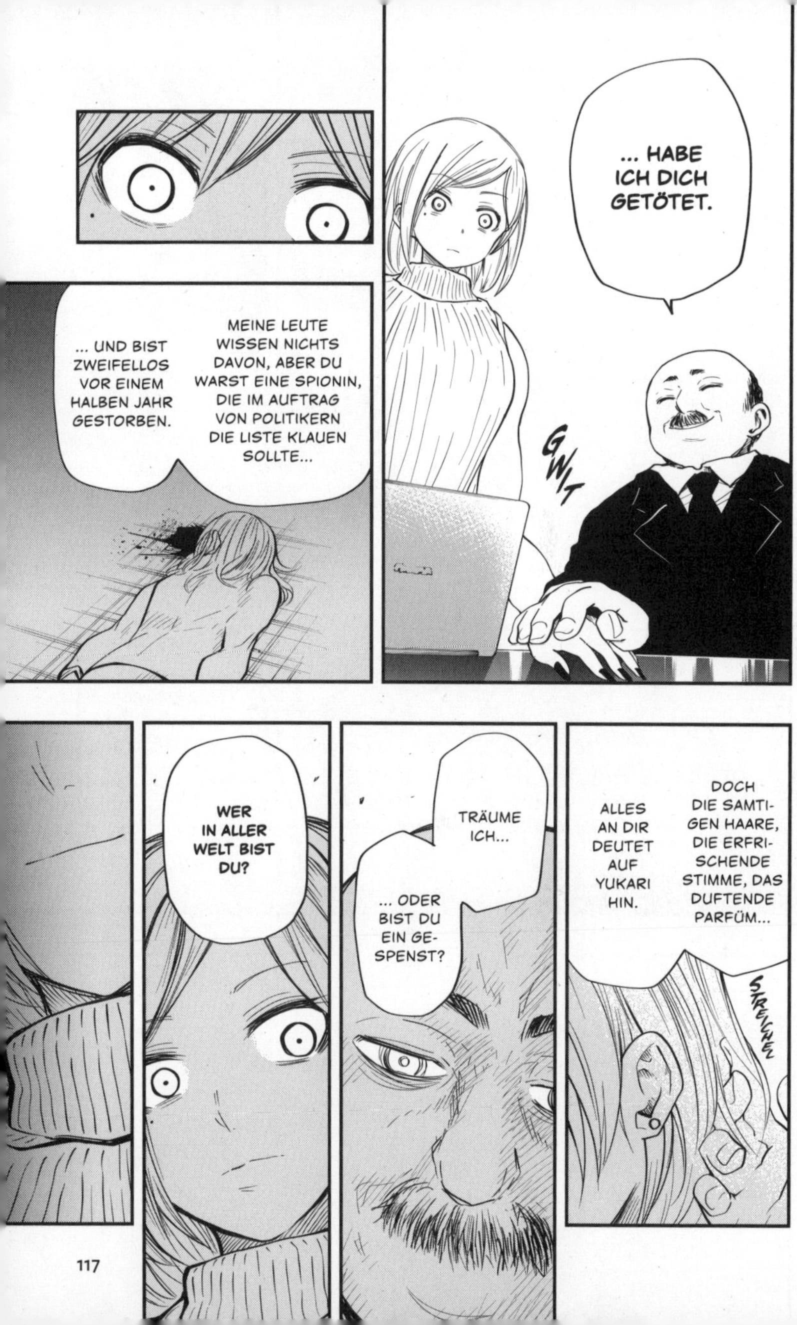
... HABE ICH DICH GETÖTET.
MEINE LEUTE WISSEN NICHTS DAVON, ABER DU WARST EINE SPIONIN, DIE IM AUFTRAG VON POLITIKERN DIE LISTE KLAUEN SOLLTE...
... UND BIST ZWEIFELLOS VOR EINEM HALBEN JAHR GESTORBEN.
DOCH DIE SAMTIGEN HAARE, DIE ERFRISCHENDE STIMME, DAS DUFTENDE PARFÜM...
ALLES AN DIR DEUTET AUF YUKARI HIN.
TRÄUME ICH...
... ODER BIST DU EIN GESPENST?
WER IN ALLER WELT BIST DU?

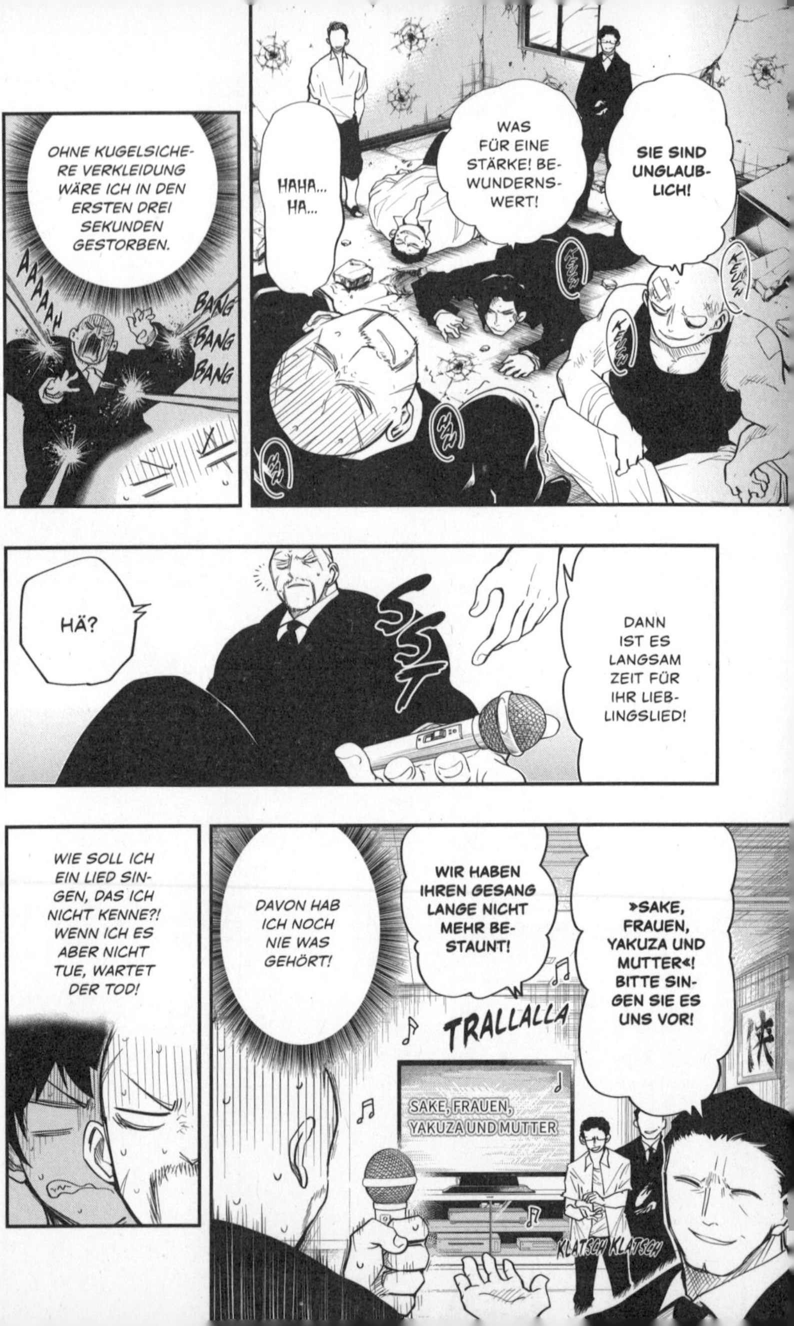
SIE SIND UNGLAUB-LICH!
WAS FÜR EINE STÄRKE! BE-WUNDERNS-WERT!
HAHA... HA...
KEUCH
KEUCH
KEUCH
OHNE KUGELSICHE-RE VERKLEIDUNG WÄRE ICH IN DEN ERSTEN DREI SEKUNDEN GESTORBEN.
AAAAAAH
BANG BANG BANG
DANN IST ES LANGSAM ZEIT FÜR IHR LIEB-LINGSLIED!
HÄ?
»SAKE, FRAUEN, YAKUZA UND MUTTER«! BITTE SIN-GEN SIE ES UNS VOR!
WIR HABEN IHREN GESANG LANGE NICHT MEHR BE-STAUNT!
TRALLALA
SAKE, FRAUEN, YAKUZA UND MUTTER
KLATSCH KLATSCH
DAVON HAB ICH NOCH NIE WAS GEHÖRT!
WIE SOLL ICH EIN LIED SIN-GEN, DAS ICH NICHT KENNE?! WENN ICH ES ABER NICHT TUE, WARTET DER TOD!

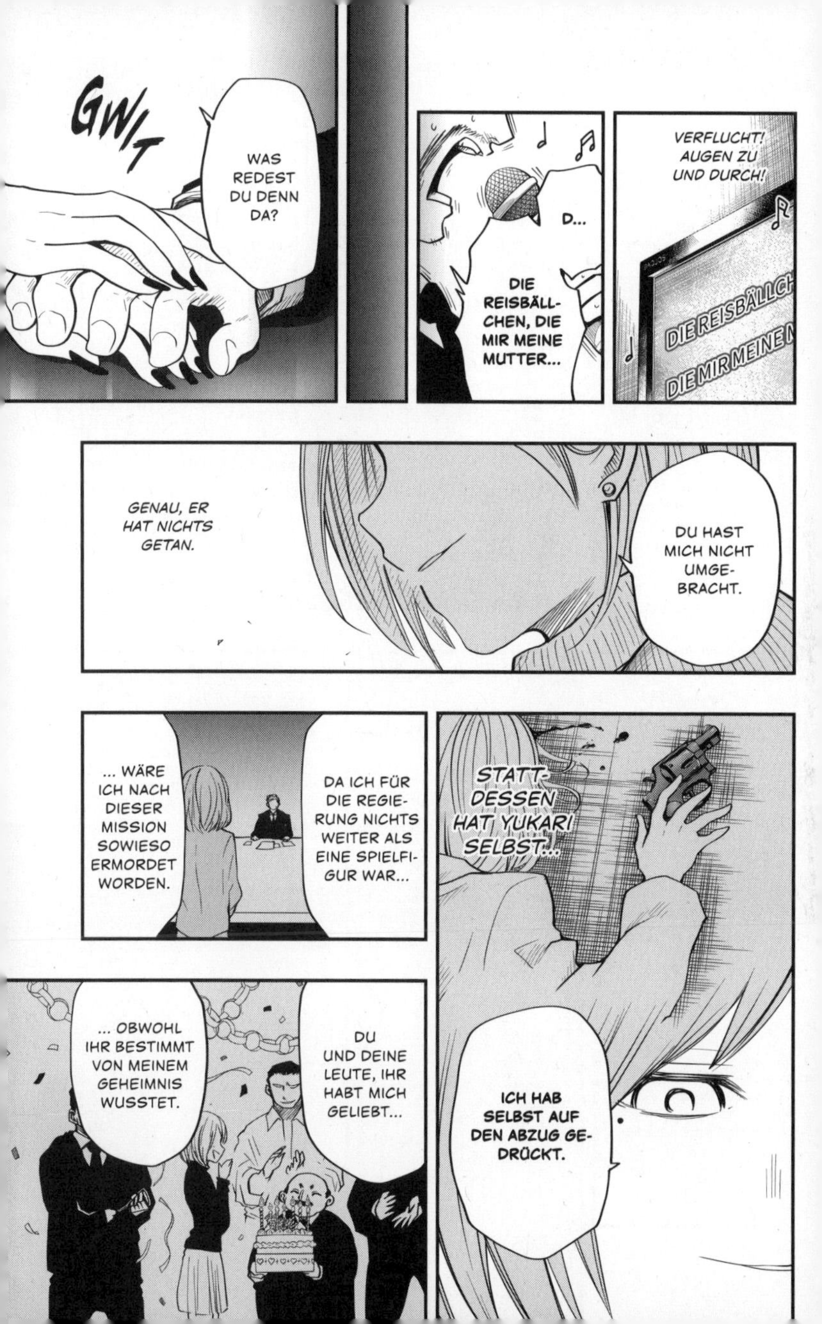
VERFLUCHT! AUGEN ZU UND DURCH!
DIE REISBÄLLCH
DIE MIR MEINE M
D...
DIE REISBÄLL-CHEN, DIE MIR MEINE MUTTER...
GWIT
WAS REDEST DU DENN DA?
DU HAST MICH NICHT UMGE-BRACHT.
GENAU, ER HAT NICHTS GETAN.
STATT-DESSEN HAT YUKARI SELBST...
ICH HAB SELBST AUF DEN ABZUG GE-DRÜCKT.
DA ICH FÜR DIE REGIE-RUNG NICHTS WEITER ALS EINE SPIELFI-GUR WAR...
... WÄRE ICH NACH DIESER MISSION SOWIESO ERMORDET WORDEN.
DU UND DEINE LEUTE, IHR HABT MICH GELIEBT...
... OBWOHL IHR BESTIMMT VON MEINEM GEHEIMNIS WUSSTET.

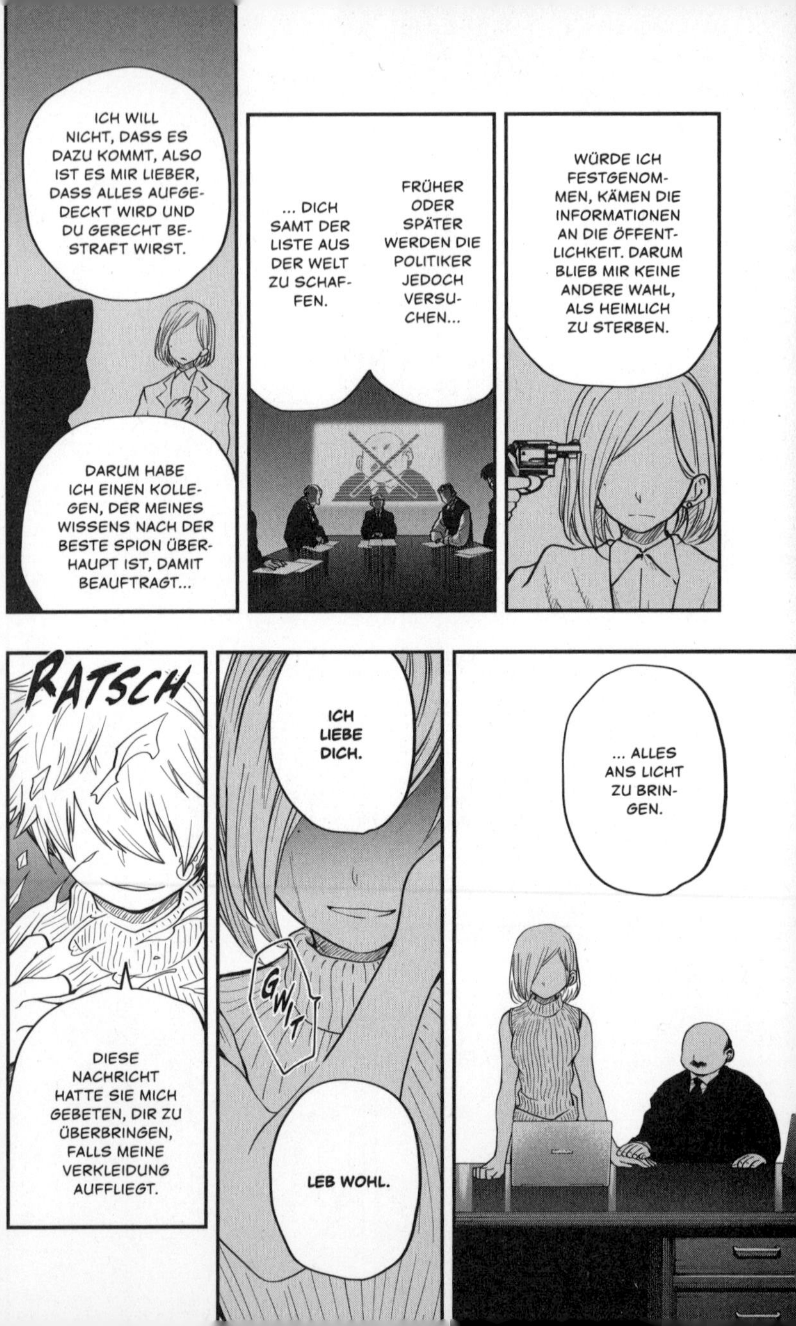
WÜRDE ICH FESTGENOMMEN, KÄMEN DIE INFORMATIONEN AN DIE ÖFFENTLICHKEIT. DARUM BLIEB MIR KEINE ANDERE WAHL, ALS HEIMLICH ZU STERBEN.
FRÜHER ODER SPÄTER WERDEN DIE POLITIKER JEDOCH VERSUCHEN...
... DICH SAMT DER LISTE AUS DER WELT ZU SCHAFFEN.
ICH WILL NICHT, DASS ES DAZU KOMMT, ALSO IST ES MIR LIEBER, DASS ALLES AUFGEDECKT WIRD UND DU GERECHT BESTRAFT WIRST.
DARUM HABE ICH EINEN KOLLEGEN, DER MEINES WISSENS NACH DER BESTE SPION ÜBERHAUPT IST, DAMIT BEAUFTRAGT...
... ALLES ANS LICHT ZU BRINGEN.
ICH LIEBE DICH.
GWIT
LEB WOHL.
RATSCH
DIESE NACHRICHT HATTE SIE MICH GEBETEN, DIR ZU ÜBERBRINGEN, FALLS MEINE VERKLEIDUNG AUFFLIEGT.

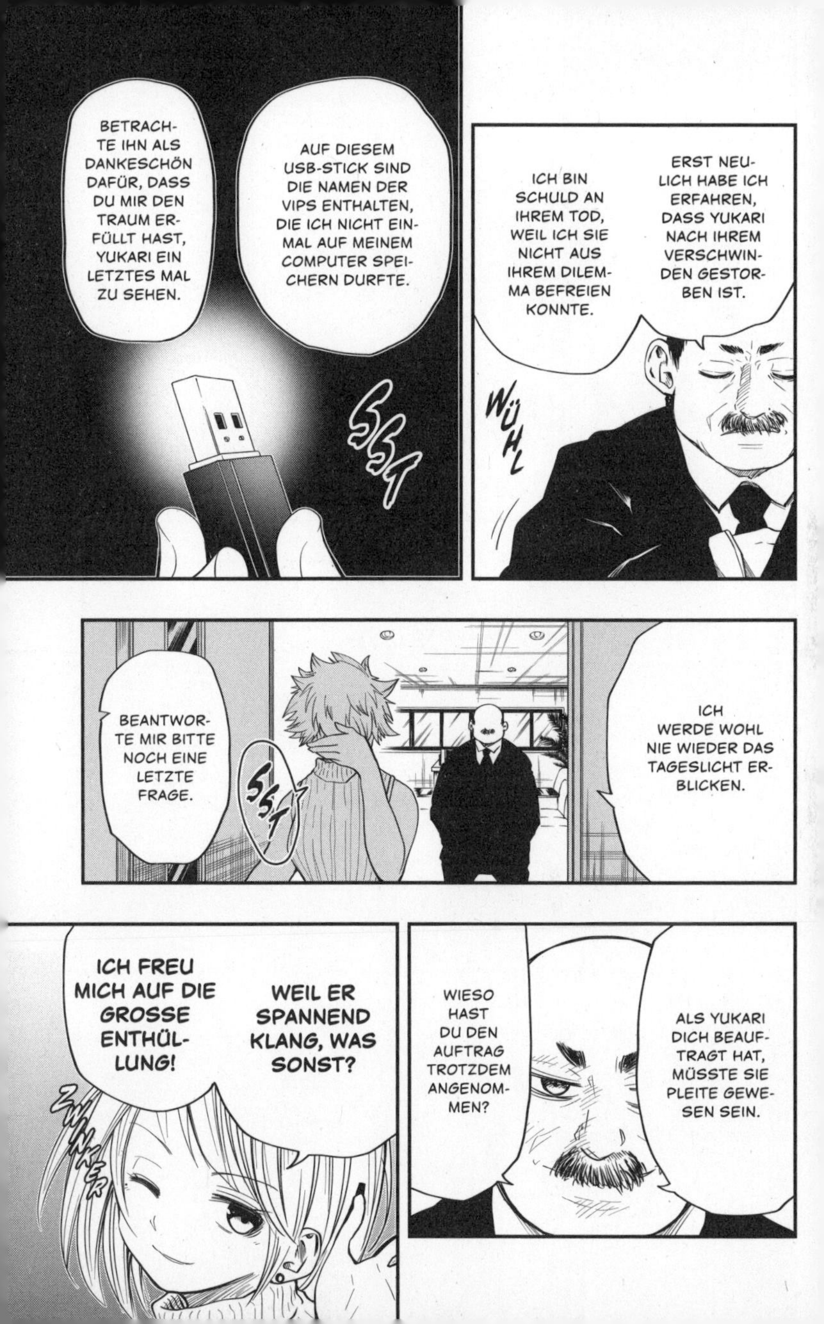
ERST NEULICH HABE ICH ERFAHREN, DASS YUKARI NACH IHREM VERSCHWINDEN GESTORBEN IST.
ICH BIN SCHULD AN IHREM TOD, WEIL ICH SIE NICHT AUS IHREM DILEMMA BEFREIEN KONNTE.
WÜHL
AUF DIESEM USB-STICK SIND DIE NAMEN DER VIPS ENTHALTEN, DIE ICH NICHT EINMAL AUF MEINEM COMPUTER SPEICHERN DURFTE.
BETRACHTE IHN ALS DANKESCHÖN DAFÜR, DASS DU MIR DEN TRAUM ERFÜLLT HAST, YUKARI EIN LETZTES MAL ZU SEHEN.
ICH WERDE WOHL NIE WIEDER DAS TAGESLICHT ERBLICKEN.
BEANTWORTE MIR BITTE NOCH EINE LETZTE FRAGE.
SST
ALS YUKARI DICH BEAUFTRAGT HAT, MÜSSTE SIE PLEITE GEWESEN SEIN.
WIESO HAST DU DEN AUFTRAG TROTZDEM ANGENOMMEN?
WEIL ER SPANNEND KLANG, WAS SONST?
ICH FREU MICH AUF DIE GROSSE ENTHÜLLUNG!
ZWINKER

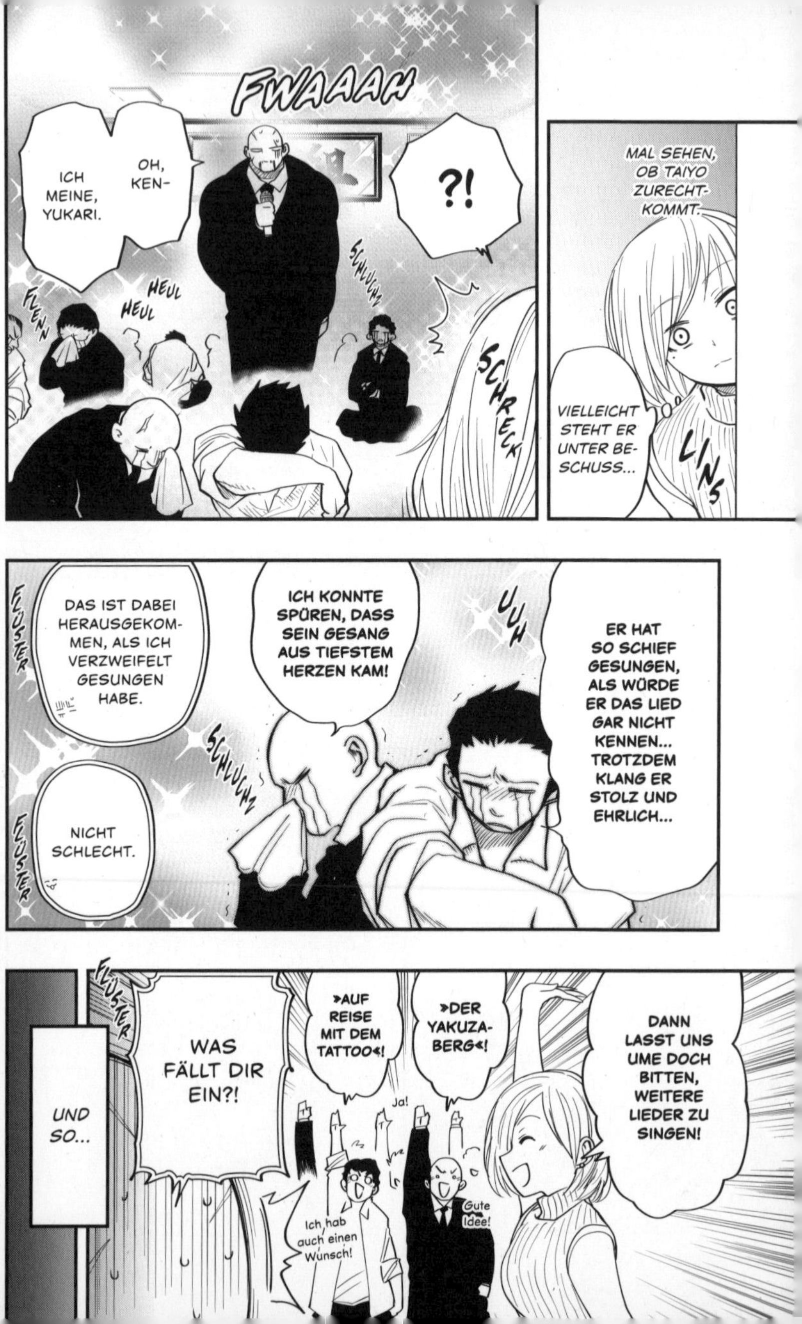
MAL SEHEN, OB TAIYO ZURECHT-KOMMT.
VIELLEICHT STEHT ER UNTER BE-SCHUSS...
LINS
SCHRECK
?!
FWAAAH
OH, KEN-
ICH MEINE, YUKARI.
SCHLUCHZ
HEUL
HEUL
FLENN
ER HAT SO SCHIEF GESUNGEN, ALS WÜRDE ER DAS LIED GAR NICHT KENNEN... TROTZDEM KLANG ER STOLZ UND EHRLICH...
UUH
ICH KONNTE SPÜREN, DASS SEIN GESANG AUS TIEFSTEM HERZEN KAM!
SCHLUCHZ
DAS IST DABEI HERAUSGEKOM-MEN, ALS ICH VERZWEIFELT GESUNGEN HABE.
FLÜSTER
NICHT SCHLECHT.
FLÜSTER
DANN LASST UNS UME DOCH BITTEN, WEITERE LIEDER ZU SINGEN!
»DER YAKUZA-BERG«!
Gute Idee!
»AUF REISE MIT DEM TATTOO«!
Ja!
Ich hab auch einen Wunsch!
WAS FÄLLT DIR EIN?!
FLÜSTER
UND SO...

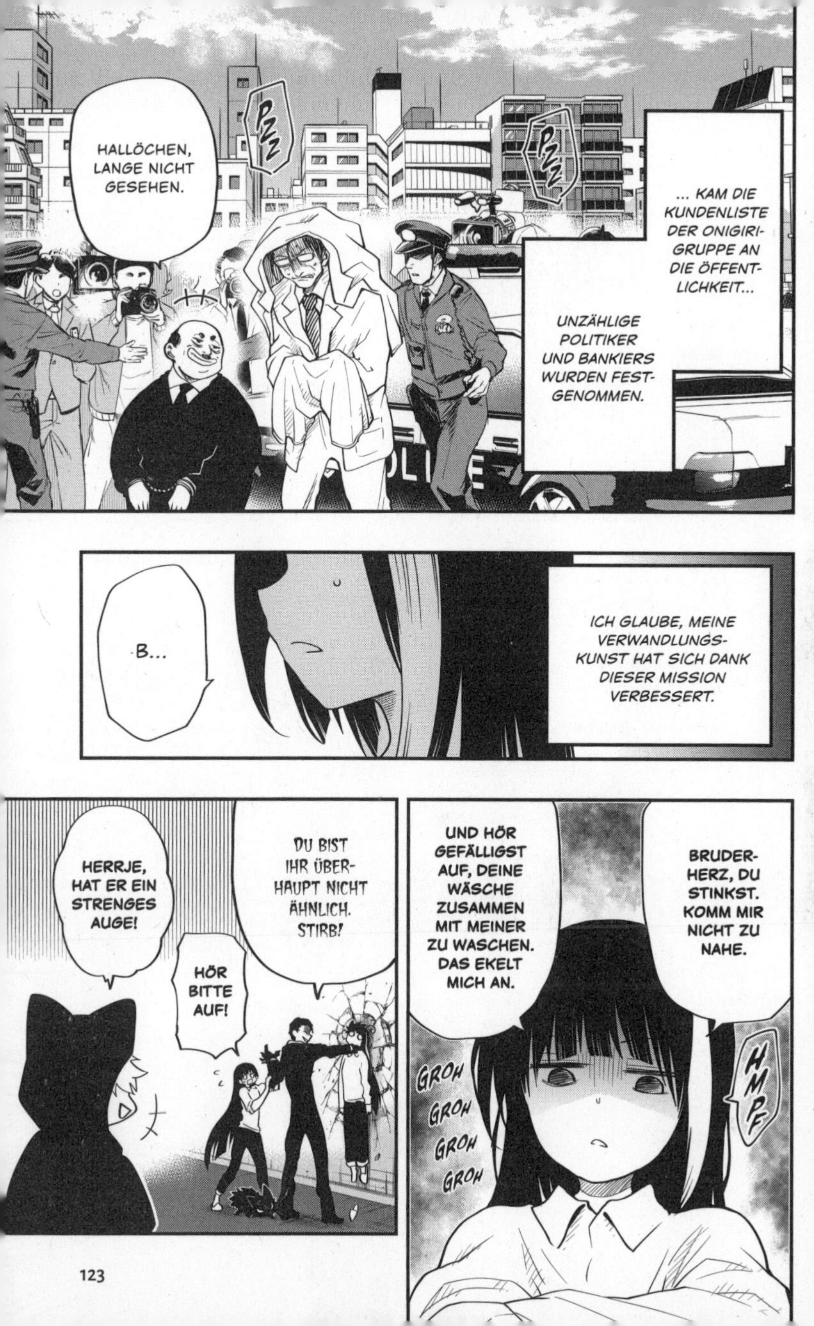
... KAM DIE KUNDENLISTE DER ONIGIRI-GRUPPE AN DIE ÖFFENTLICHKEIT...
UNZÄHLIGE POLITIKER UND BANKIERS WURDEN FESTGENOMMEN.
PZZ
PZZ
HALLÖCHEN, LANGE NICHT GESEHEN.
ICH GLAUBE, MEINE VERWANDLUNGSKUNST HAT SICH DANK DIESER MISSION VERBESSERT.
B...
BRUDERHERZ, DU STINKST. KOMM MIR NICHT ZU NAHE.
UND HÖR GEFÄLLIGST AUF, DEINE WÄSCHE ZUSAMMEN MIT MEINER ZU WASCHEN. DAS EKELT MICH AN.
HMPF
GROH GROH GROH GROH
DU BIST IHR ÜBERHAUPT NICHT ÄHNLICH. STIRB!
HÖR BITTE AUF!
HERRJE, HAT ER EIN STRENGES AUGE!

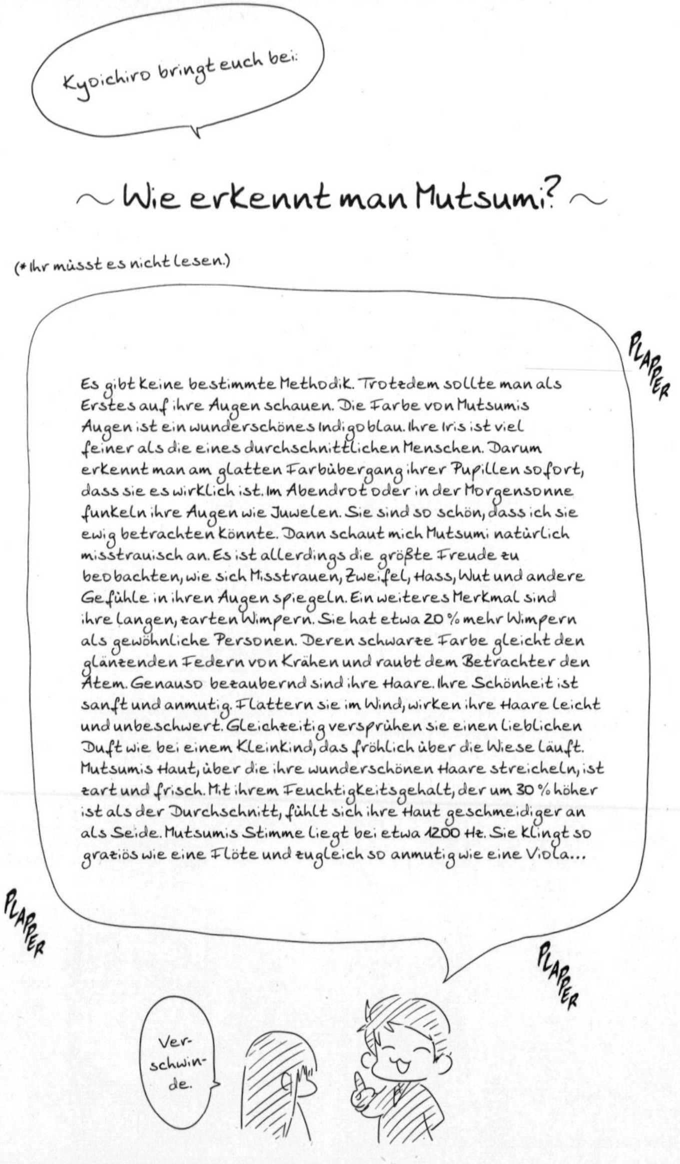

Kyoichiro bringt euch bei:
~ Wie erkennt man Mutsumi? ~
(* Ihr müsst es nicht lesen.)
Es gibt keine bestimmte Methodik. Trotzdem sollte man als Erstes auf ihre Augen schauen. Die Farbe von Mutsumis Augen ist ein wunderschönes Indigoblau. Ihre Iris ist viel feiner als die eines durchschnittlichen Menschen. Darum erkennt man am glatten Farbübergang ihrer Pupillen sofort, dass sie es wirklich ist. Im Abendrot oder in der Morgensonne funkeln ihre Augen wie Juwelen. Sie sind so schön, dass ich sie ewig betrachten könnte. Dann schaut mich Mutsumi natürlich misstrauisch an. Es ist allerdings die größte Freude zu beobachten, wie sich Misstrauen, Zweifel, Hass, Wut und andere Gefühle in ihren Augen spiegeln. Ein weiteres Merkmal sind ihre langen, zarten Wimpern. Sie hat etwa 20 % mehr Wimpern als gewöhnliche Personen. Deren schwarze Farbe gleicht den glänzenden Federn von Krähen und raubt dem Betrachter den Atem. Genauso bezaubernd sind ihre Haare. Ihre Schönheit ist sanft und anmutig. Flattern sie im Wind, wirken ihre Haare leicht und unbeschwert. Gleichzeitig versprühen sie einen lieblichen Duft wie bei einem Kleinkind, das fröhlich über die Wiese läuft. Mutsumis Haut, über die ihre wunderschönen Haare streicheln, ist zart und frisch. Mit ihrem Feuchtigkeitsgehalt, der um 30 % höher ist als der Durchschnitt, fühlt sich ihre Haut geschmeidiger an als Seide. Mutsumis Stimme liegt bei etwa 1200 Hz. Sie klingt so graziös wie eine Flöte und zugleich so anmutig wie eine Viola...
PLAPPER
PLAPPER
PLAPPER
Verschwinde.

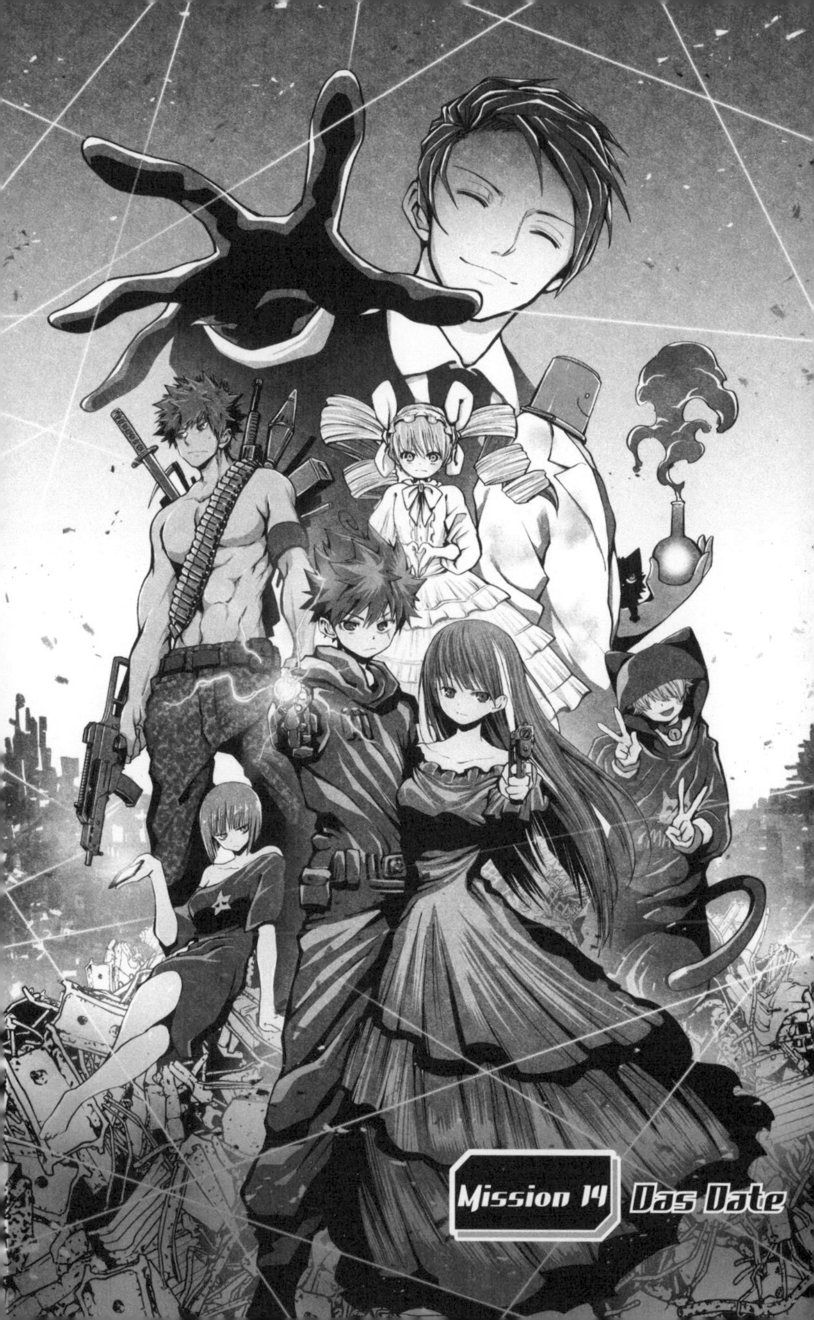
Mission 14
Das Date

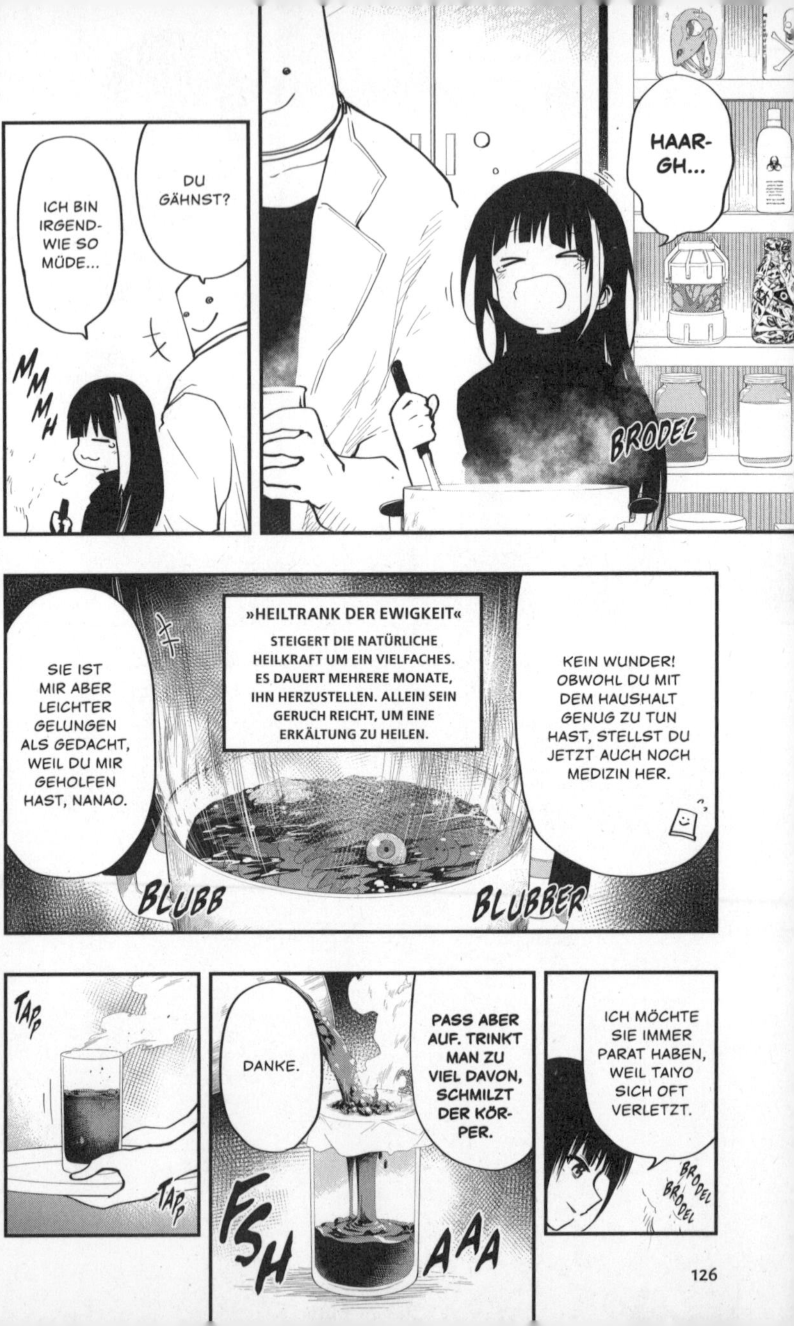
HAAR-GH...
BRODEL
DU GÄHNST?
ICH BIN IRGENDWIE SO MÜDE...
MMMH
»HEILTRANK DER EWIGKEIT«
STEIGERT DIE NATÜRLICHE HEILKRAFT UM EIN VIELFACHES. ES DAUERT MEHRERE MONATE, IHN HERZUSTELLEN. ALLEIN SEIN GERUCH REICHT, UM EINE ERKÄLTUNG ZU HEILEN.
KEIN WUNDER! OBWOHL DU MIT DEM HAUSHALT GENUG ZU TUN HAST, STELLST DU JETZT AUCH NOCH MEDIZIN HER.
SIE IST MIR ABER LEICHTER GELUNGEN ALS GEDACHT, WEIL DU MIR GEHOLFEN HAST, NANAO.
BLUBB
BLUBBER
ICH MÖCHTE SIE IMMER PARAT HABEN, WEIL TAIYO SICH OFT VERLETZT.
BRODEL
BRODEL
PASS ABER AUF. TRINKT MAN ZU VIEL DAVON, SCHMILZT DER KÖR-PER.
DANKE.
FSHAAA
TAPP
TAPP

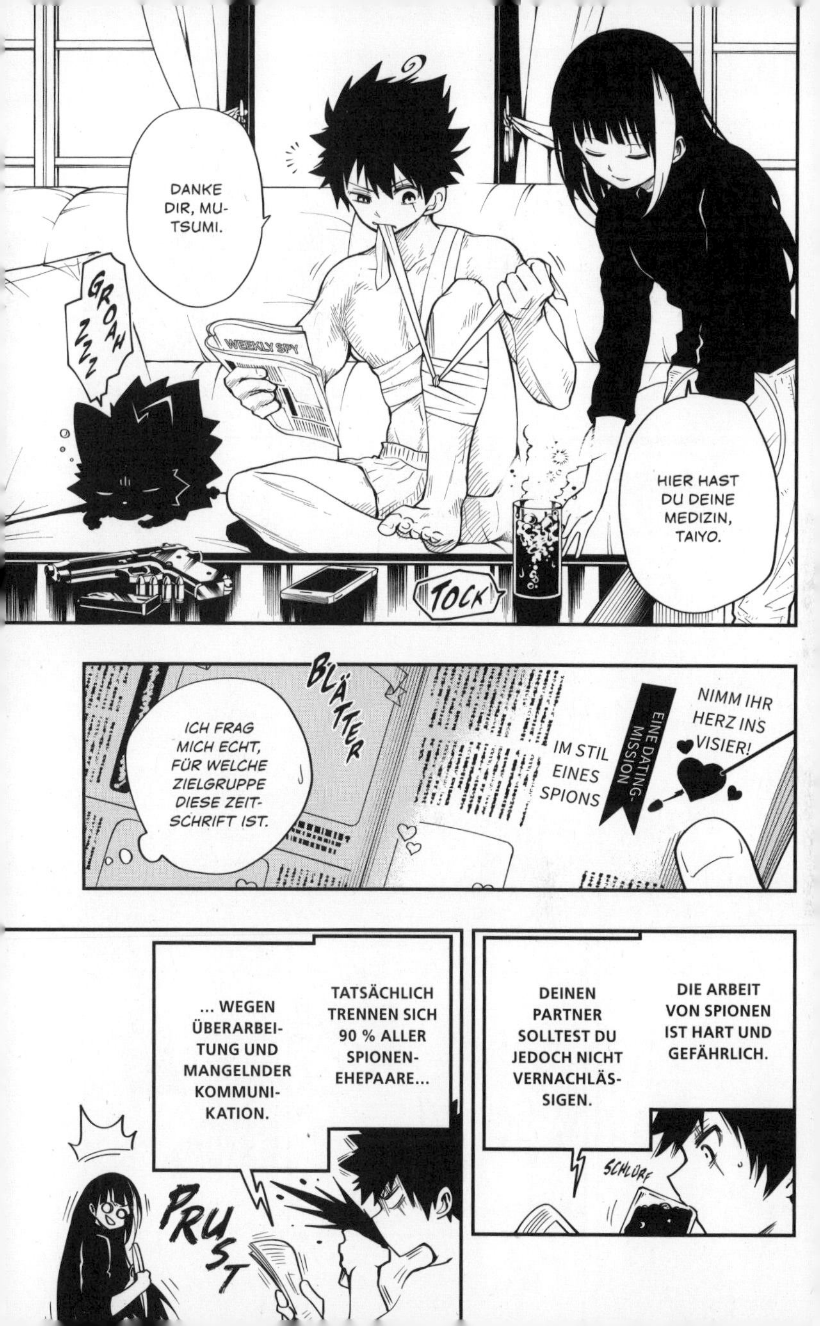
HIER HAST DU DEINE MEDIZIN, TAIYO.
TOCK
DANKE DIR, MU-TSUMI.
GROAH ZZZ
WEEKLY SPY
NIMM IHR HERZ INS VISIER!
EINE DATING-MISSION
IM STIL EINES SPIONS
BLÄTTER
ICH FRAG MICH ECHT, FÜR WELCHE ZIELGRUPPE DIESE ZEIT-SCHRIFT IST.
DIE ARBEIT VON SPIONEN IST HART UND GEFÄHRLICH.
DEINEN PARTNER SOLLTEST DU JEDOCH NICHT VERNACHLÄS-SIGEN.
SCHLÜRF
TATSÄCHLICH TRENNEN SICH 90 % ALLER SPIONEN-EHEPAARE …
… WEGEN ÜBERARBEI-TUNG UND MANGELNDER KOMMUNI-KATION.
PRUST

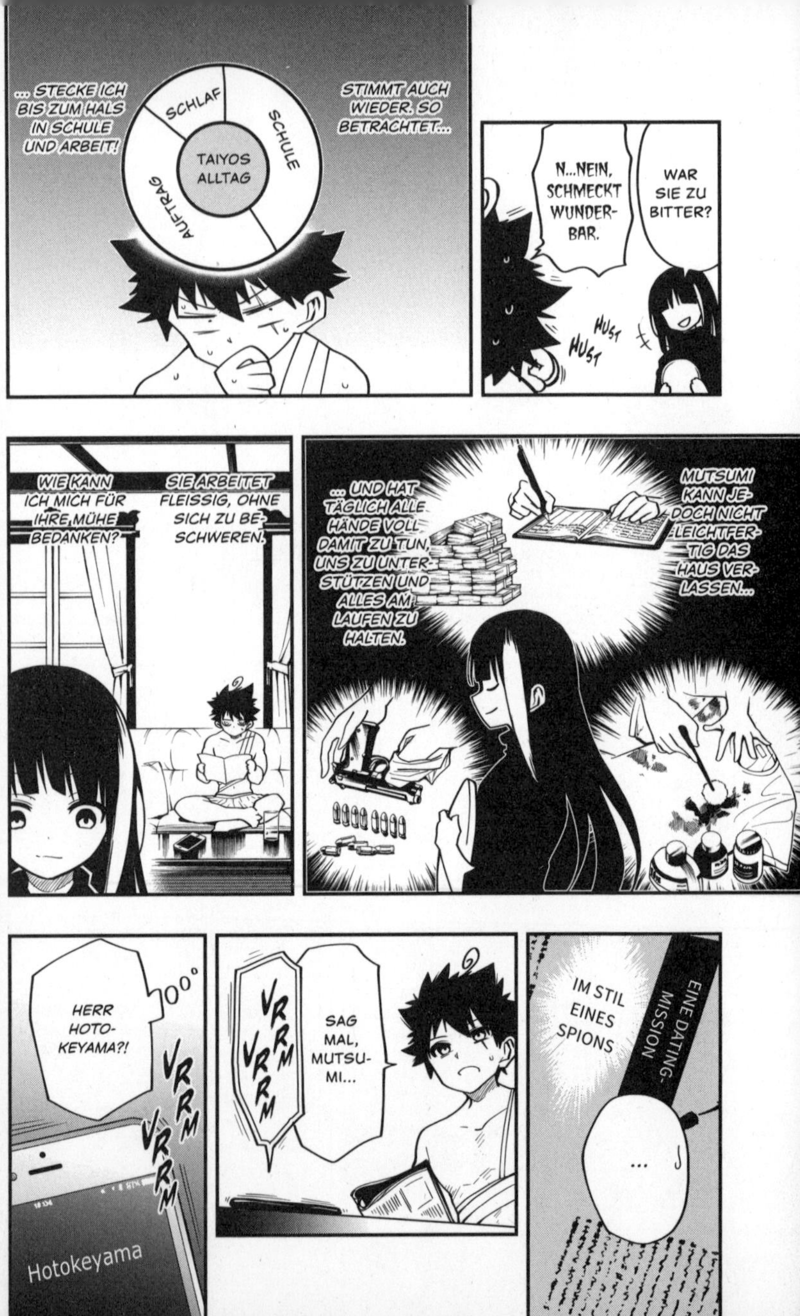

STIMMT AUCH WIEDER. SO BETRACHTET ...
... STECKE ICH BIS ZUM HALS IN SCHULE UND ARBEIT!
SCHLAF
SCHULE
AUFTRAG
TAIYOS ALLTAG
WAR SIE ZU BITTER?
N...NEIN, SCHMECKT WUNDERBAR.
HUST
HUST
MUTSUMI KANN JEDOCH NICHT LEICHTFERTIG DAS HAUS VERLASSEN ...
... UND HAT TÄGLICH ALLE HÄNDE VOLL DAMIT ZU TUN, UNS ZU UNTERSTÜTZEN UND ALLES AM LAUFEN ZU HALTEN.
SIE ARBEITET FLEISSIG, OHNE SICH ZU BESCHWEREN.
WIE KANN ICH MICH FÜR IHRE MÜHE BEDANKEN?
IM STIL EINES SPIONS
EINE DATING-MISSION
...
SAG MAL, MUTSUMI ...
VRRRM
VRRRM
HERR HOTOKEYAMA?!
VRRRM
VRRRM
Hotokeyama

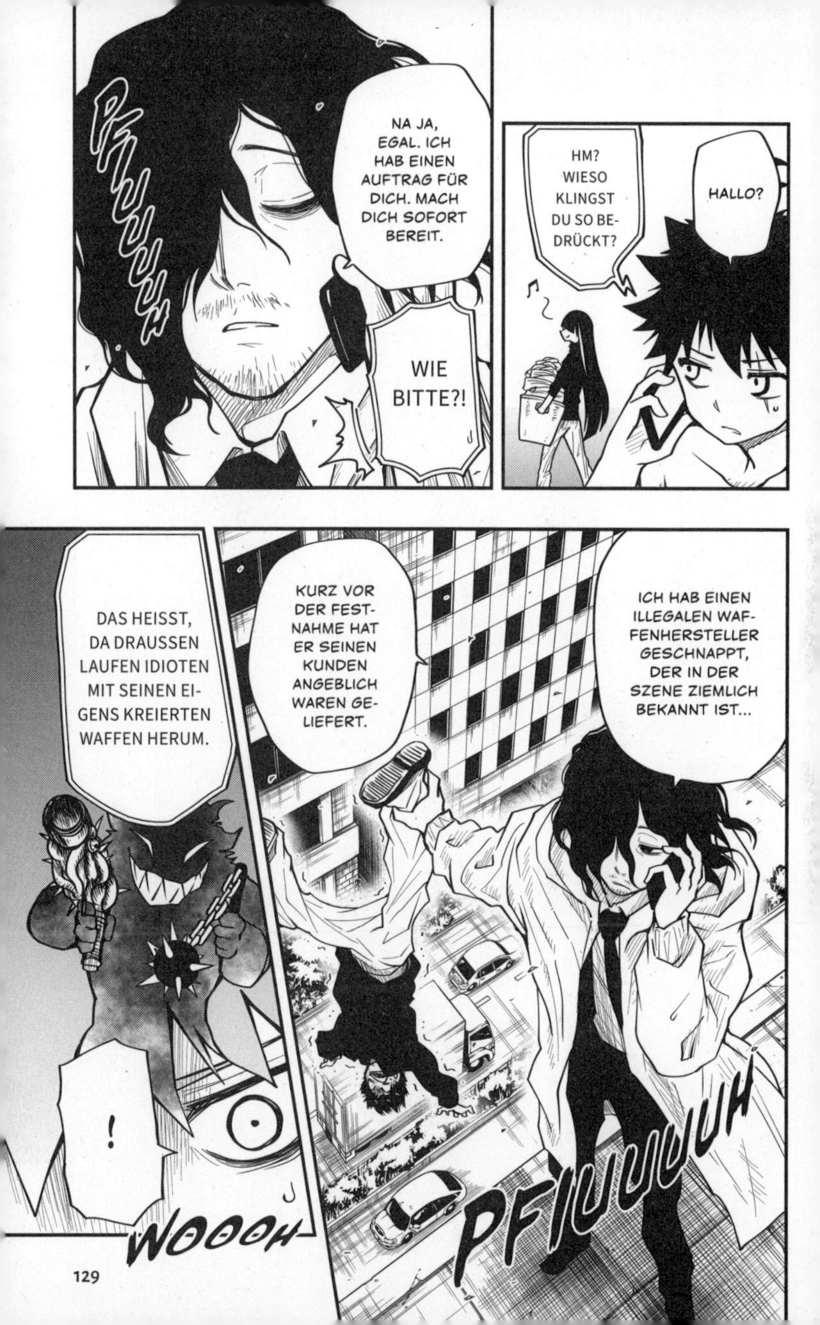
HALLO?
HM? WIESO KLINGST DU SO BE-DRÜCKT?
NA JA, EGAL. ICH HAB EINEN AUFTRAG FÜR DICH. MACH DICH SOFORT BEREIT.
WIE BITTE?!
PFIUUUUH
ICH HAB EINEN ILLEGALEN WAF-FENHERSTELLER GESCHNAPPT, DER IN DER SZENE ZIEMLICH BEKANNT IST...
KURZ VOR DER FEST-NAHME HAT ER SEINEN KUNDEN ANGEBLICH WAREN GE-LIEFERT.
DAS HEISST, DA DRAUSSEN LAUFEN IDIOTEN MIT SEINEN EI-GENS KREIERTEN WAFFEN HERUM.
!
WOOOH
PFIUUUUH

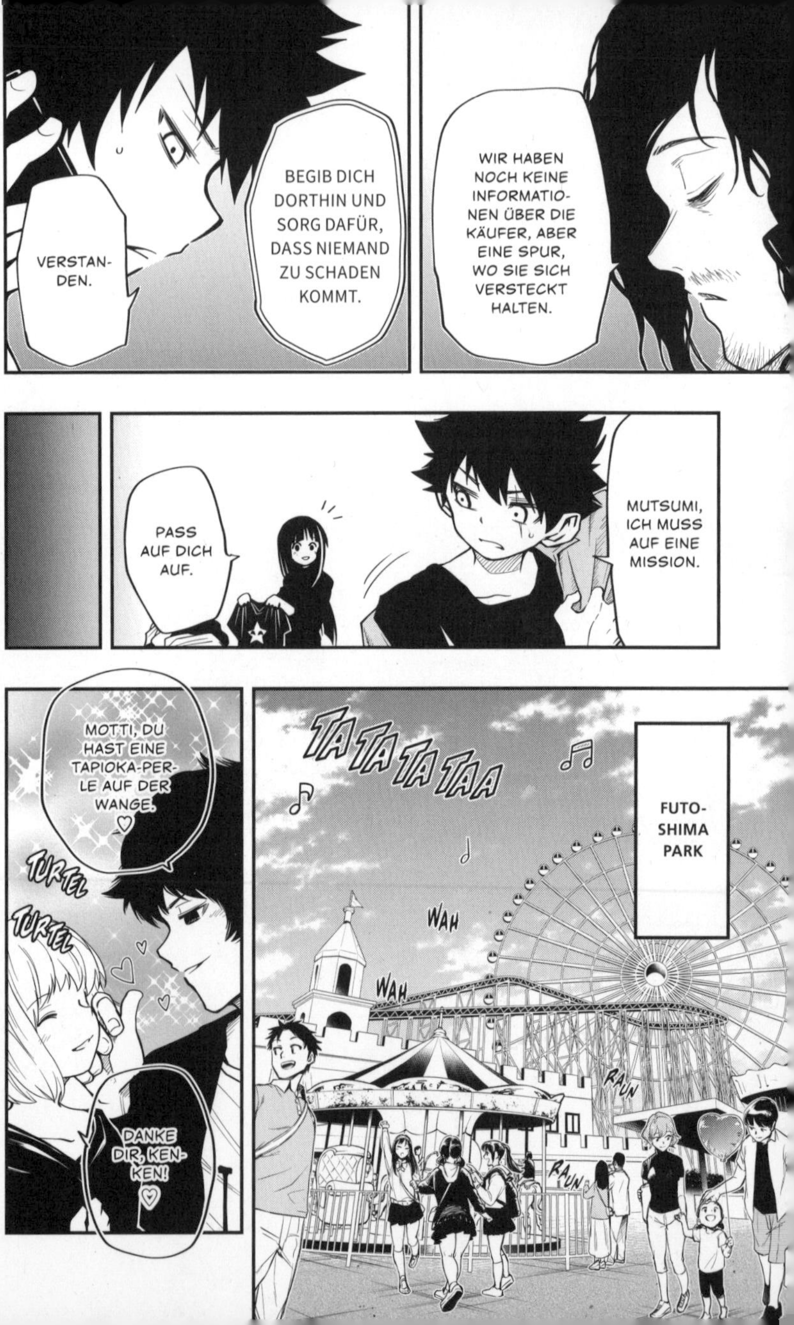
WIR HABEN NOCH KEINE INFORMATIONEN ÜBER DIE KÄUFER, ABER EINE SPUR, WO SIE SICH VERSTECKT HALTEN.
BEGIB DICH DORTHIN UND SORG DAFÜR, DASS NIEMAND ZU SCHADEN KOMMT.
VERSTANDEN.
MUTSUMI, ICH MUSS AUF EINE MISSION.
PASS AUF DICH AUF.
TA TA TA TAA
FUTOSHIMA PARK
WAH
WAH
RAUN
RAUN
MOTTI, DU HAST EINE TAPIOKA-PERLE AUF DER WANGE. ♡
TURTEL
TURTEL
DANKE DIR, KEN-KEN! ♡

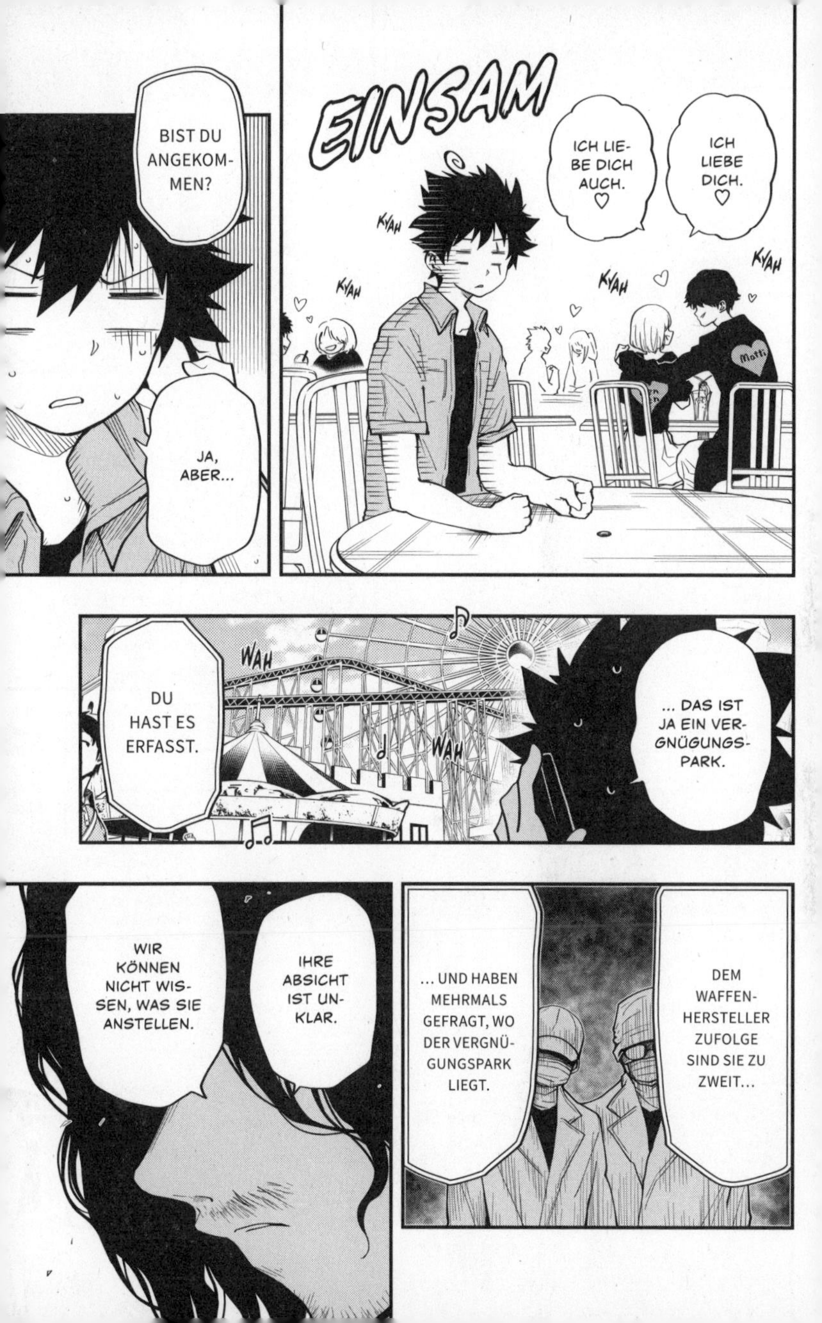
EINSAM
ICH LIEBE DICH. ♡
ICH LIEBE DICH AUCH. ♡
KYAH
KYAH
KYAH
KYAH
BIST DU ANGEKOMMEN?
JA, ABER...
WAH
WAH
... DAS IST JA EIN VERGNÜGUNGSPARK.
DU HAST ES ERFASST.
DEM WAFFENHERSTELLER ZUFOLGE SIND SIE ZU ZWEIT...
... UND HABEN MEHRMALS GEFRAGT, WO DER VERGNÜGUNGSPARK LIEGT.
IHRE ABSICHT IST UNKLAR.
WIR KÖNNEN NICHT WISSEN, WAS SIE ANSTELLEN.

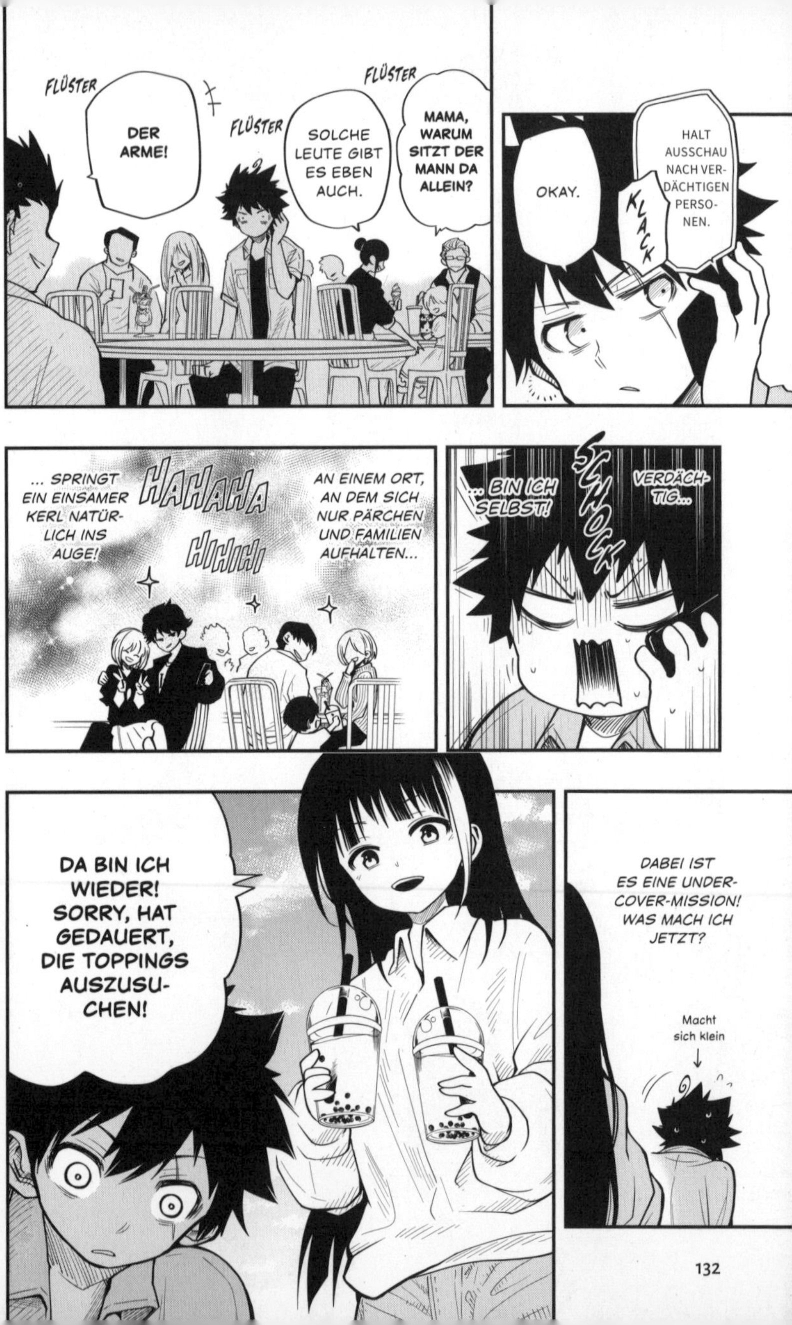
HALT AUSSCHAU NACH VERDÄCHTIGEN PERSONEN.
KLACK
OKAY.
FLÜSTER
MAMA, WARUM SITZT DER MANN DA ALLEIN?
FLÜSTER
SOLCHE LEUTE GIBT ES EBEN AUCH.
FLÜSTER
DER ARME!
VERDÄCHTIG...
SCHOCK
... BIN ICH SELBST!
AN EINEM ORT, AN DEM SICH NUR PÄRCHEN UND FAMILIEN AUFHALTEN...
HAHAHA
HIHIHI
... SPRINGT EIN EINSAMER KERL NATÜRLICH INS AUGE!
DABEI IST ES EINE UNDERCOVER-MISSION! WAS MACH ICH JETZT?
Macht sich klein
DA BIN ICH WIEDER! SORRY, HAT GEDAUERT, DIE TOPPINGS AUSZUSUCHEN!

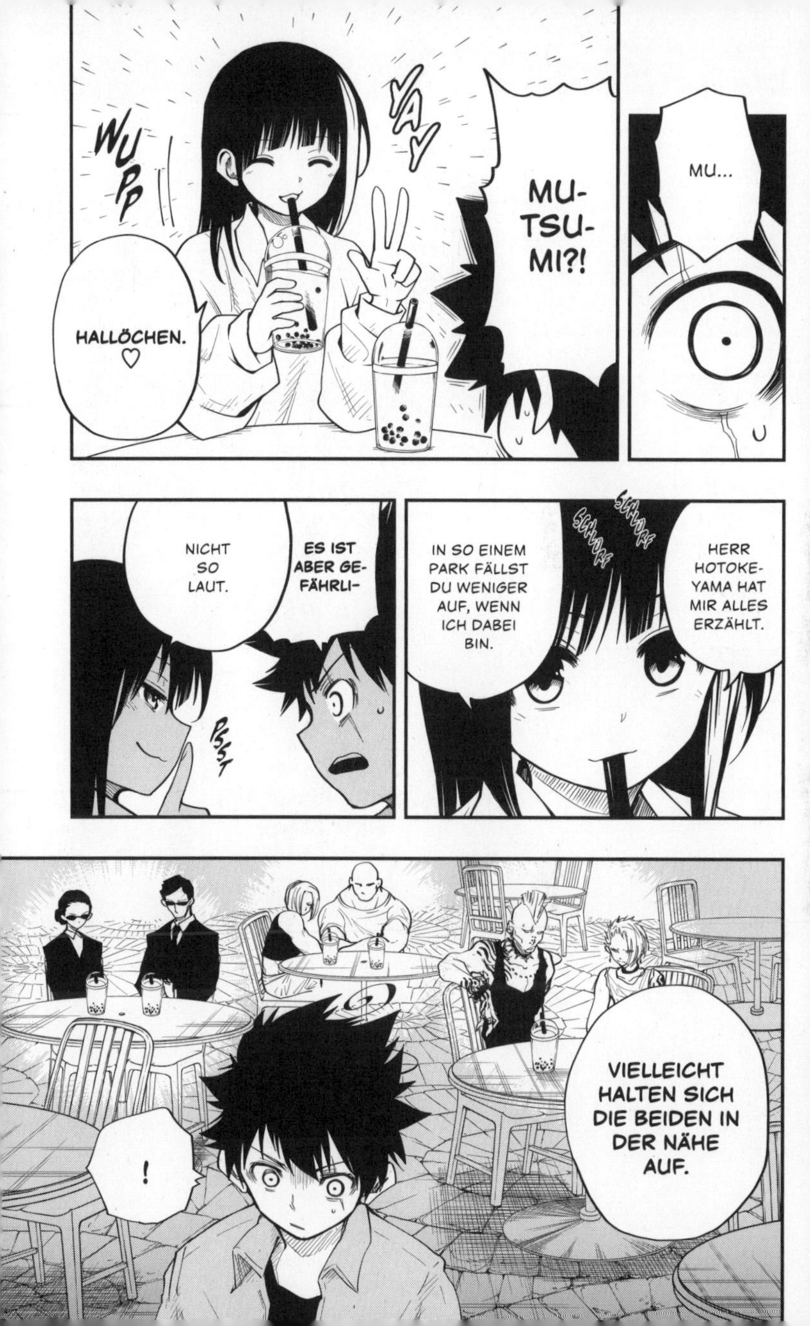
MU...
MU-TSU-MI?!
YAY
WUPP
HALLÖCHEN. ♡
SCHLÜRF SCHLÜRF
HERR HOTOKE-YAMA HAT MIR ALLES ERZÄHLT.
IN SO EINEM PARK FÄLLST DU WENIGER AUF, WENN ICH DABEI BIN.
ES IST ABER GE-FÄHRLI-
NICHT SO LAUT.
PSST
VIELLEICHT HALTEN SICH DIE BEIDEN IN DER NÄHE AUF.
!

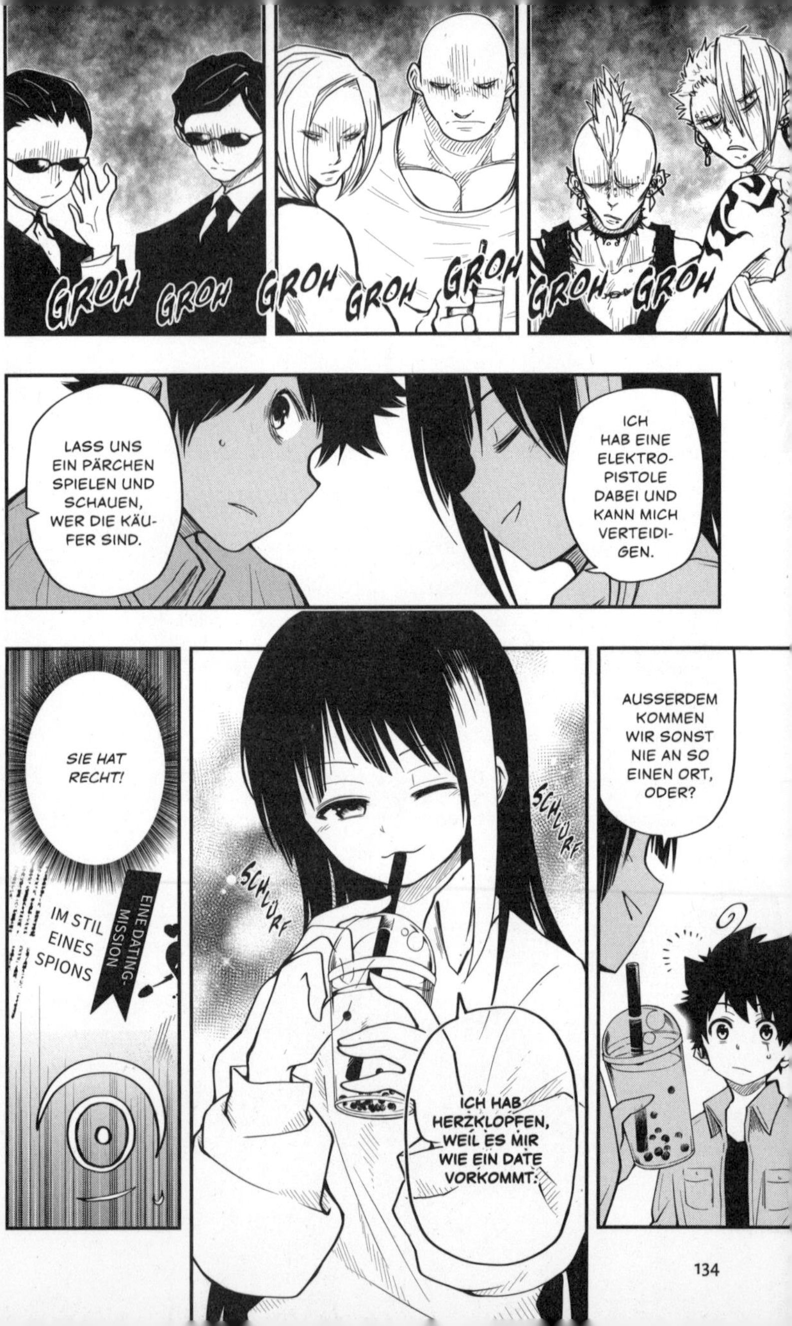
GROH GROH GROH GROH GROH GROH GROH
ICH HAB EINE ELEKTRO-PISTOLE DABEI UND KANN MICH VERTEIDI-GEN.
LASS UNS EIN PÄRCHEN SPIELEN UND SCHAUEN, WER DIE KÄU-FER SIND.
AUSSERDEM KOMMEN WIR SONST NIE AN SO EINEN ORT, ODER?
SCHLÜRF
SCHLÜRF
ICH HAB HERZKLOPFEN, WEIL ES MIR WIE EIN DATE VORKOMMT.
SIE HAT RECHT!
EINE DATING-MISSION
IM STIL EINES SPIONS

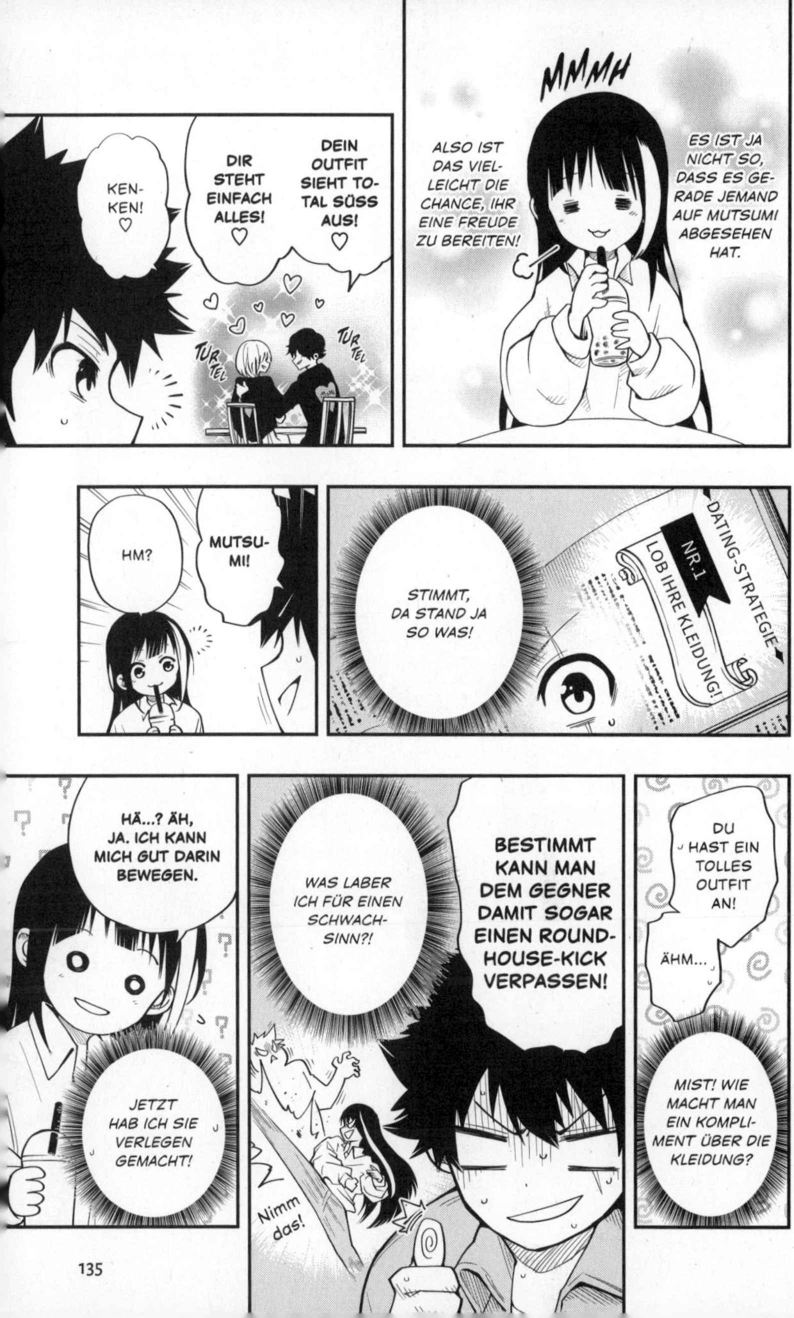
MMMH
ES IST JA NICHT SO, DASS ES GERADE JEMAND AUF MUTSUMI ABGESEHEN HAT.
ALSO IST DAS VIELLEICHT DIE CHANCE, IHR EINE FREUDE ZU BEREITEN!
DEIN OUTFIT SIEHT TOTAL SÜSS AUS! ♡
DIR STEHT EINFACH ALLES! ♡
KEN-KEN! ♡
TURTEL
TURTEL
DATING-STRATEGIE
NR.1
LOB IHRE KLEIDUNG!
STIMMT, DA STAND JA SO WAS!
MUTSUMI!
HM?
DU HAST EIN TOLLES OUTFIT AN!
ÄHM...
MIST! WIE MACHT MAN EIN KOMPLIMENT ÜBER DIE KLEIDUNG?
BESTIMMT KANN MAN DEM GEGNER DAMIT SOGAR EINEN ROUNDHOUSE-KICK VERPASSEN!
WAS LABER ICH FÜR EINEN SCHWACHSINN?!
Nimm das!
HÄ...? ÄH, JA. ICH KANN MICH GUT DARIN BEWEGEN.
JETZT HAB ICH SIE VERLEGEN GEMACHT!

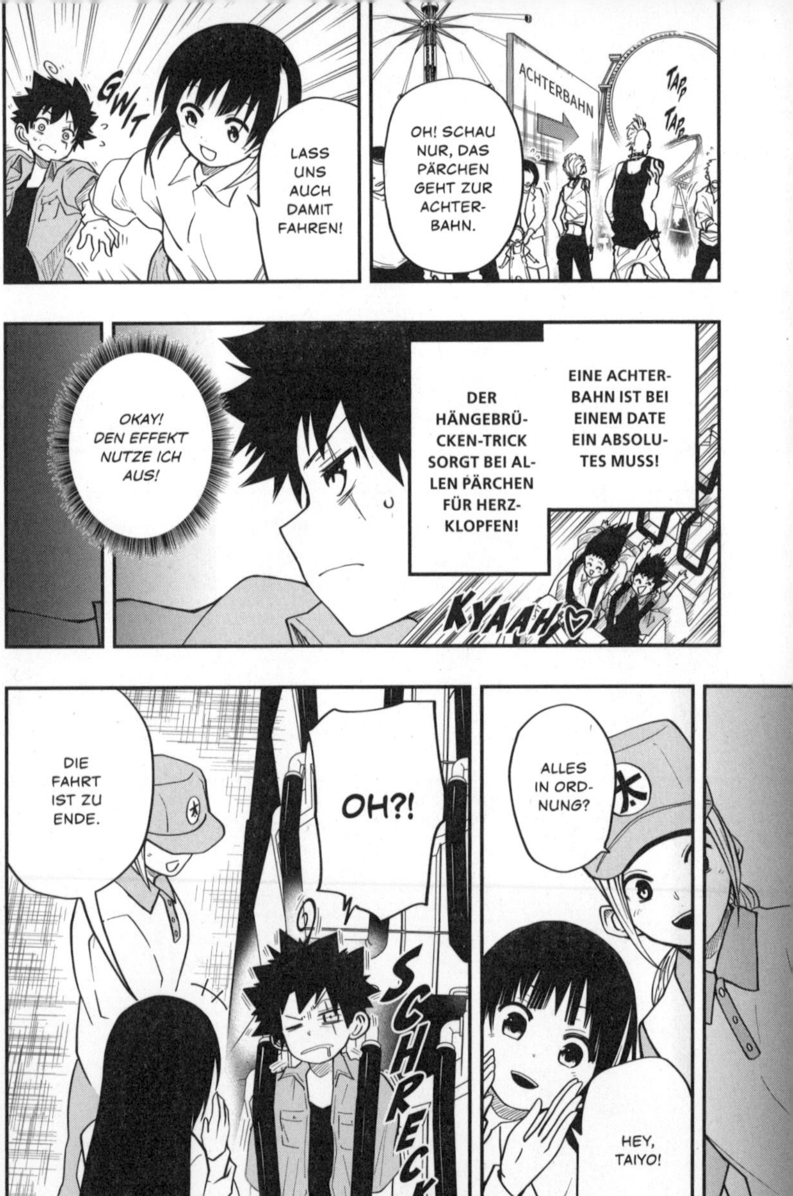
ACHTERBAHN
TAPP TAPP
OH! SCHAU NUR, DAS PÄRCHEN GEHT ZUR ACHTER-BAHN.
GWIT
LASS UNS AUCH DAMIT FAHREN!
EINE ACHTER-BAHN IST BEI EINEM DATE EIN ABSOLU-TES MUSS!
DER HÄNGEBRÜ-CKEN-TRICK SORGT BEI AL-LEN PÄRCHEN FÜR HERZ-KLOPFEN!
KYAAH
OKAY! DEN EFFEKT NUTZE ICH AUS!
HEY, TAIYO!
ALLES IN ORD-NUNG?
OH?!
SCHRECK
DIE FAHRT IST ZU ENDE.

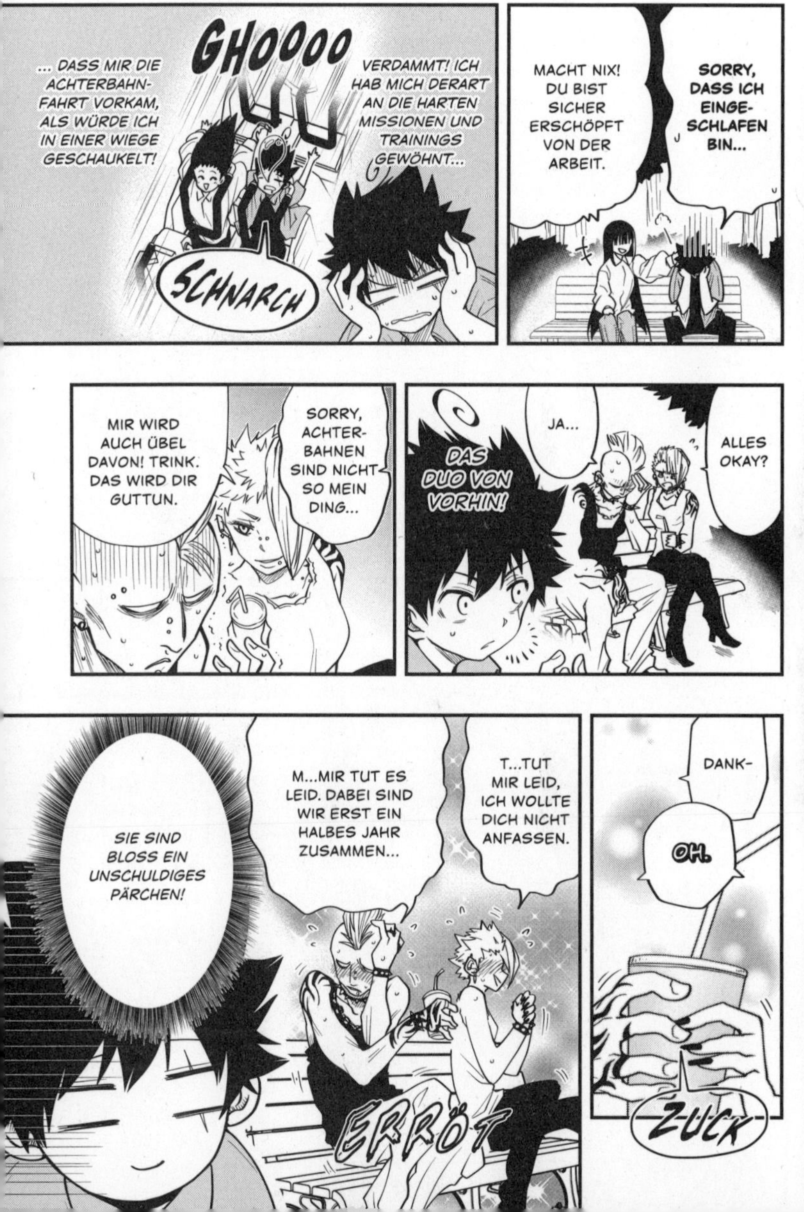
SORRY, DASS ICH EINGE-SCHLAFEN BIN...
MACHT NIX! DU BIST SICHER ERSCHÖPFT VON DER ARBEIT.
VERDAMMT! ICH HAB MICH DERART AN DIE HARTEN MISSIONEN UND TRAININGS GEWÖHNT...
GHOOOO
... DASS MIR DIE ACHTERBAHN-FAHRT VORKAM, ALS WÜRDE ICH IN EINER WIEGE GESCHAUKELT!
SCHNARCH
ALLES OKAY?
JA...
DAS DUO VON VORHIN!
SORRY, ACHTER-BAHNEN SIND NICHT SO MEIN DING...
MIR WIRD AUCH ÜBEL DAVON! TRINK. DAS WIRD DIR GUTTUN.
DANK-
OH.
ZUCK
T...TUT MIR LEID, ICH WOLLTE DICH NICHT ANFASSEN.
M...MIR TUT ES LEID. DABEI SIND WIR ERST EIN HALBES JAHR ZUSAMMEN...
ERRÖT
SIE SIND BLOSS EIN UNSCHULDIGES PÄRCHEN!

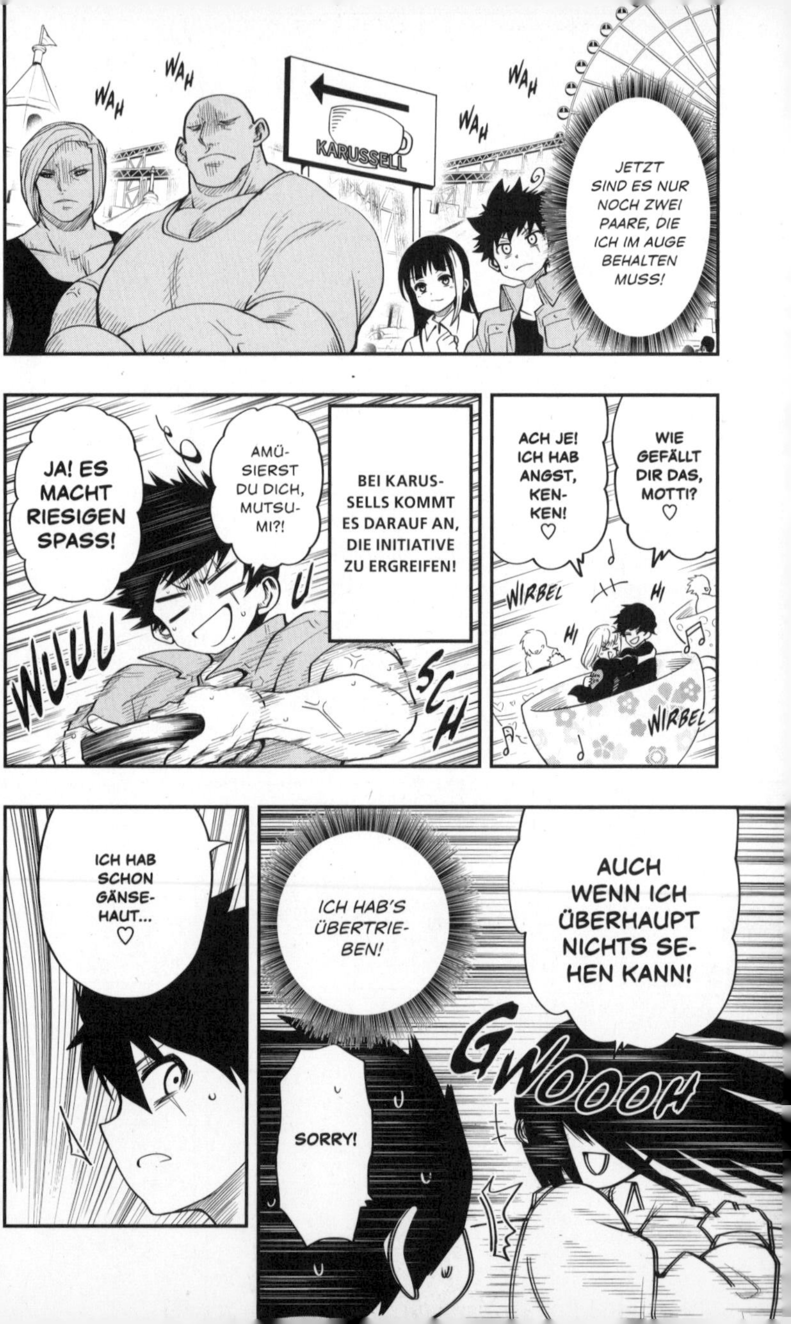
WAH
WAH
WAH
WAH
KARUSSELL
JETZT SIND ES NUR NOCH ZWEI PAARE, DIE ICH IM AUGE BEHALTEN MUSS!
WIE GEFÄLLT DIR DAS, MOTTI? ♡
ACH JE! ICH HAB ANGST, KEN-KEN! ♡
WIRBEL
HI
HI
WIRBEL
BEI KARUSSELLS KOMMT ES DARAUF AN, DIE INITIATIVE ZU ERGREIFEN!
AMÜSIERST DU DICH, MUTSUMI?!
JA! ES MACHT RIESIGEN SPASS!
WUUU
SCH
AUCH WENN ICH ÜBERHAUPT NICHTS SEHEN KANN!
GWOOOH
ICH HAB'S ÜBERTRIEBEN!
SORRY!
ICH HAB SCHON GÄNSEHAUT... ♡

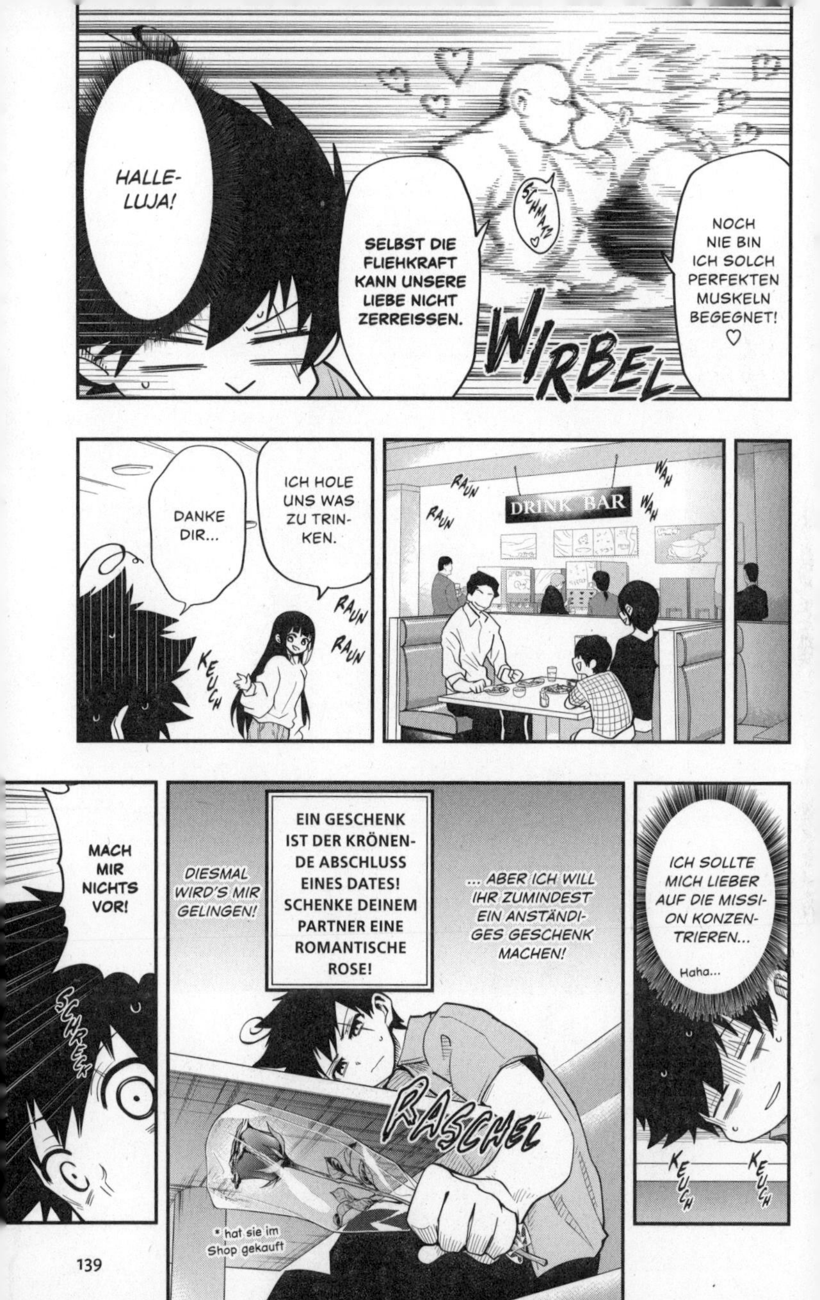
NOCH NIE BIN ICH SOLCH PERFEKTEN MUSKELN BEGEGNET! ♡
SCHMATZ ♡
WIRBEL
SELBST DIE FLIEHKRAFT KANN UNSERE LIEBE NICHT ZERREISSEN.
HALLE-LUJA!
WAH
WAH
DRINK BAR
RAUN
RAUN
ICH HOLE UNS WAS ZU TRIN-KEN.
DANKE DIR...
RAUN
RAUN
KEUCH
ICH SOLLTE MICH LIEBER AUF DIE MISSI-ON KONZEN-TRIEREN...
Haha...
KEUCH
KEUCH
... ABER ICH WILL IHR ZUMINDEST EIN ANSTÄNDI-GES GESCHENK MACHEN!
EIN GESCHENK IST DER KRÖNEN-DE ABSCHLUSS EINES DATES! SCHENKE DEINEM PARTNER EINE ROMANTISCHE ROSE!
DIESMAL WIRD'S MIR GELINGEN!
RASCHEL
* hat sie im Shop gekauft
MACH MIR NICHTS VOR!
SCHRECK

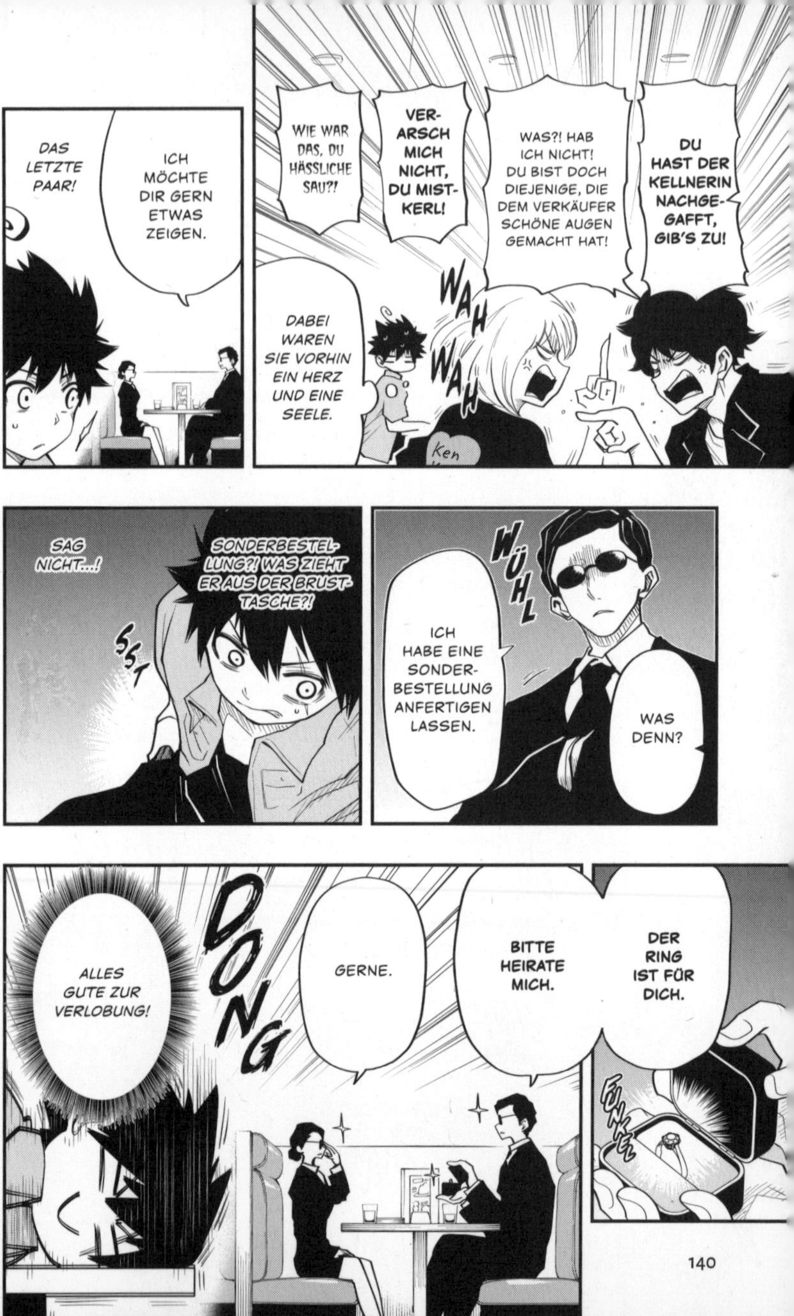
DU HAST DER KELLNERIN NACHGE-GAFFT, GIB'S ZU!
WAS?! HAB ICH NICHT! DU BIST DOCH DIEJENIGE, DIE DEM VERKÄUFER SCHÖNE AUGEN GEMACHT HAT!
VER-ARSCH MICH NICHT, DU MIST-KERL!
WIE WAR DAS, DU HÄSSLICHE SAU?!
WAH WAH WAH
Ken
DABEI WAREN SIE VORHIN EIN HERZ UND EINE SEELE.
ICH MÖCHTE DIR GERN ETWAS ZEIGEN.
DAS LETZTE PAAR!
WÜHL
WAS DENN?
ICH HABE EINE SONDER-BESTELLUNG ANFERTIGEN LASSEN.
SST
SONDERBESTEL-LUNG?! WAS ZIEHT ER AUS DER BRUST-TASCHE?!
SAG NICHT...!
FUNKEL
DER RING IST FÜR DICH.
BITTE HEIRATE MICH.
GERNE.
DONG
ALLES GUTE ZUR VERLOBUNG!

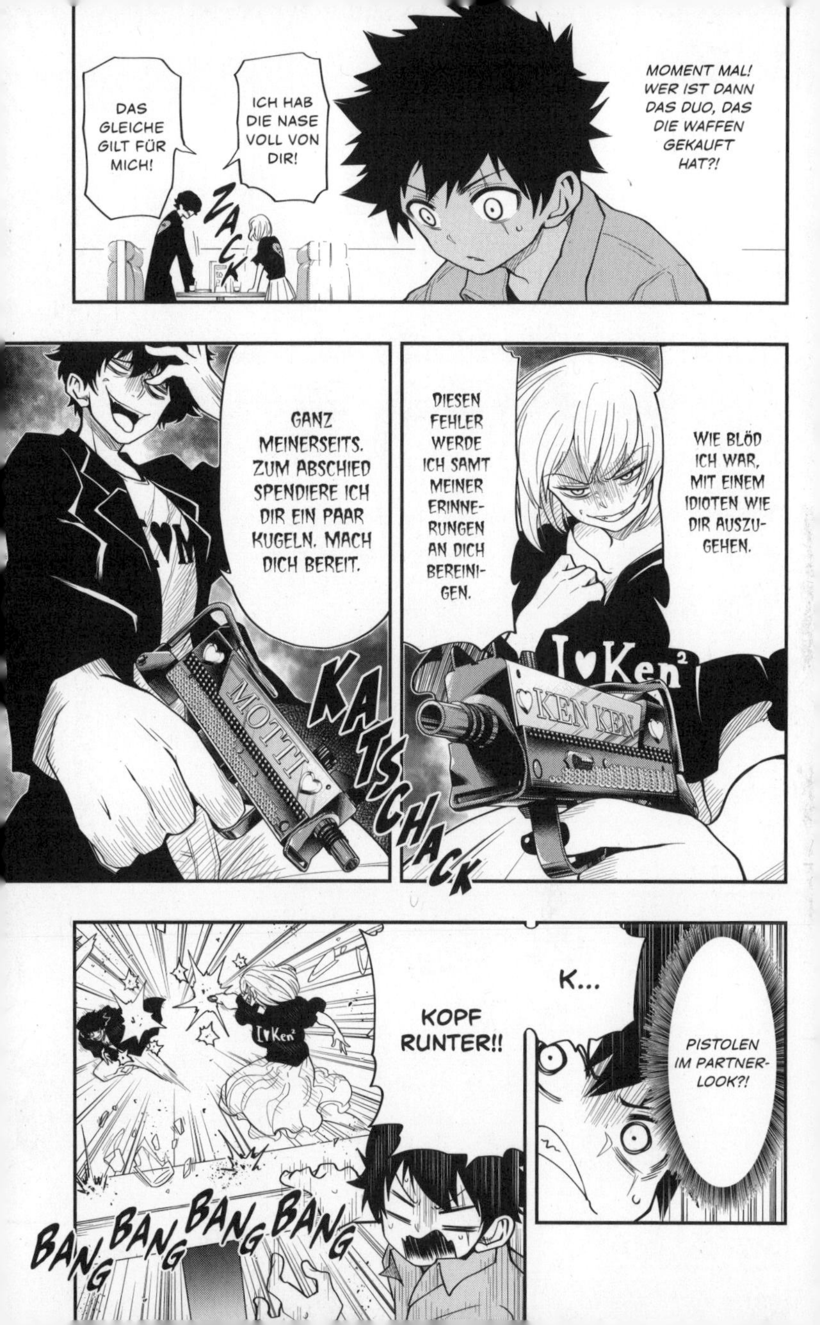
MOMENT MAL! WER IST DANN DAS DUO, DAS DIE WAFFEN GEKAUFT HAT?!
ICH HAB DIE NASE VOLL VON DIR!
DAS GLEICHE GILT FÜR MICH!
ZACK
WIE BLÖD ICH WAR, MIT EINEM IDIOTEN WIE DIR AUSZUGEHEN.
DIESEN FEHLER WERDE ICH SAMT MEINER ERINNERUNGEN AN DICH BEREINIGEN.
I♥Ken²
KEN KEN
GANZ MEINERSEITS. ZUM ABSCHIED SPENDIERE ICH DIR EIN PAAR KUGELN. MACH DICH BEREIT.
MOTTI
KATSCHACK
PISTOLEN IM PARTNER-LOOK?!
K...
KOPF RUNTER!!
I♥Ken²
BANG BANG BANG BANG

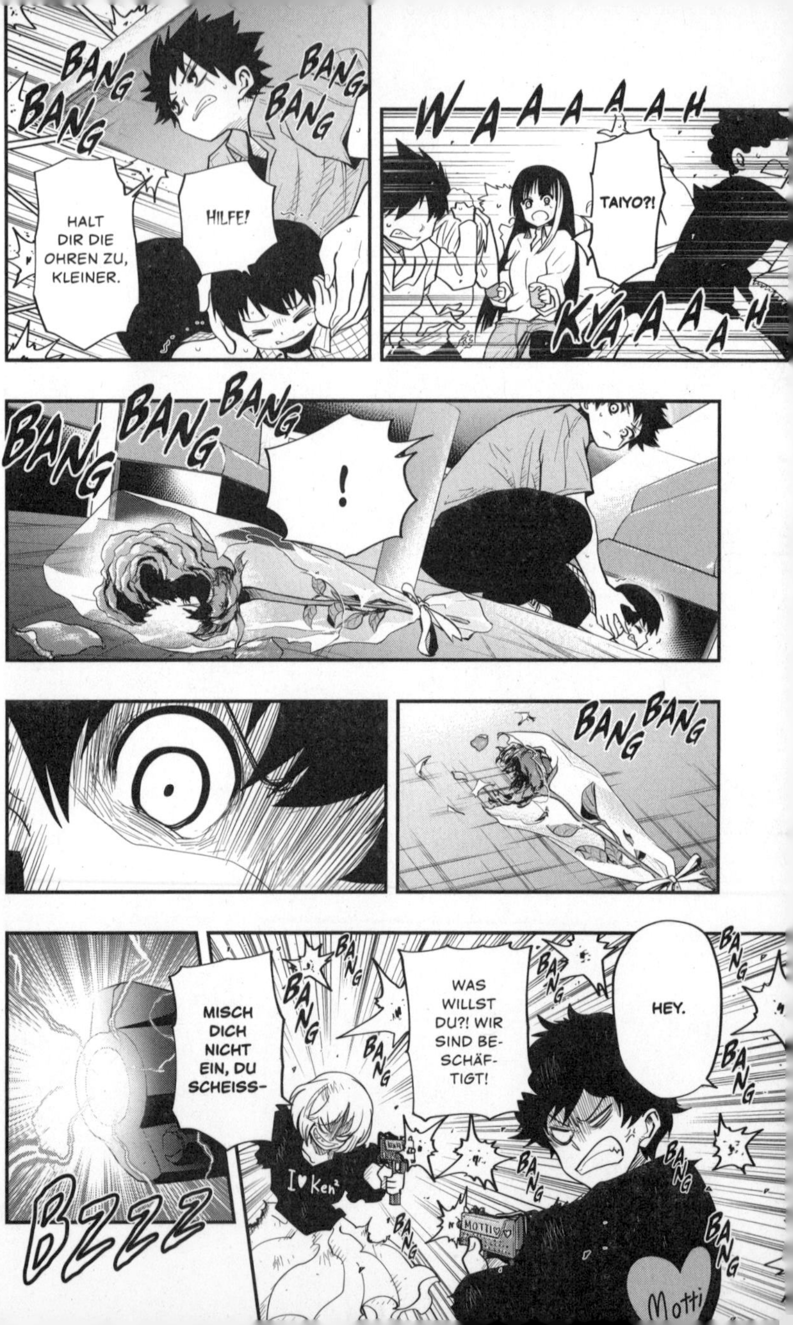
WAAAAAAH
TAIYO?!
KYAAAAH
BANG BANG
BANG BANG
HILFE!
HALT DIR DIE OHREN ZU, KLEINER.
BANG BANG BANG
!
BANG BANG
HEY.
BANG BANG
WAS WILLST DU?! WIR SIND BESCHÄFTIGT!
BANG BANG
MISCH DICH NICHT EIN, DU SCHEISS-
I ♥ Ken²
MOTTI♡
Motti
BZZZ

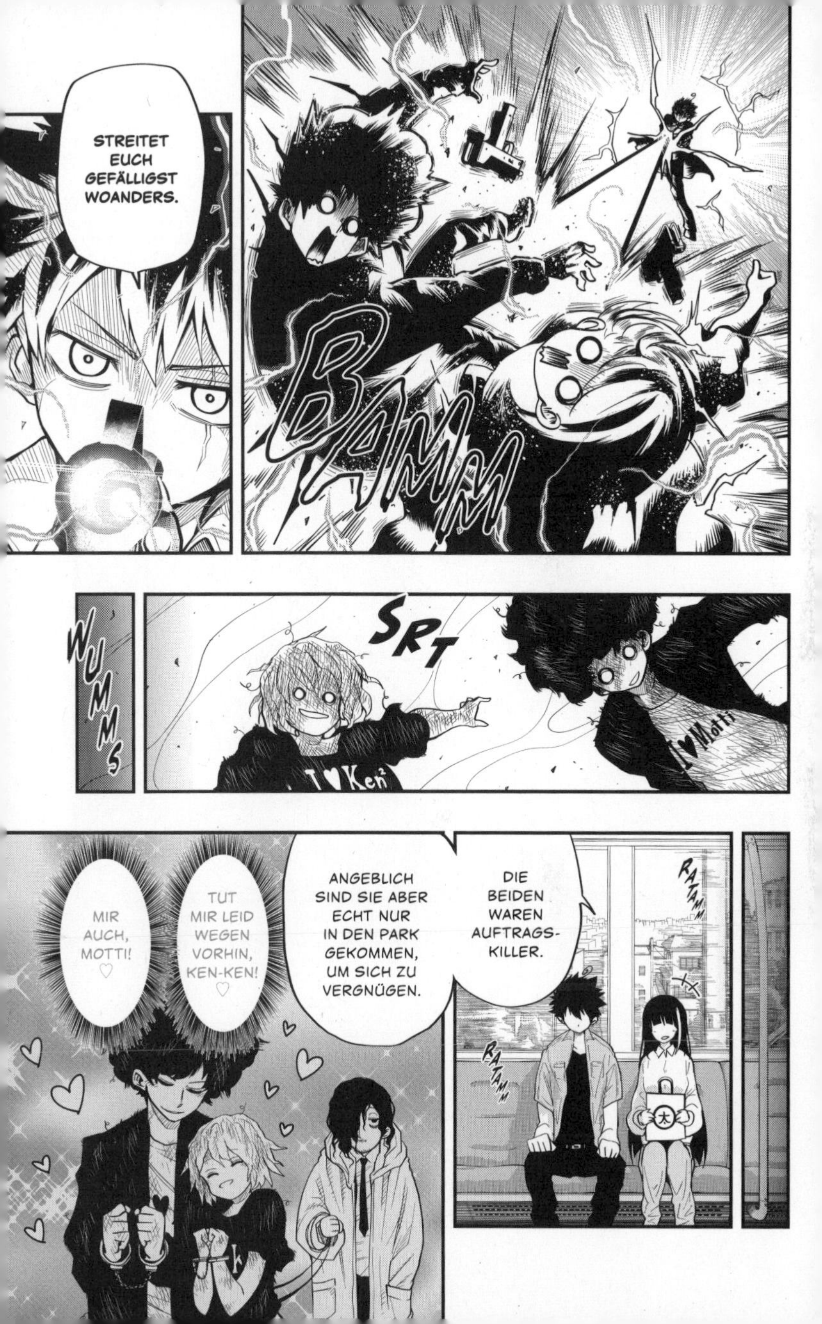
BAMM
STREITET EUCH GEFÄLLIGST WOANDERS.
SRT
I ♥ Motti
I ♥ Ken²
WUMMS
RATAMM
DIE BEIDEN WAREN AUFTRAGS-KILLER.
ANGEBLICH SIND SIE ABER ECHT NUR IN DEN PARK GEKOMMEN, UM SICH ZU VERGNÜGEN.
RATAMM
TUT MIR LEID WEGEN VORHIN, KEN-KEN! ♡
MIR AUCH, MOTTI! ♡

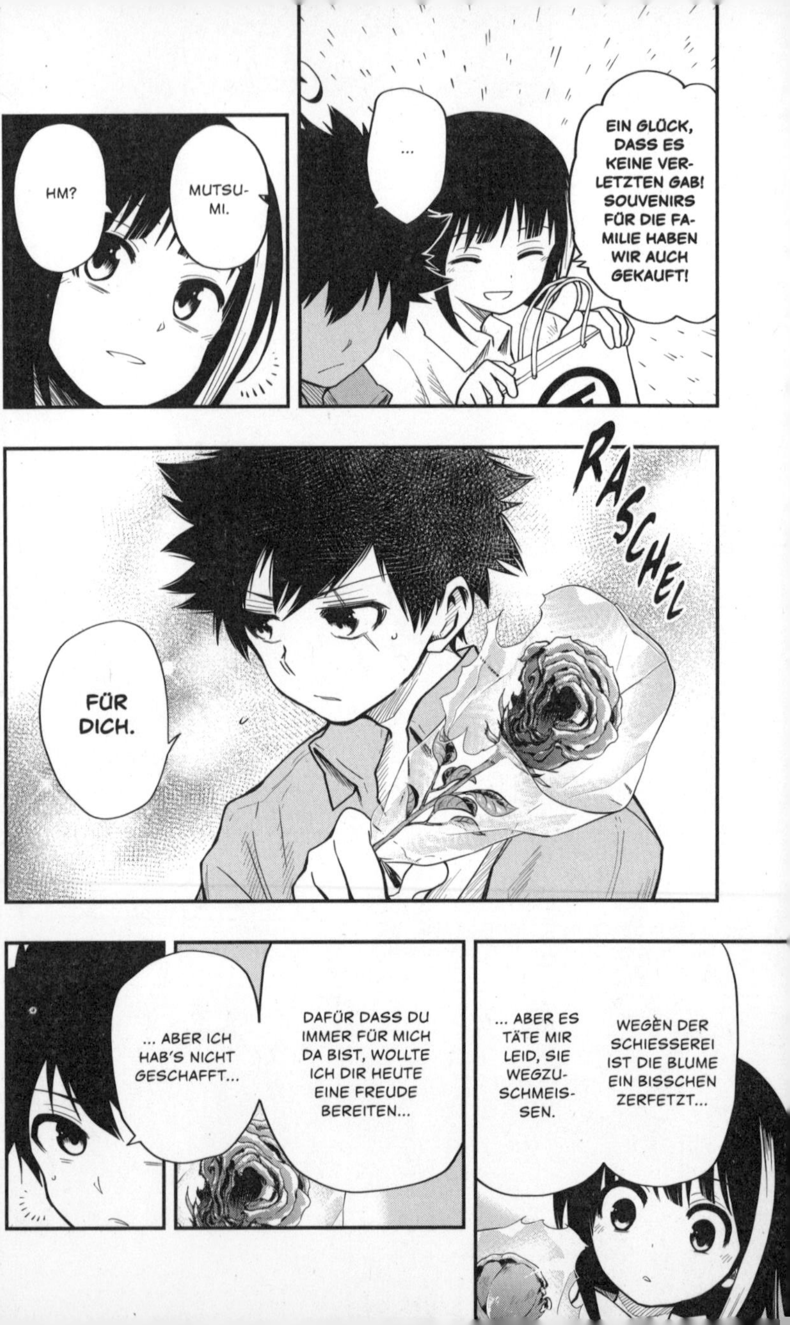
EIN GLÜCK, DASS ES KEINE VERLETZTEN GAB! SOUVENIRS FÜR DIE FAMILIE HABEN WIR AUCH GEKAUFT!
...
MUTSUMI.
HM?
RASCHEL
FÜR DICH.
WEGEN DER SCHIESSEREI IST DIE BLUME EIN BISSCHEN ZERFETZT...
... ABER ES TÄTE MIR LEID, SIE WEGZUSCHMEISSEN.
DAFÜR DASS DU IMMER FÜR MICH DA BIST, WOLLTE ICH DIR HEUTE EINE FREUDE BEREITEN...
... ABER ICH HAB'S NICHT GESCHAFFT...

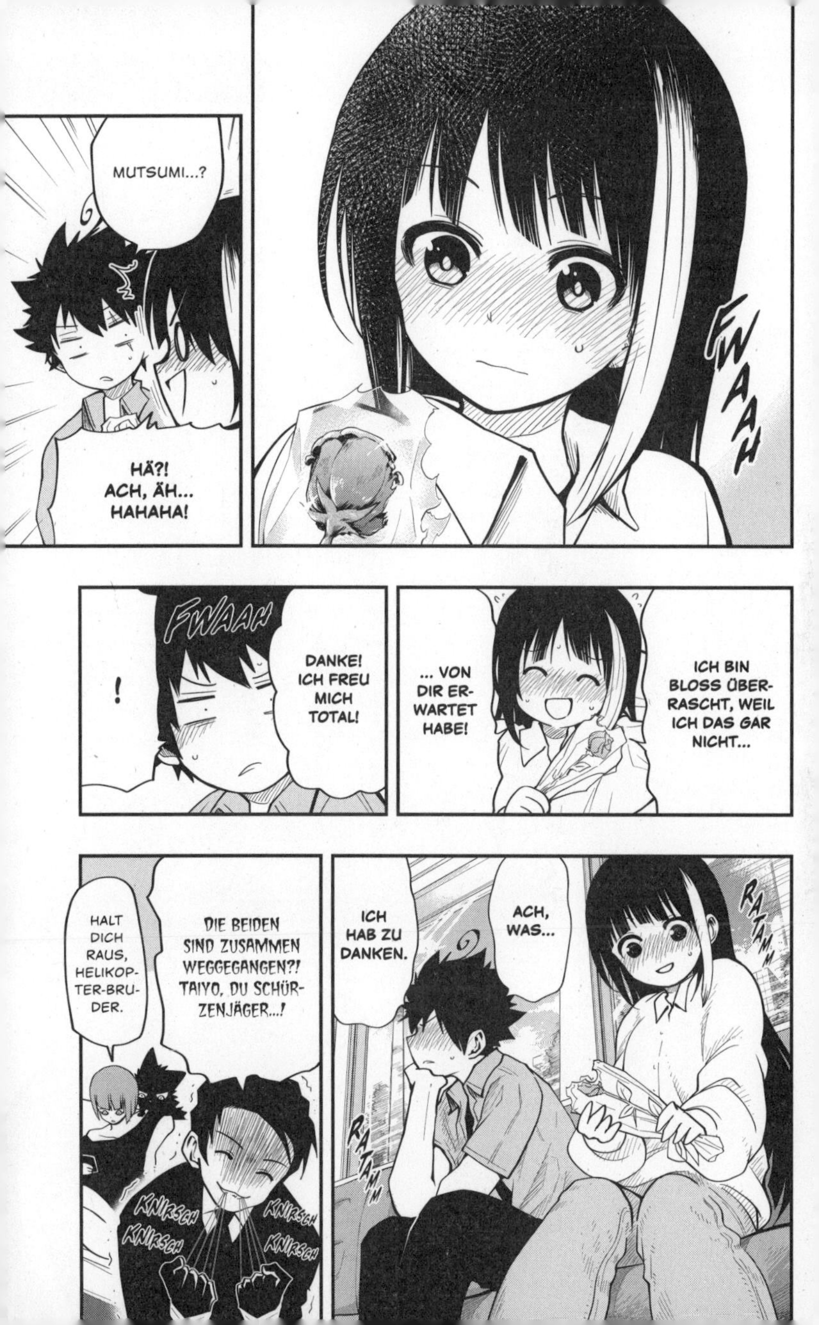

FWAAH
MUTSUMI...?
HÄ?! ACH, ÄH... HAHAHA!
ICH BIN BLOSS ÜBERRASCHT, WEIL ICH DAS GAR NICHT...
... VON DIR ERWARTET HABE!
DANKE! ICH FREU MICH TOTAL!
FWAAH
!
RATAMM
ACH, WAS...
ICH HAB ZU DANKEN.
RATAMM
DIE BEIDEN SIND ZUSAMMEN WEGGEGANGEN?! TAIYO, DU SCHÜRZENJÄGER...!
HALT DICH RAUS, HELIKOPTER-BRUDER.
KNIRSCH KNIRSCH KNIRSCH KNIRSCH

~ Das Verhör der Liebenden ~

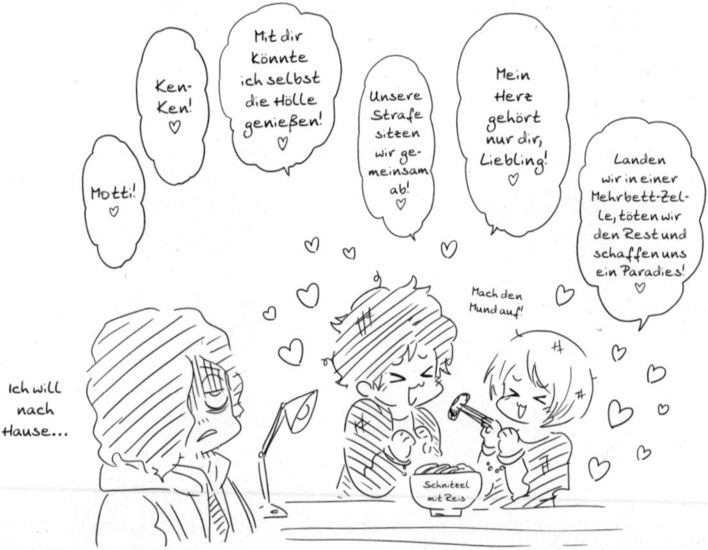

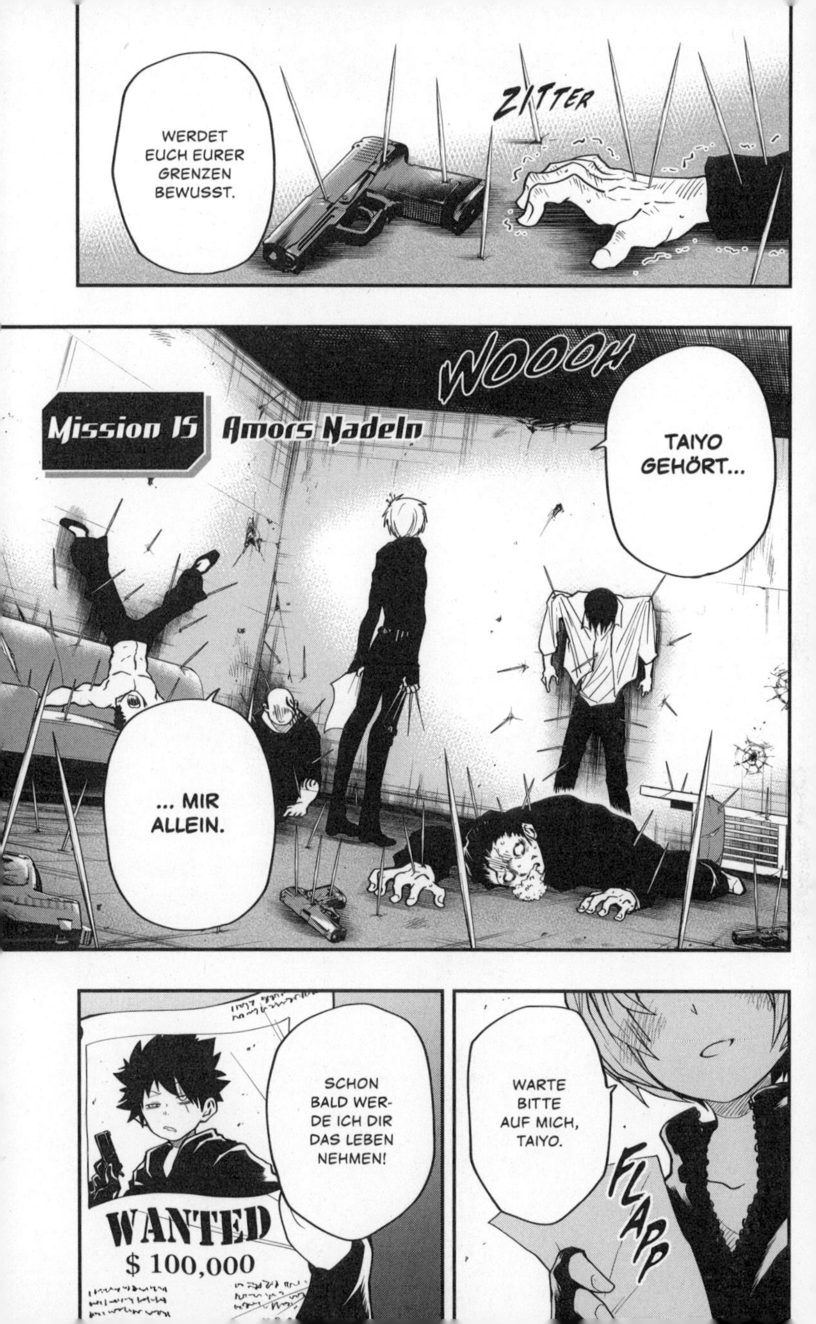
WERDET EUCH EURER GRENZEN BEWUSST.
ZITTER
Mission 15
Amors Nadeln
WOOOH
TAIYO GEHÖRT...
... MIR ALLEIN.
WANTED
$ 100,000
SCHON BALD WER-DE ICH DIR DAS LEBEN NEHMEN!
WARTE BITTE AUF MICH, TAIYO.
FLAPP

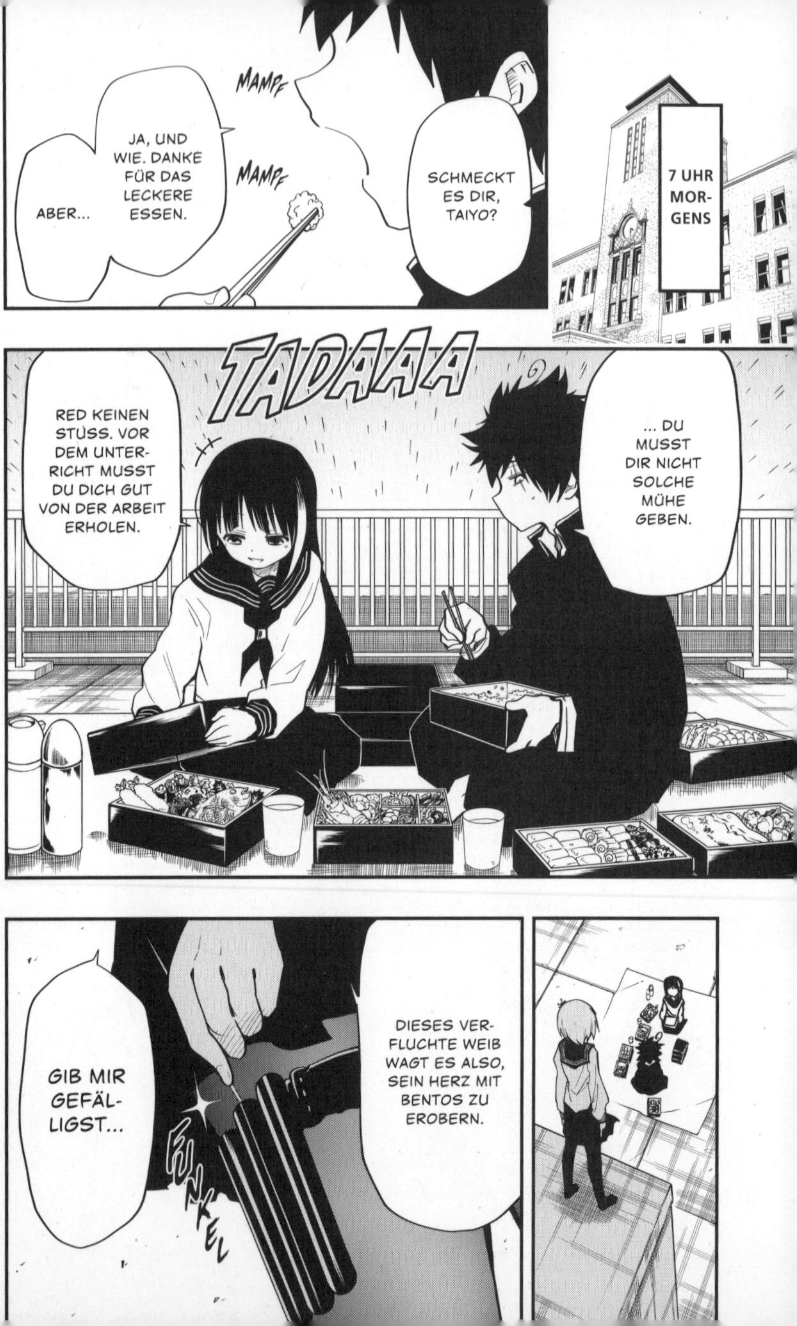
7 UHR MORGENS
SCHMECKT ES DIR, TAIYO?
MAMPF
MAMPF
JA, UND WIE. DANKE FÜR DAS LECKERE ESSEN.
ABER...
TADAAA
... DU MUSST DIR NICHT SOLCHE MÜHE GEBEN.
RED KEINEN STUSS. VOR DEM UNTERRICHT MUSST DU DICH GUT VON DER ARBEIT ERHOLEN.
DIESES VERFLUCHTE WEIB WAGT ES ALSO, SEIN HERZ MIT BENTOS ZU EROBERN.
FUNKEL
GIB MIR GEFÄLLIGST...

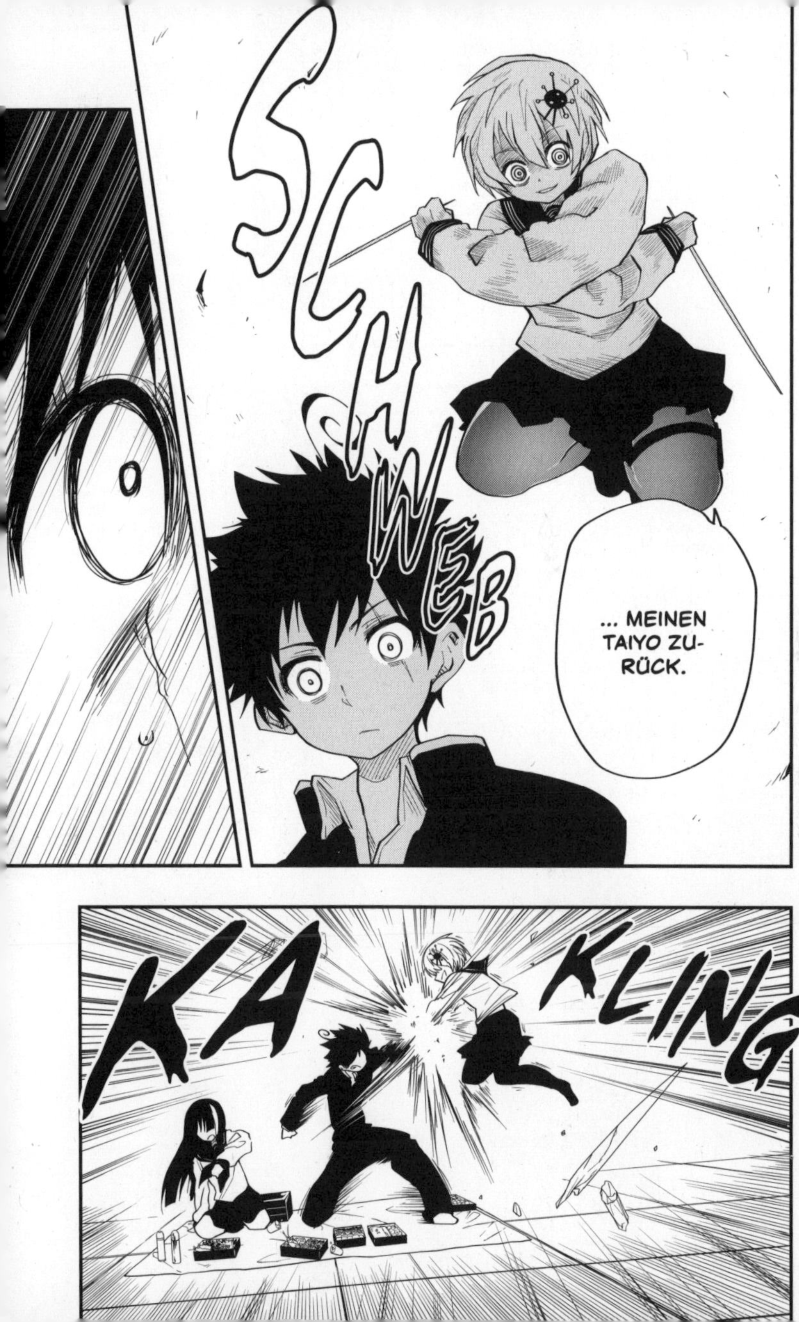
SCHWEB
... MEINEN TAIYO ZURÜCK.
KA KLING

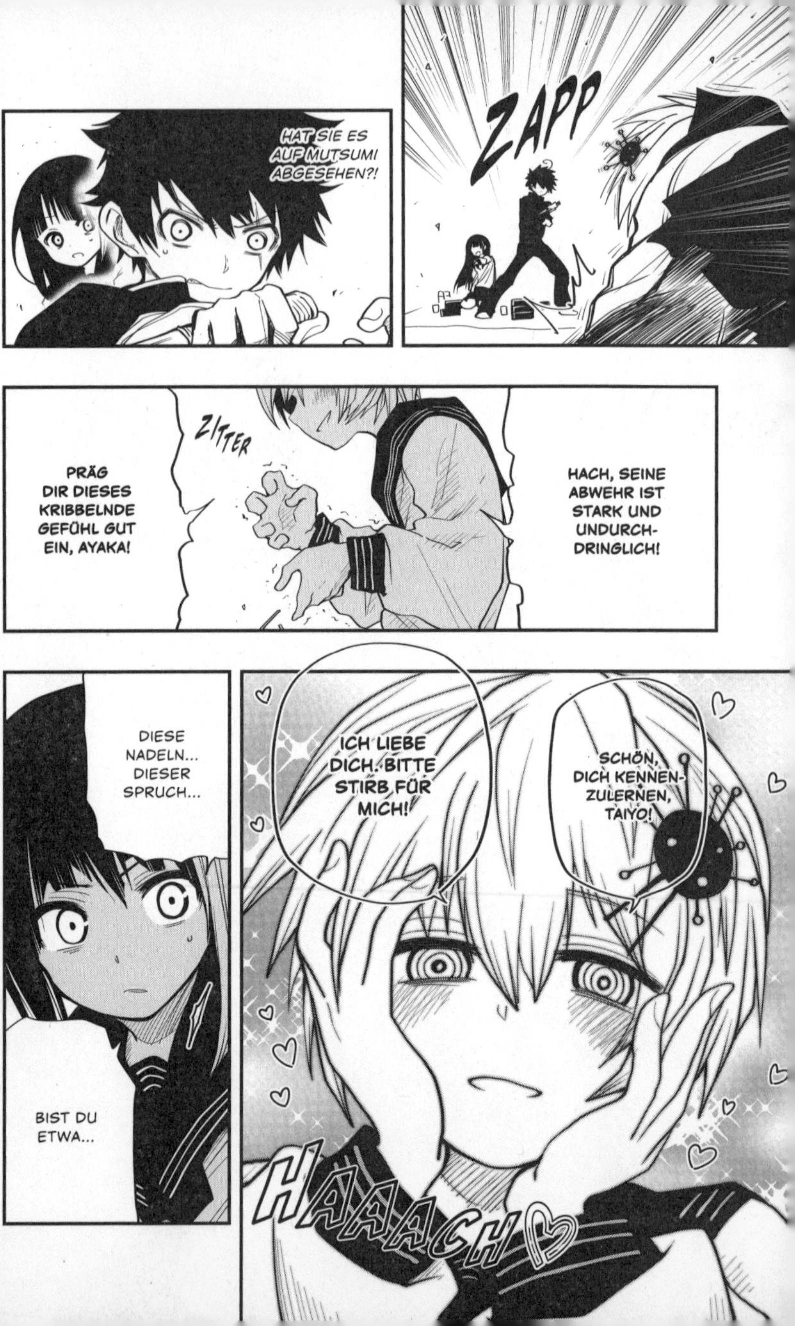
ZAPP
HAT SIE ES AUF MUTSUMI ABGESEHEN?!
HACH, SEINE ABWEHR IST STARK UND UNDURCH-DRINGLICH!
ZITTER
PRÄG DIR DIESES KRIBBELNDE GEFÜHL GUT EIN, AYAKA!
SCHÖN, DICH KENNEN-ZULERNEN, TAIYO!
ICH LIEBE DICH. BITTE STIRB FÜR MICH!
HAAACH
DIESE NADELN... DIESER SPRUCH...
BIST DU ETWA...

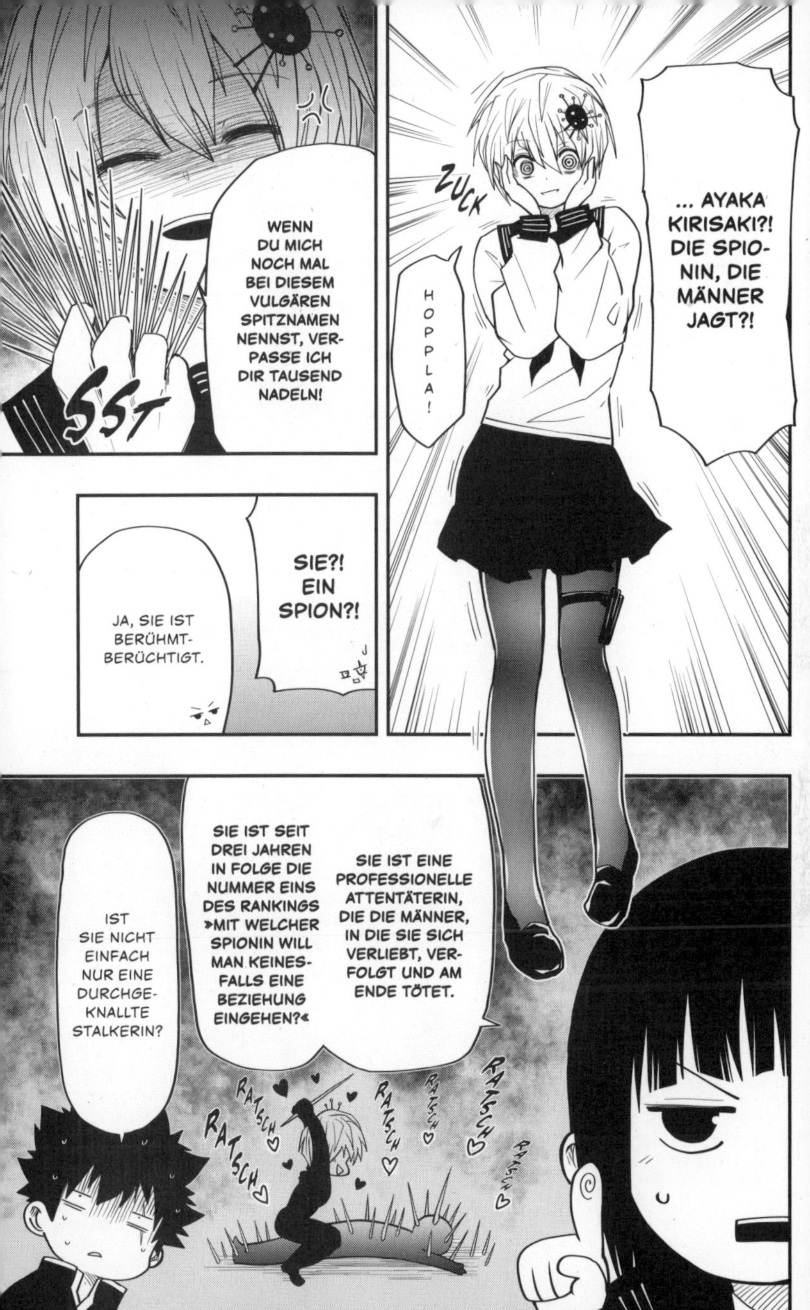
... AYAKA KIRISAKI?! DIE SPIONIN, DIE MÄNNER JAGT?!
ZUCK
HOPPLA!
WENN DU MICH NOCH MAL BEI DIESEM VULGÄREN SPITZNAMEN NENNST, VERPASSE ICH DIR TAUSEND NADELN!
SST
SIE?! EIN SPION?!
JA, SIE IST BERÜHMT-BERÜCHTIGT.
SIE IST EINE PROFESSIONELLE ATTENTÄTERIN, DIE DIE MÄNNER, IN DIE SIE SICH VERLIEBT, VERFOLGT UND AM ENDE TÖTET.
SIE IST SEIT DREI JAHREN IN FOLGE DIE NUMMER EINS DES RANKINGS »MIT WELCHER SPIONIN WILL MAN KEINESFALLS EINE BEZIEHUNG EINGEHEN?«
IST SIE NICHT EINFACH NUR EINE DURCHGEKNALLTE STALKERIN?
RATSCH RATSCH RATSCH RATSCH RATSCH RATSCH RATSCH

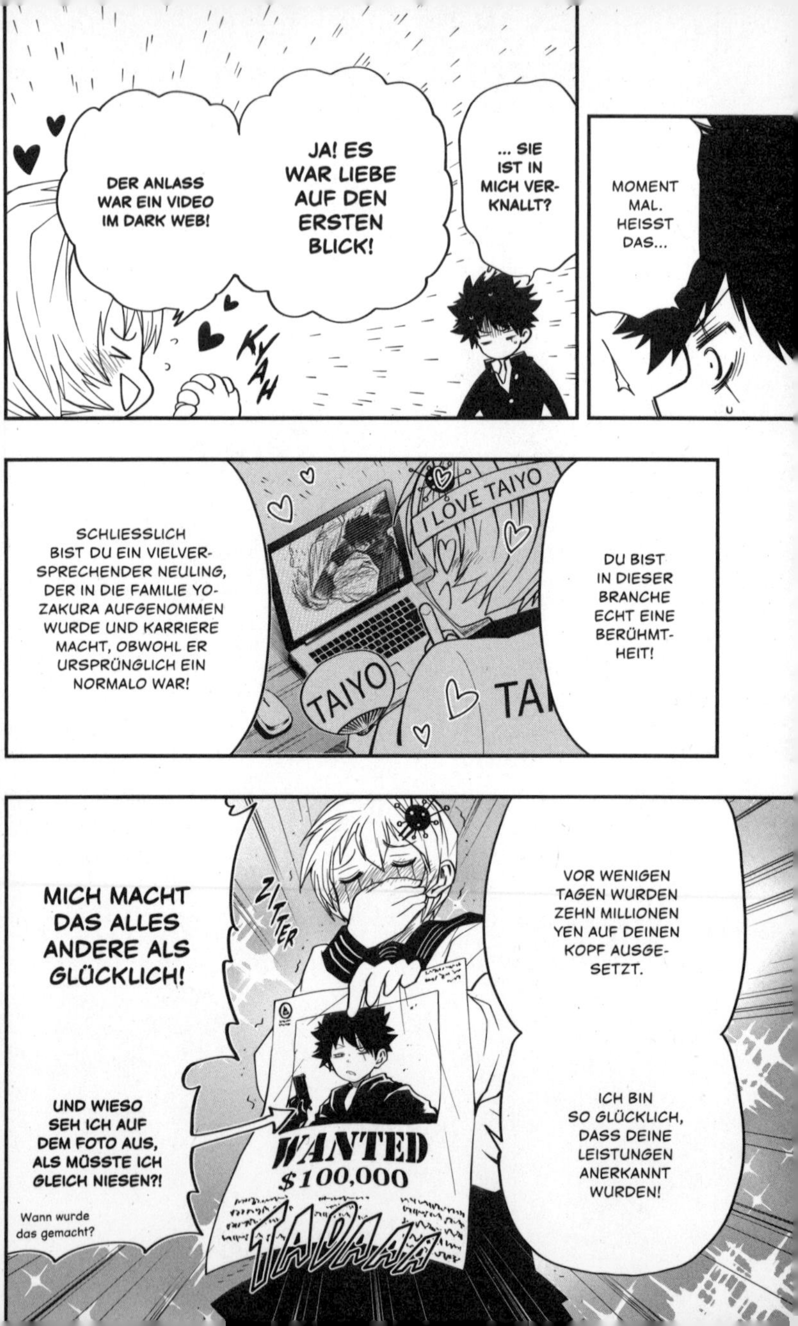

MOMENT MAL. HEISST DAS...
... SIE IST IN MICH VER-KNALLT?
JA! ES WAR LIEBE AUF DEN ERSTEN BLICK!
DER ANLASS WAR EIN VIDEO IM DARK WEB!
KYAAH
DU BIST IN DIESER BRANCHE ECHT EINE BERÜHMT-HEIT!
I LOVE TAIYO
TAIYO
SCHLIESSLICH BIST DU EIN VIELVER-SPRECHENDER NEULING, DER IN DIE FAMILIE YO-ZAKURA AUFGENOMMEN WURDE UND KARRIERE MACHT, OBWOHL ER URSPRÜNGLICH EIN NORMALO WAR!
VOR WENIGEN TAGEN WURDEN ZEHN MILLIONEN YEN AUF DEINEN KOPF AUSGE-SETZT.
ICH BIN SO GLÜCKLICH, DASS DEINE LEISTUNGEN ANERKANNT WURDEN!
ZITTER
WANTED
$100,000
TADAAA
MICH MACHT DAS ALLES ANDERE ALS GLÜCKLICH!
UND WIESO SEH ICH AUF DEM FOTO AUS, ALS MÜSSTE ICH GLEICH NIESEN?!
Wann wurde das gemacht?

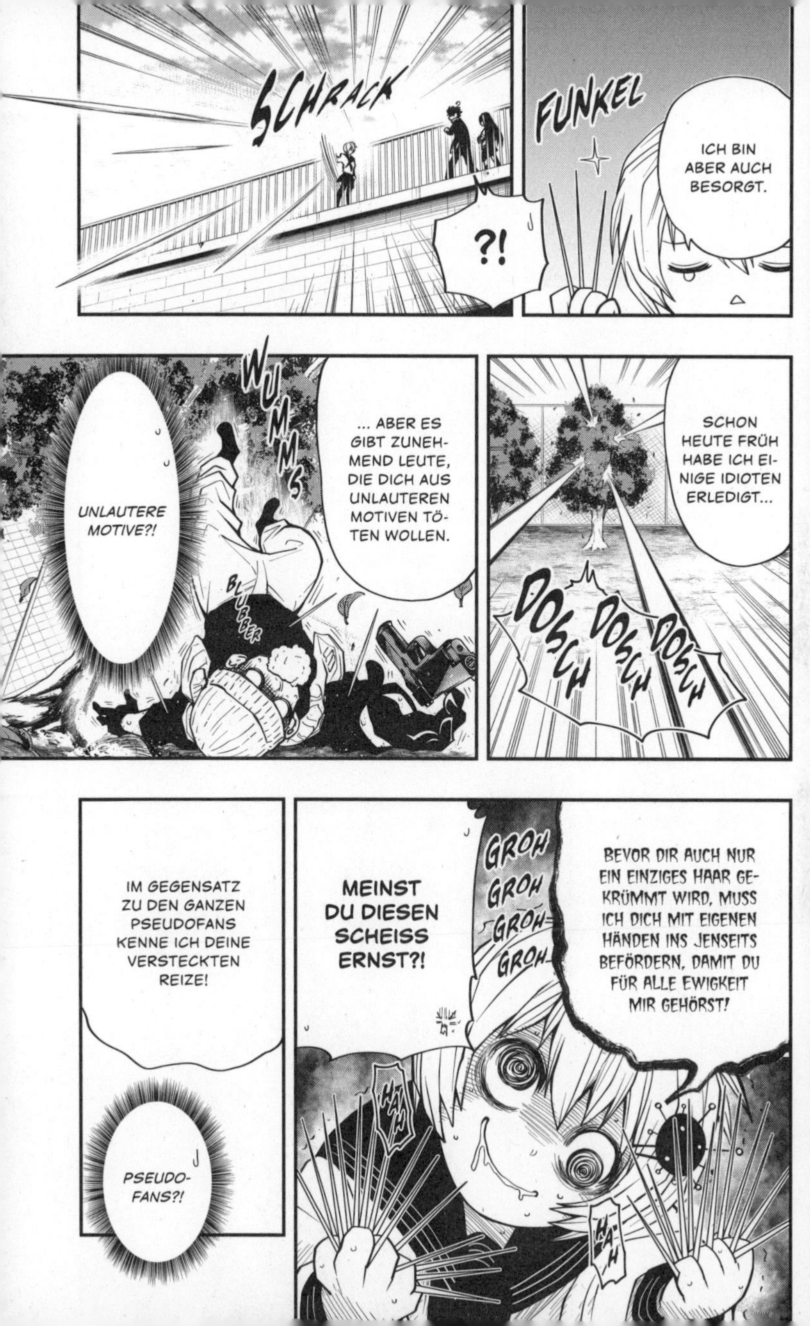
ICH BIN ABER AUCH BESORGT.
FUNKEL
?!
SCHRACK
SCHON HEUTE FRÜH HABE ICH EINIGE IDIOTEN ERLEDIGT...
DOSCH DOSCH DOSCH
... ABER ES GIBT ZUNEHMEND LEUTE, DIE DICH AUS UNLAUTEREN MOTIVEN TÖTEN WOLLEN.
WUMMS
BLUBBER
UNLAUTERE MOTIVE?!
BEVOR DIR AUCH NUR EIN EINZIGES HAAR GEKRÜMMT WIRD, MUSS ICH DICH MIT EIGENEN HÄNDEN INS JENSEITS BEFÖRDERN, DAMIT DU FÜR ALLE EWIGKEIT MIR GEHÖRST!
GROH GROH GROH GROH
MEINST DU DIESEN SCHEISS ERNST?!
HAH
HAH
IM GEGENSATZ ZU DEN GANZEN PSEUDOFANS KENNE ICH DEINE VERSTECKTEN REIZE!
PSEUDOFANS?!

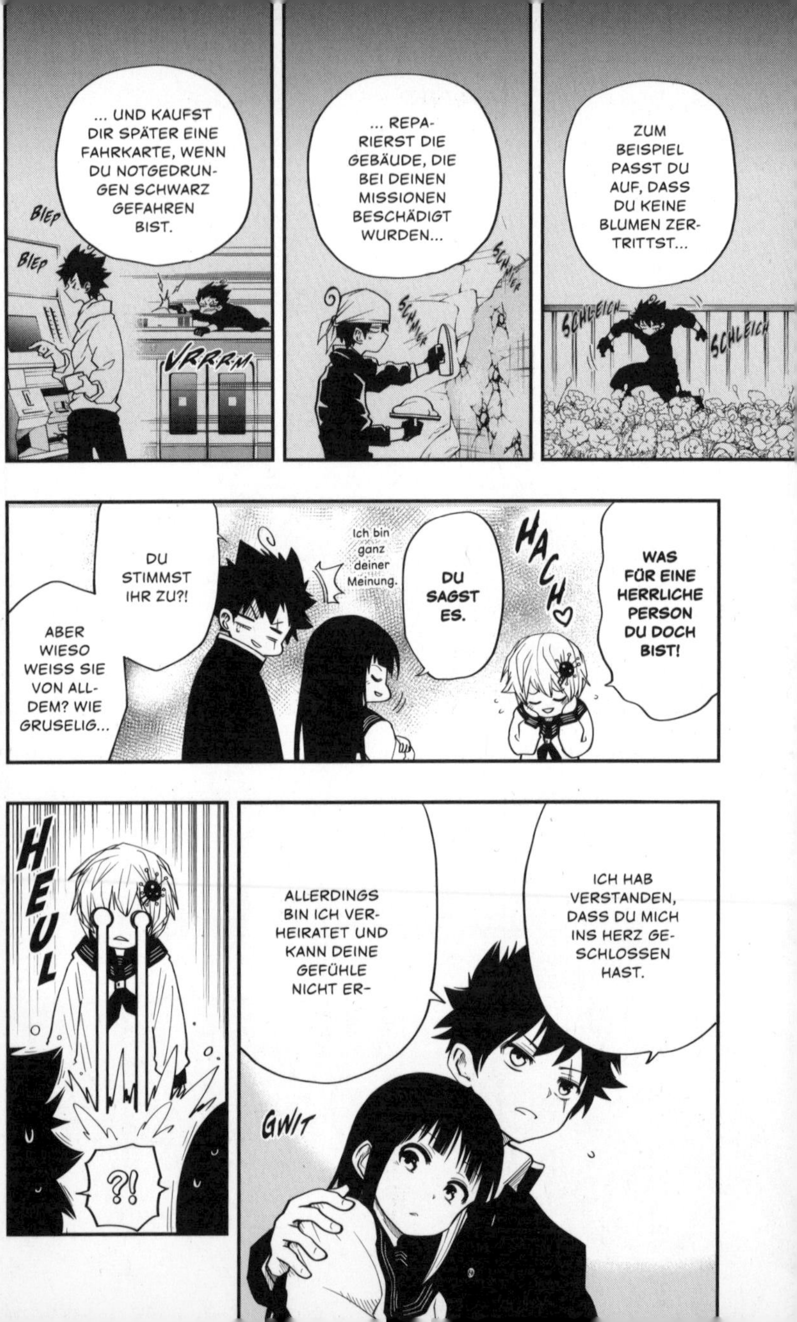
ZUM BEISPIEL PASST DU AUF, DASS DU KEINE BLUMEN ZERTRITTST...
SCHLEICH
SCHLEICH
... REPARIERST DIE GEBÄUDE, DIE BEI DEINEN MISSIONEN BESCHÄDIGT WURDEN...
SCHMIER
SCHMIER
... UND KAUFST DIR SPÄTER EINE FAHRKARTE, WENN DU NOTGEDRUNGEN SCHWARZ GEFAHREN BIST.
BIEP
BIEP
VRRRM
WAS FÜR EINE HERRLICHE PERSON DU DOCH BIST!
HACH
DU SAGST ES.
Ich bin ganz deiner Meinung.
DU STIMMST IHR ZU?!
ABER WIESO WEISS SIE VON ALLDEM? WIE GRUSELIG...
ICH HAB VERSTANDEN, DASS DU MICH INS HERZ GESCHLOSSEN HAST.
ALLERDINGS BIN ICH VERHEIRATET UND KANN DEINE GEFÜHLE NICHT ER-
GWIT
HEUL
?!

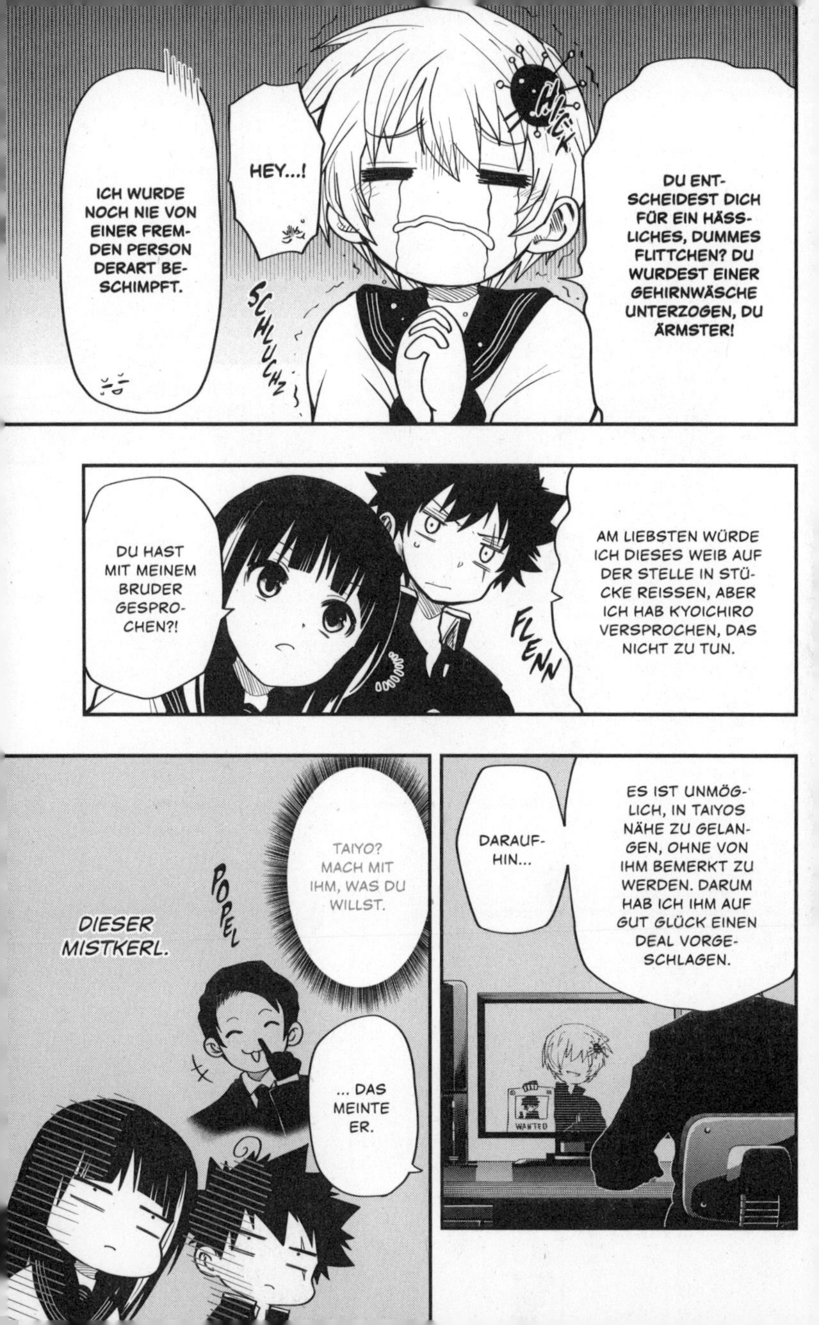

DU ENTSCHEIDEST DICH FÜR EIN HÄSSLICHES, DUMMES FLITTCHEN? DU WURDEST EINER GEHIRNWÄSCHE UNTERZOGEN, DU ÄRMSTER!
HEY...!
ICH WURDE NOCH NIE VON EINER FREMDEN PERSON DERART BESCHIMPFT.
SCHLUCHZ
AM LIEBSTEN WÜRDE ICH DIESES WEIB AUF DER STELLE IN STÜCKE REISSEN, ABER ICH HAB KYOICHIRO VERSPROCHEN, DAS NICHT ZU TUN.
FLENN
DU HAST MIT MEINEM BRUDER GESPROCHEN?!
ES IST UNMÖGLICH, IN TAIYOS NÄHE ZU GELANGEN, OHNE VON IHM BEMERKT ZU WERDEN. DARUM HAB ICH IHM AUF GUT GLÜCK EINEN DEAL VORGESCHLAGEN.
DARAUFHIN...
WANTED
TAIYO? MACH MIT IHM, WAS DU WILLST.
POPEL
... DAS MEINTE ER.
DIESER MISTKERL.

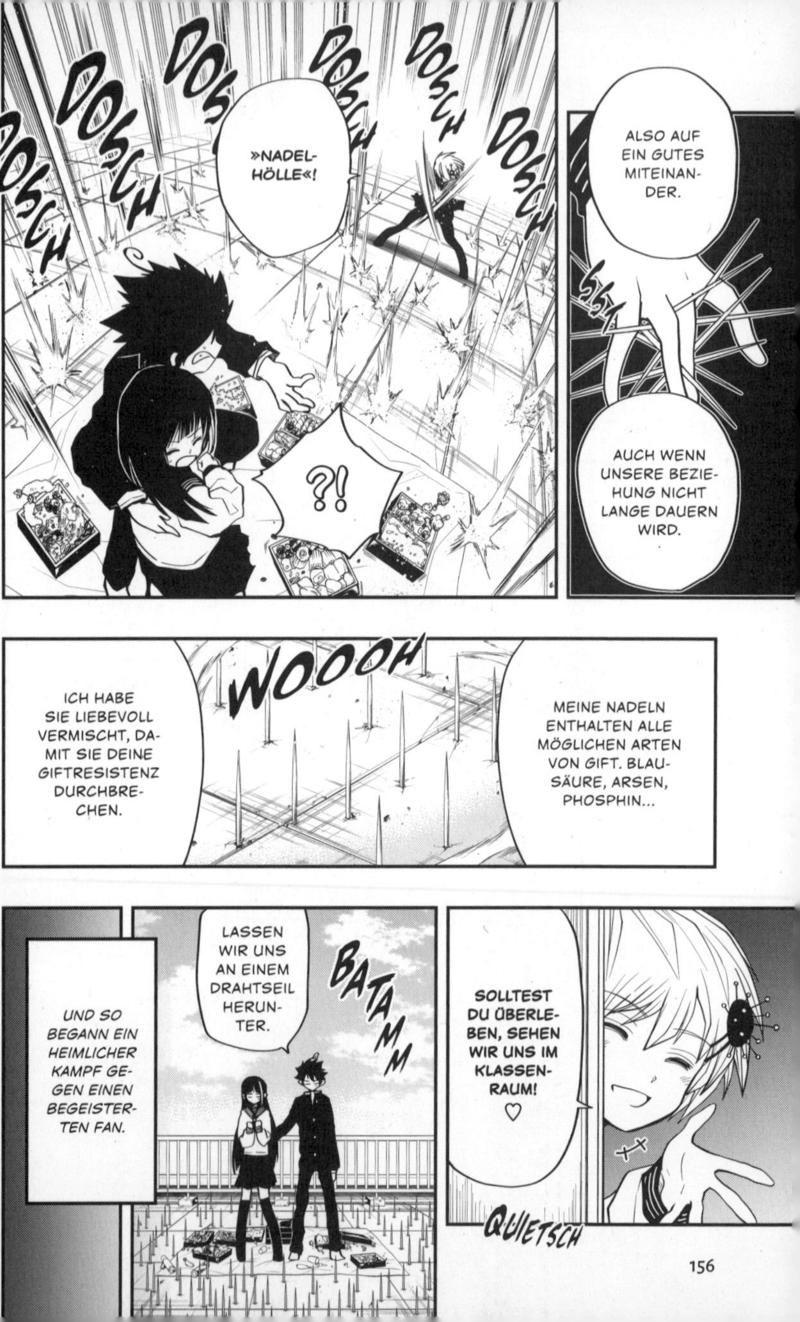
ALSO AUF EIN GUTES MITEINANDER.
AUCH WENN UNSERE BEZIEHUNG NICHT LANGE DAUERN WIRD.
SSS
DOSCH DOSCH
DOSCH
»NADEL-HÖLLE«!
DOSCH
DOSCH DOSCH DOSCH
?!
MEINE NADELN ENTHALTEN ALLE MÖGLICHEN ARTEN VON GIFT. BLAUSÄURE, ARSEN, PHOSPHIN…
WOOOH
ICH HABE SIE LIEBEVOLL VERMISCHT, DAMIT SIE DEINE GIFTRESISTENZ DURCHBRECHEN.
SOLLTEST DU ÜBERLEBEN, SEHEN WIR UNS IM KLASSENRAUM! ♡
QUIETSCH
LASSEN WIR UNS AN EINEM DRAHTSEIL HERUNTER.
BATAMM
UND SO BEGANN EIN HEIMLICHER KAMPF GEGEN EINEN BEGEISTERTEN FAN.

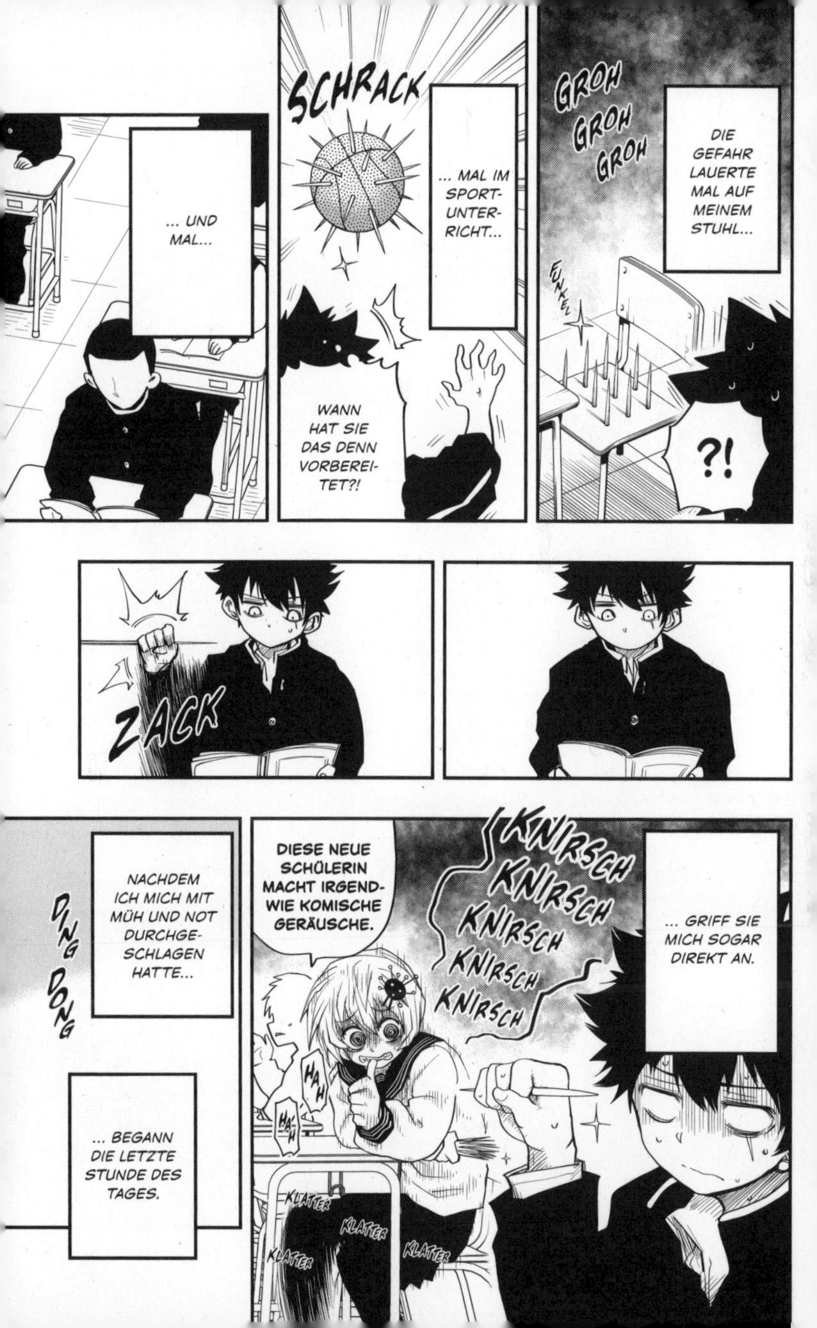
GROH GROH GROH
DIE GEFAHR LAUERTE MAL AUF MEINEM STUHL...
FUNKEL
?!
SCHRACK
... MAL IM SPORT-UNTERRICHT...
WANN HAT SIE DAS DENN VORBEREI-TET?!
... UND MAL...
ZACK
NACHDEM ICH MICH MIT MÜH UND NOT DURCHGE-SCHLAGEN HATTE...
DING DONG
... BEGANN DIE LETZTE STUNDE DES TAGES.
... GRIFF SIE MICH SOGAR DIREKT AN.
KNIRSCH KNIRSCH KNIRSCH KNIRSCH KNIRSCH
DIESE NEUE SCHÜLERIN MACHT IRGEND-WIE KOMISCHE GERÄUSCHE.
HAH HAH
KLATTER KLATTER KLATTER KLATTER

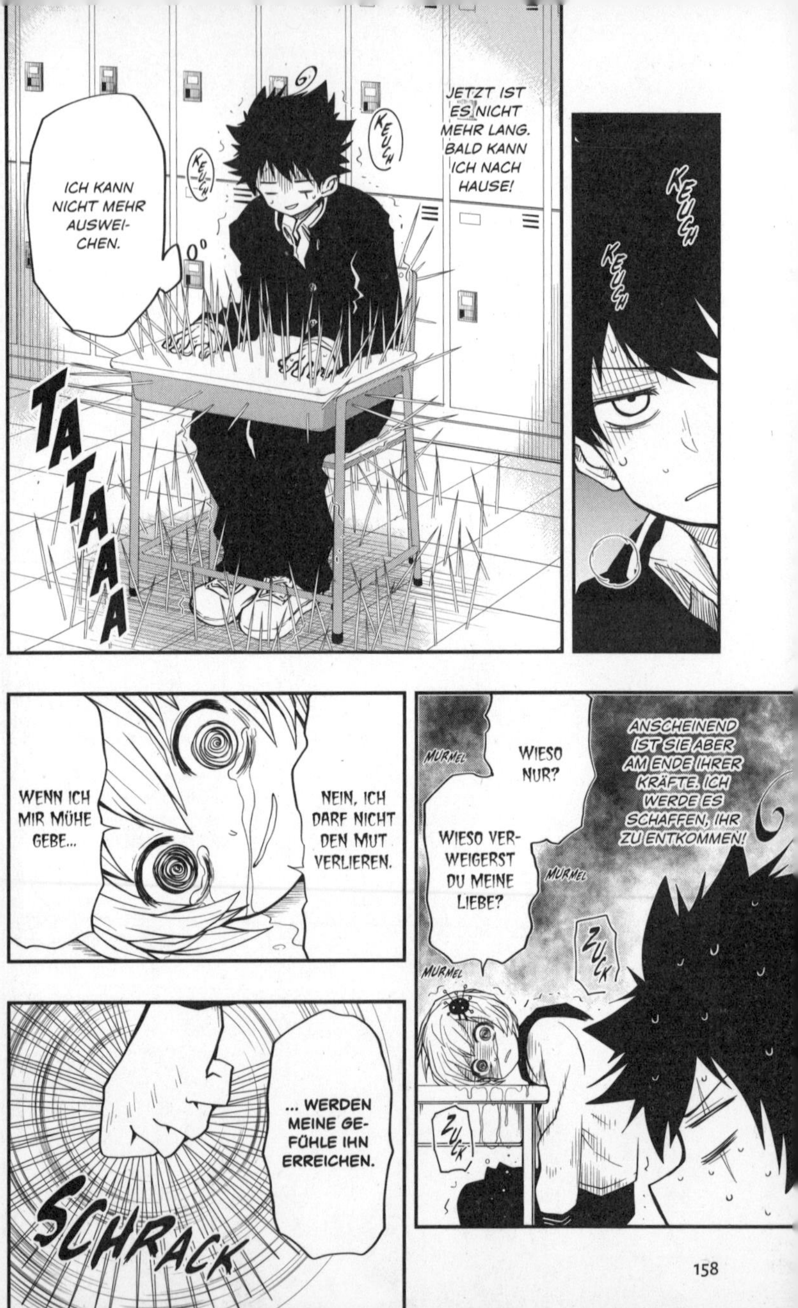
KEUCH
KEUCH
JETZT IST ES NICHT MEHR LANG. BALD KANN ICH NACH HAUSE!
KEUCH
KEUCH
ICH KANN NICHT MEHR AUSWEI-CHEN.
TATAAA
ANSCHEINEND IST SIE ABER AM ENDE IHRER KRÄFTE. ICH WERDE ES SCHAFFEN, IHR ZU ENTKOMMEN!
MURMEL
WIESO NUR?
WIESO VER-WEIGERST DU MEINE LIEBE?
MURMEL
MURMEL
ZUCK
ZUCK
NEIN, ICH DARF NICHT DEN MUT VERLIEREN.
WENN ICH MIR MÜHE GEBE...
... WERDEN MEINE GE-FÜHLE IHN ERREICHEN.
SCHRACK

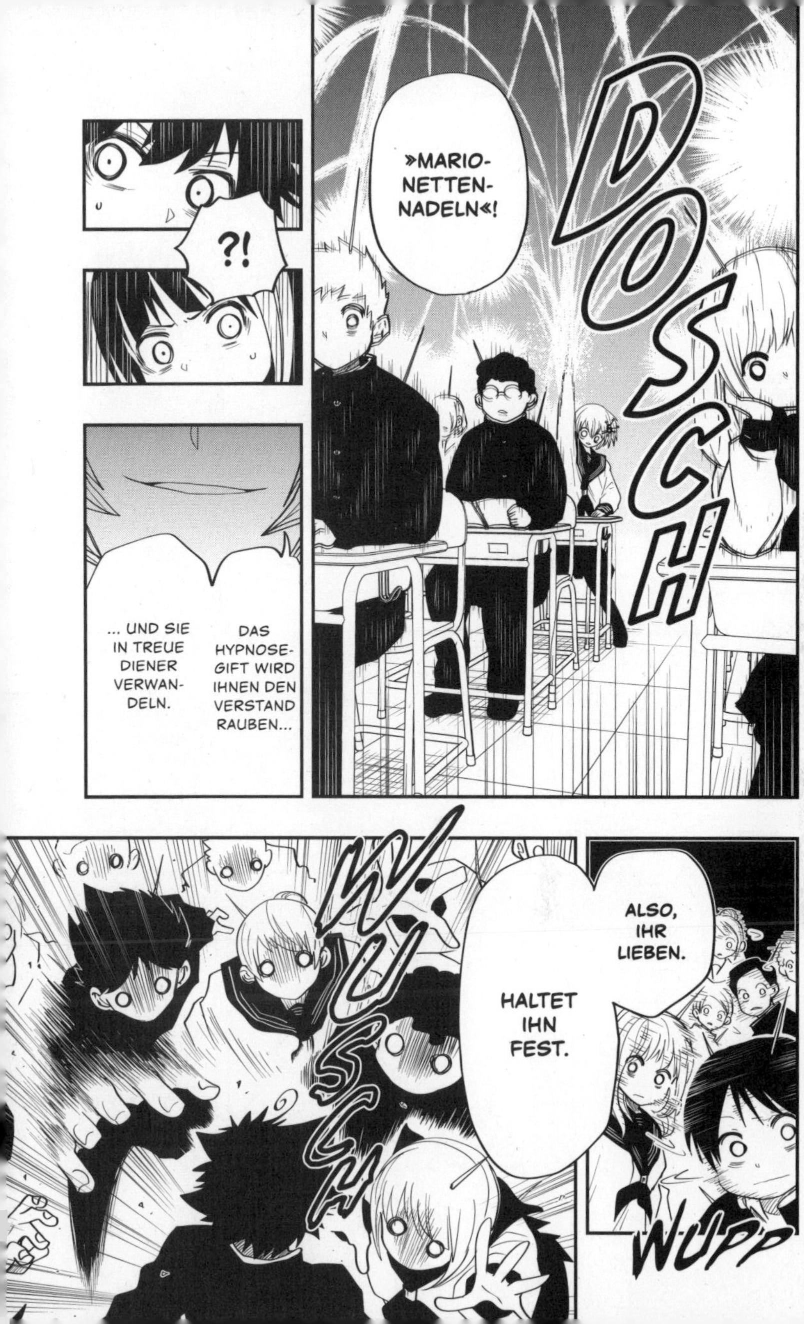
»MARIO-NETTEN-NADELN«!
DOSCH
?!
DAS HYPNOSE-GIFT WIRD IHNEN DEN VERSTAND RAUBEN...
... UND SIE IN TREUE DIENER VERWAN-DELN.
ALSO, IHR LIEBEN.
HALTET IHN FEST.
WUPP
WUSCH

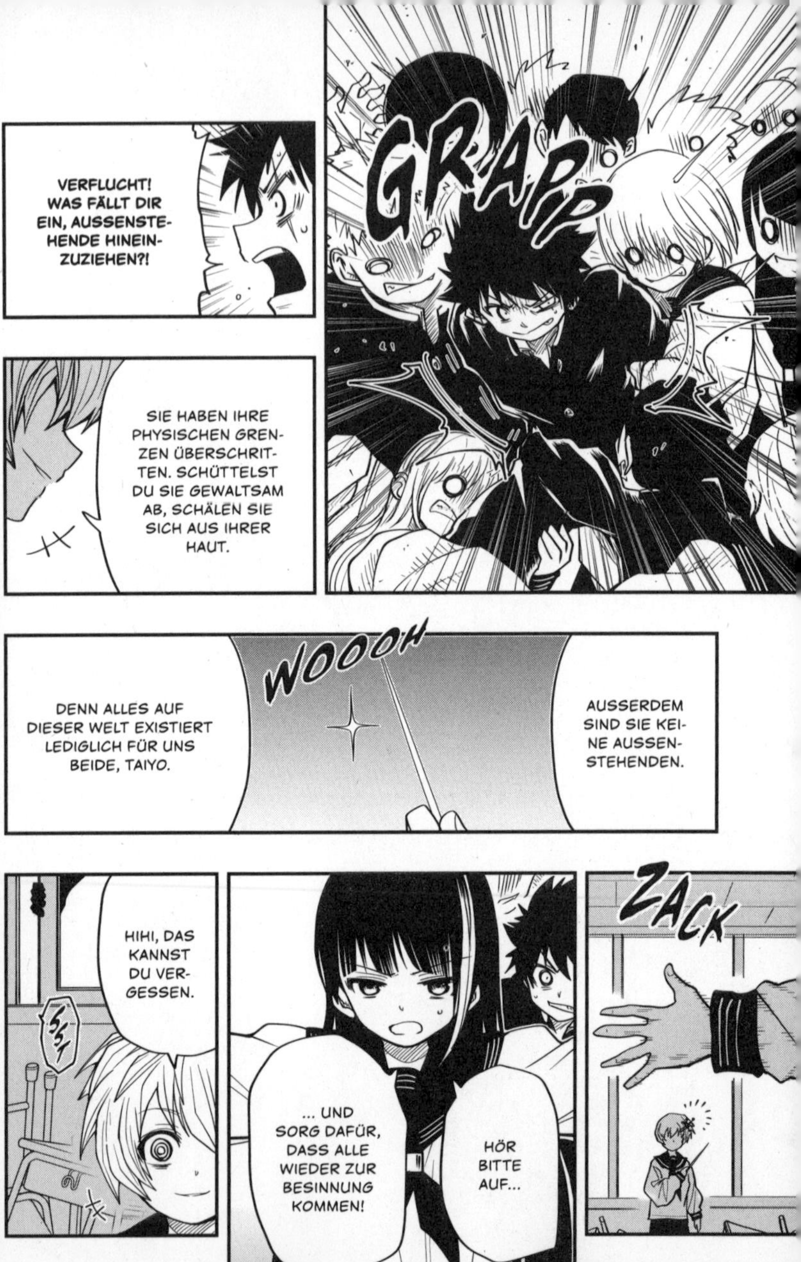
GRAPP
VERFLUCHT! WAS FÄLLT DIR EIN, AUSSENSTE-HENDE HINEIN-ZUZIEHEN?!
SIE HABEN IHRE PHYSISCHEN GREN-ZEN ÜBERSCHRIT-TEN. SCHÜTTELST DU SIE GEWALTSAM AB, SCHÄLEN SIE SICH AUS IHRER HAUT.
AUSSERDEM SIND SIE KEI-NE AUSSEN-STEHENDEN.
WOOOH
DENN ALLES AUF DIESER WELT EXISTIERT LEDIGLICH FÜR UNS BEIDE, TAIYO.
ZACK
HÖR BITTE AUF...
... UND SORG DAFÜR, DASS ALLE WIEDER ZUR BESINNUNG KOMMEN!
HIHI, DAS KANNST DU VERGESSEN.

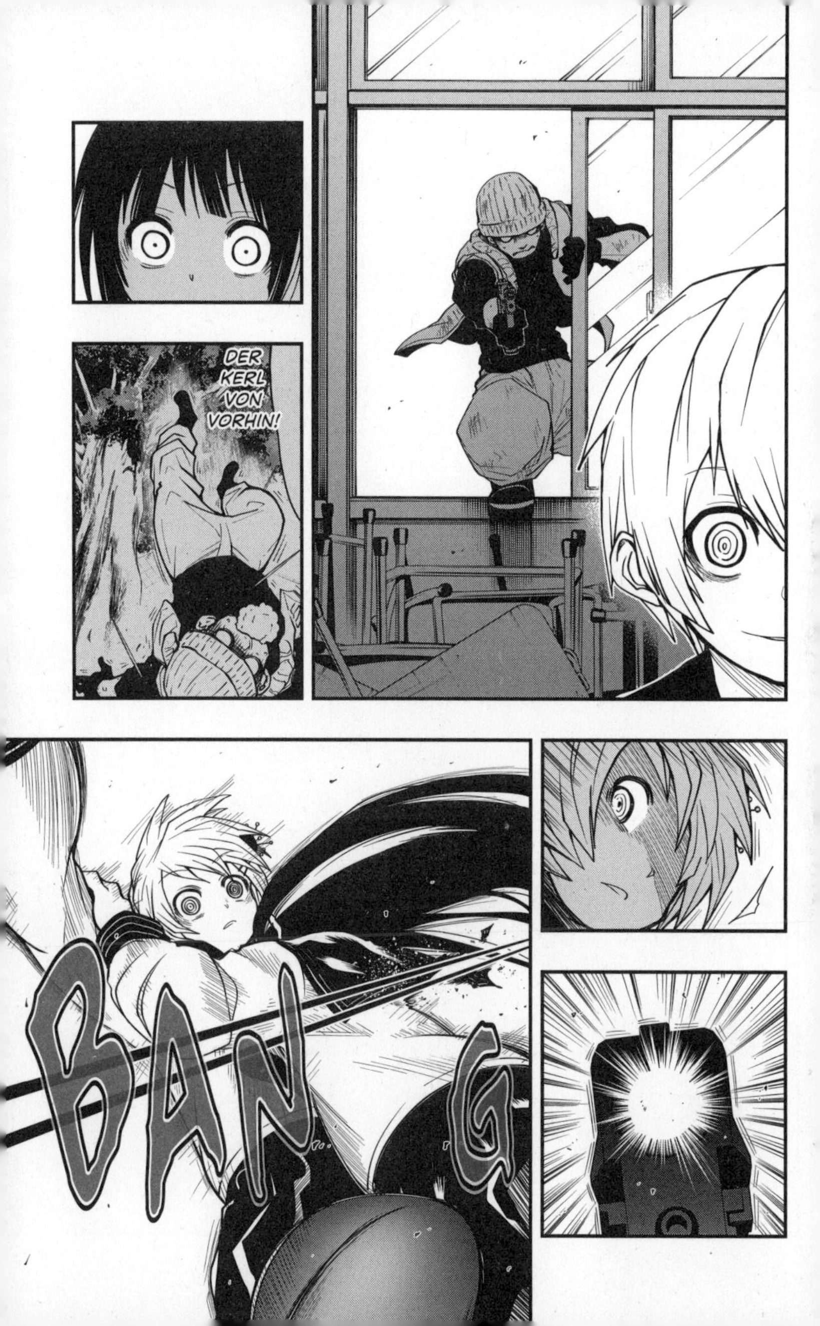
DER KERL VON VORHIN!
BANG

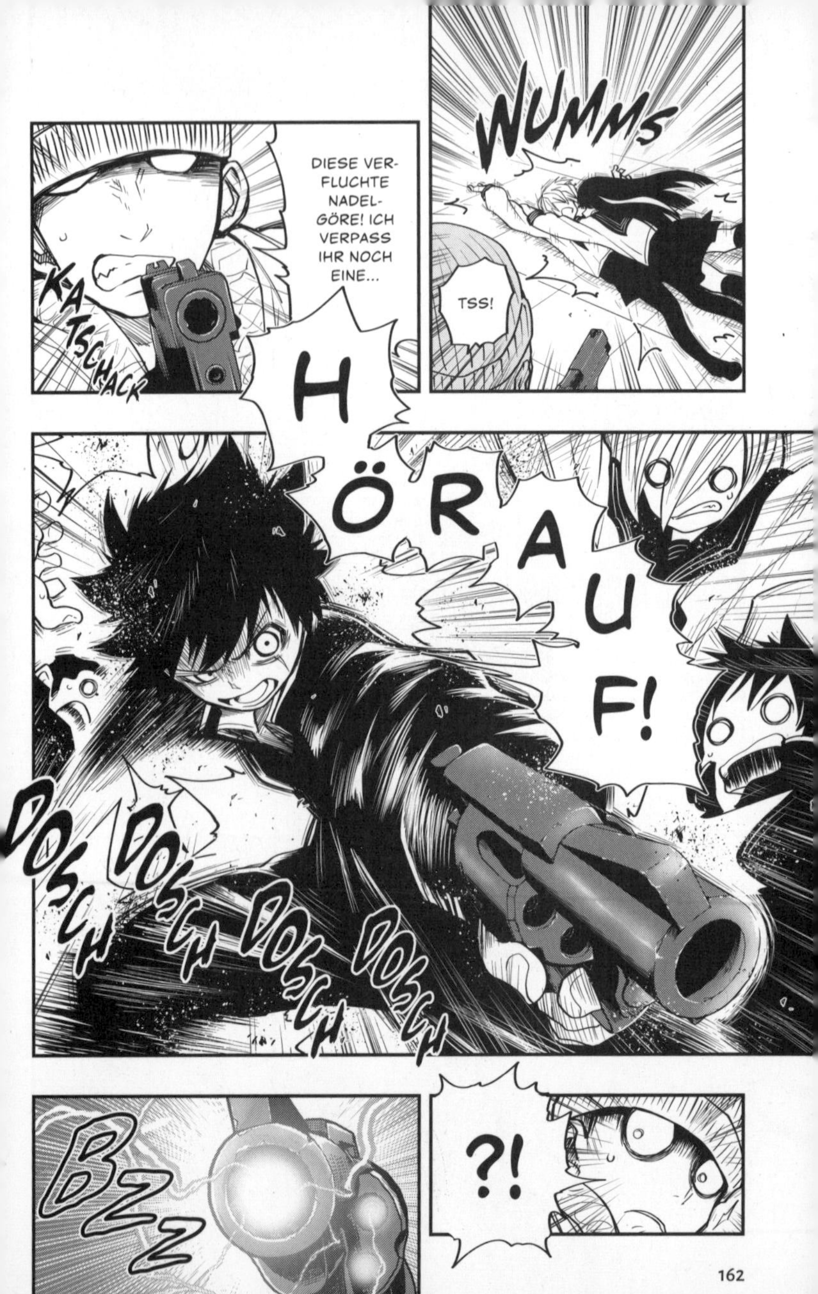
WUMMS
TSS!
DIESE VERFLUCHTE NADELGÖRE! ICH VERPASS IHR NOCH EINE...
KATSCHACK
HÖRAUF!
DOSCH DOSCH DOSCH DOSCH
?!
BZZ

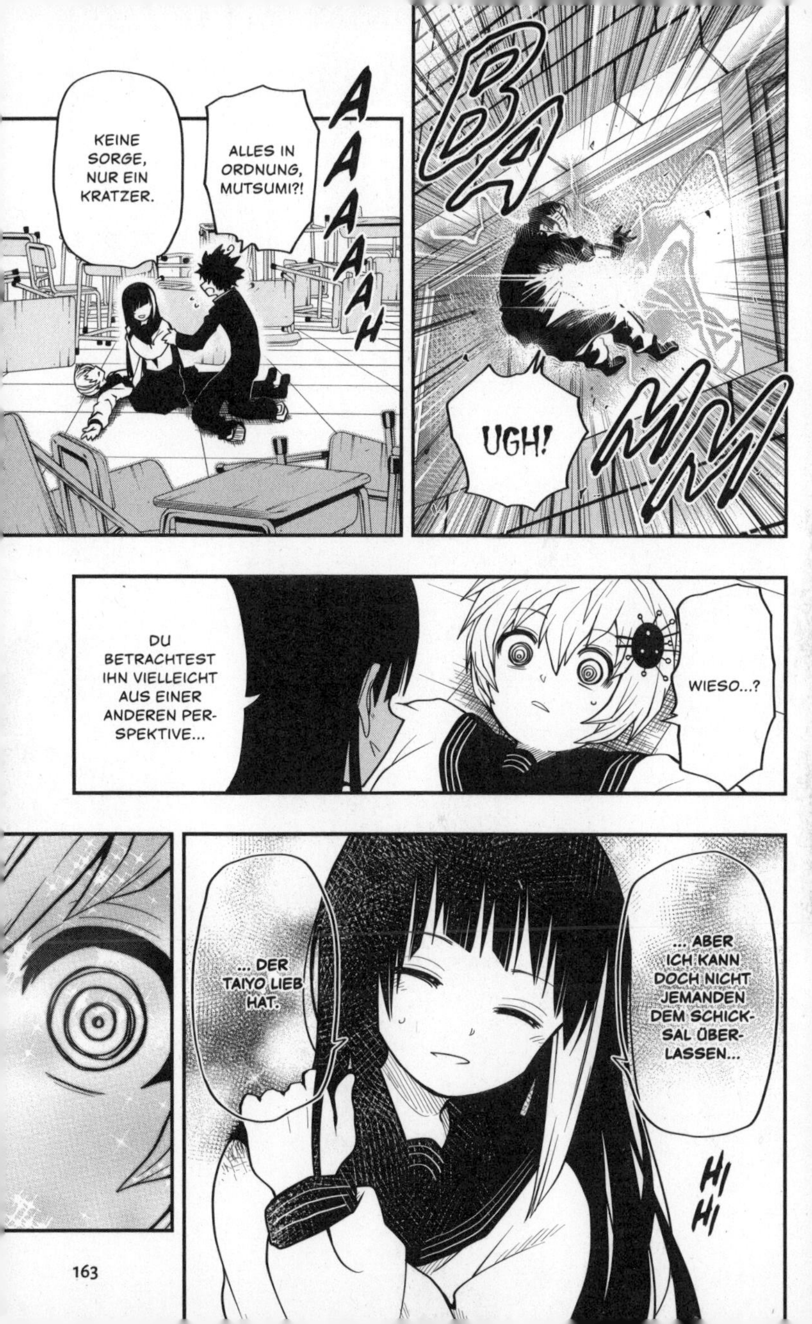
BAMM
UGH!
AAAAAAH
ALLES IN ORDNUNG, MUTSUMI?!
KEINE SORGE, NUR EIN KRATZER.
WIESO...?
DU BETRACHTEST IHN VIELLEICHT AUS EINER ANDEREN PERSPEKTIVE...
... ABER ICH KANN DOCH NICHT JEMANDEN DEM SCHICKSAL ÜBERLASSEN...
... DER TAIYO LIEB HAT.
HI HI

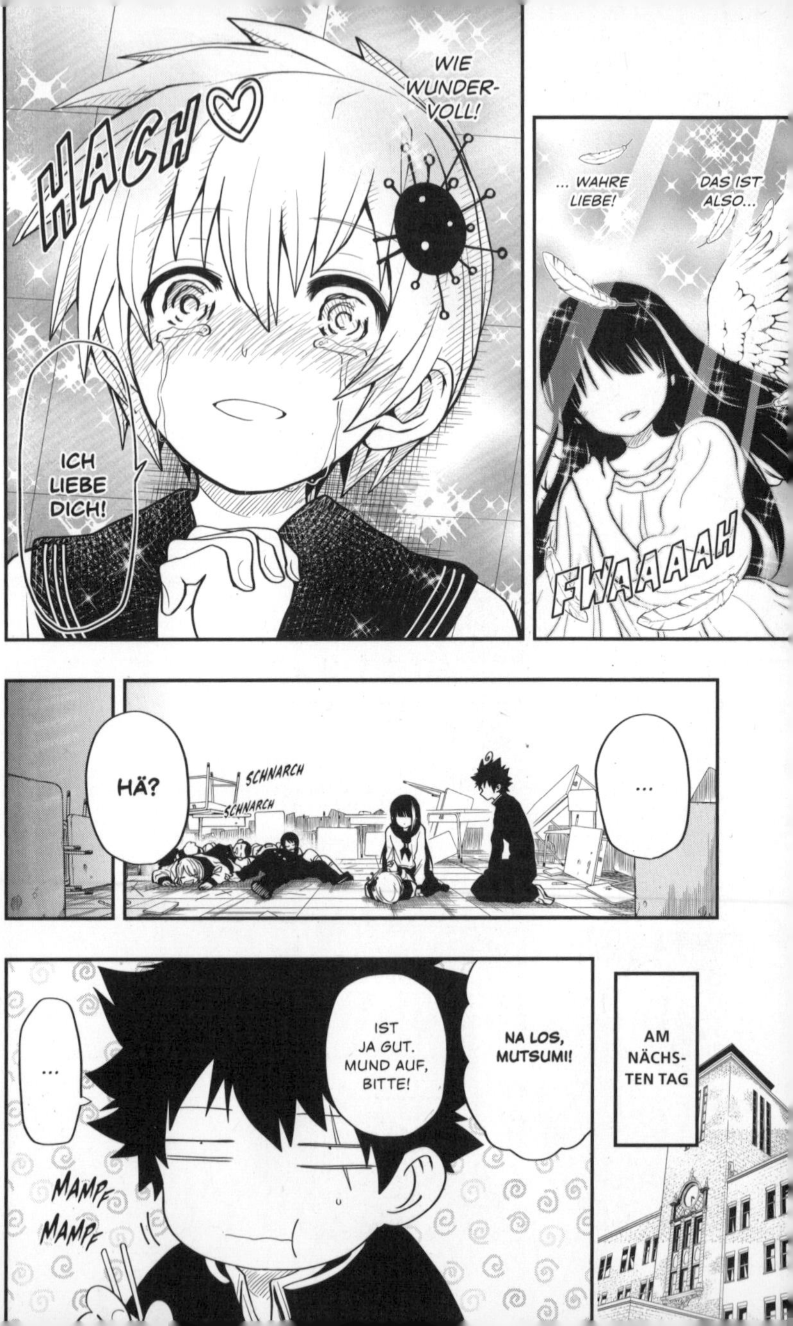
DAS IST ALSO...
... WAHRE LIEBE!
FWAAAAAH
WIE WUNDER-VOLL!
HACH♡
ICH LIEBE DICH!
...
SCHNARCH
SCHNARCH
HÄ?
AM NÄCHS-TEN TAG
NA LOS, MUTSUMI!
IST JA GUT. MUND AUF, BITTE!
...
MAMPF MAMPF

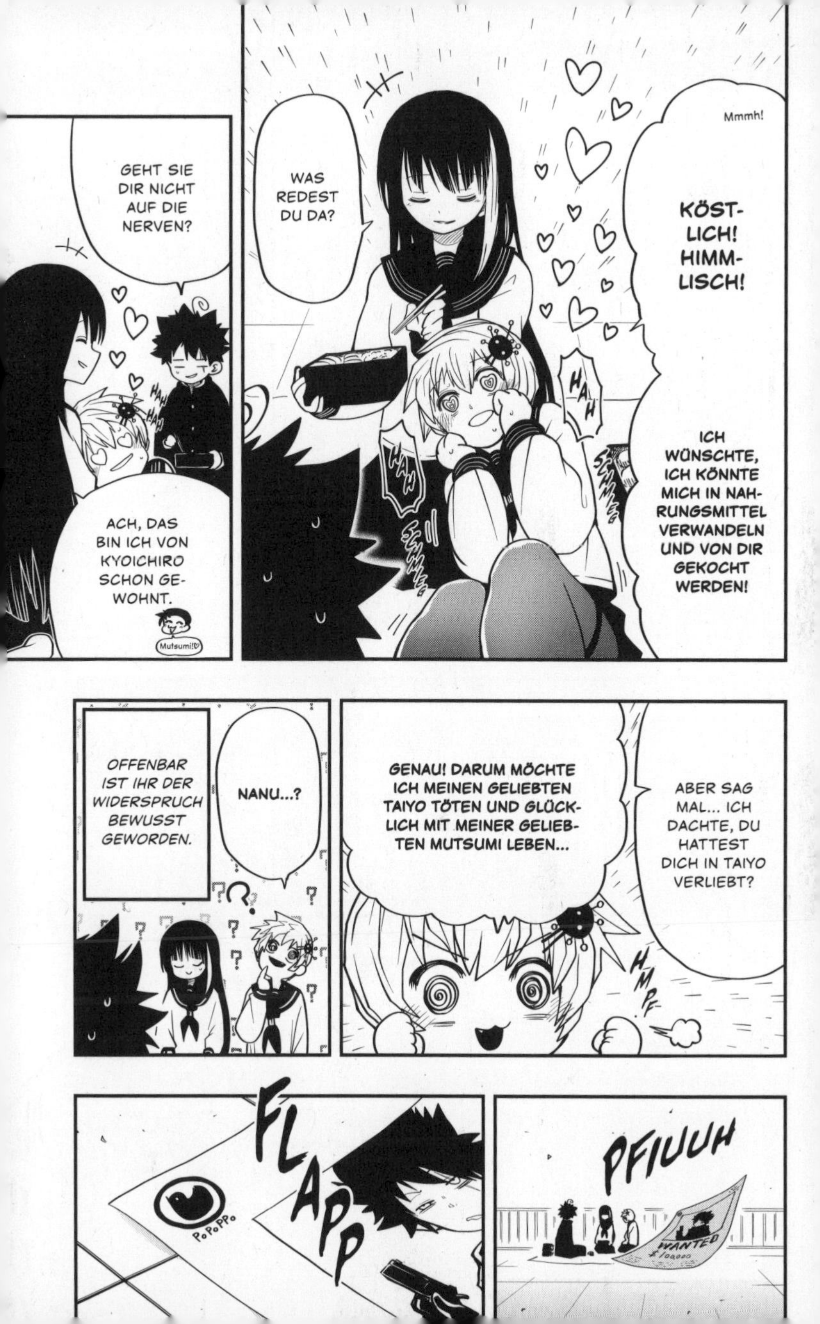
Mmmh!
KÖST-LICH! HIMM-LISCH!
ICH WÜNSCHTE, ICH KÖNNTE MICH IN NAH-RUNGSMITTEL VERWANDELN UND VON DIR GEKOCHT WERDEN!
HAH
WAS REDEST DU DA?
GEHT SIE DIR NICHT AUF DIE NERVEN?
ACH, DAS BIN ICH VON KYOICHIRO SCHON GE-WOHNT.
Mutsumi!♡
ABER SAG MAL... ICH DACHTE, DU HATTEST DICH IN TAIYO VERLIEBT?
GENAU! DARUM MÖCHTE ICH MEINEN GELIEBTEN TAIYO TÖTEN UND GLÜCK-LICH MIT MEINER GELIEB-TEN MUTSUMI LEBEN...
HMPF
NANU...?
OFFENBAR IST IHR DER WIDERSPRUCH BEWUSST GEWORDEN.
PFIUUH
WANTED
FLAPP
PoPoPPo

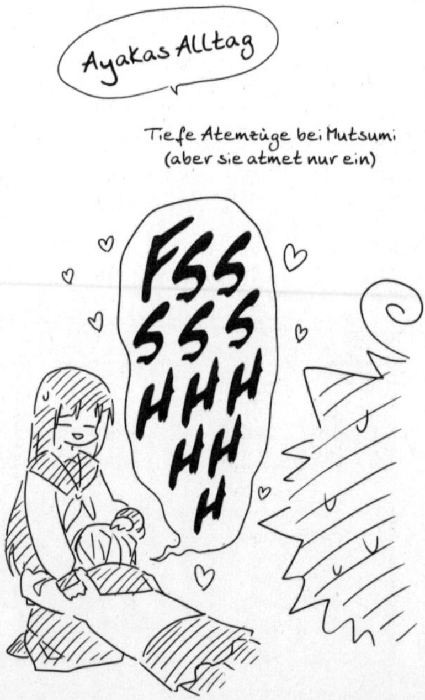
Ayakas Alltag
Tiefe Atemzüge bei Mutsumi
(aber sie atmet nur ein)
FSSSSSHHHHHH

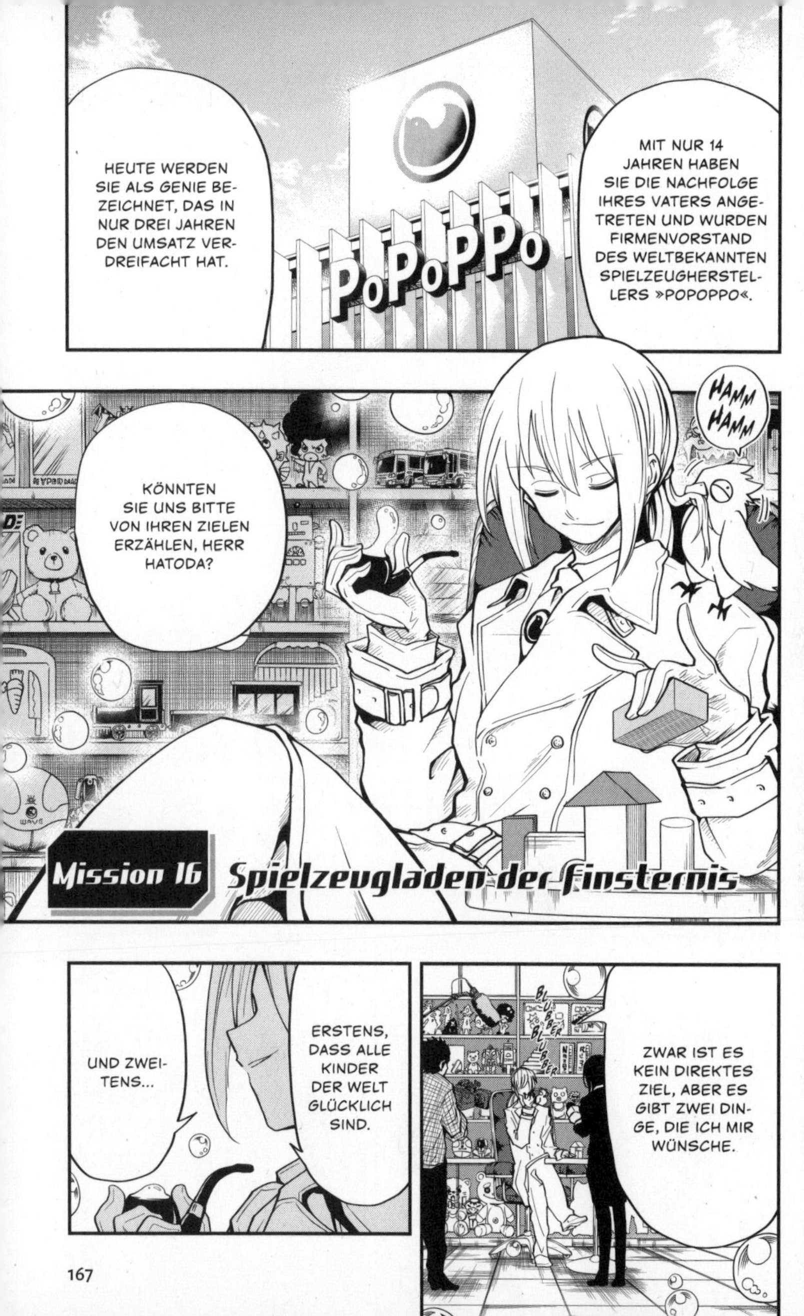
PoPoPPo
MIT NUR 14 JAHREN HABEN SIE DIE NACHFOLGE IHRES VATERS ANGE-TRETEN UND WURDEN FIRMENVORSTAND DES WELTBEKANNTEN SPIELZEUGHERSTEL-LERS »POPOPPO«.
HEUTE WERDEN SIE ALS GENIE BE-ZEICHNET, DAS IN NUR DREI JAHREN DEN UMSATZ VER-DREIFACHT HAT.
HAMM HAMM
KÖNNTEN SIE UNS BITTE VON IHREN ZIELEN ERZÄHLEN, HERR HATODA?
Mission 16
Spielzeugladen der Finsternis
BLUBBER BLUBBER
ZWAR IST ES KEIN DIREKTES ZIEL, ABER ES GIBT ZWEI DIN-GE, DIE ICH MIR WÜNSCHE.
ERSTENS, DASS ALLE KINDER DER WELT GLÜCKLICH SIND.
UND ZWEI-TENS...

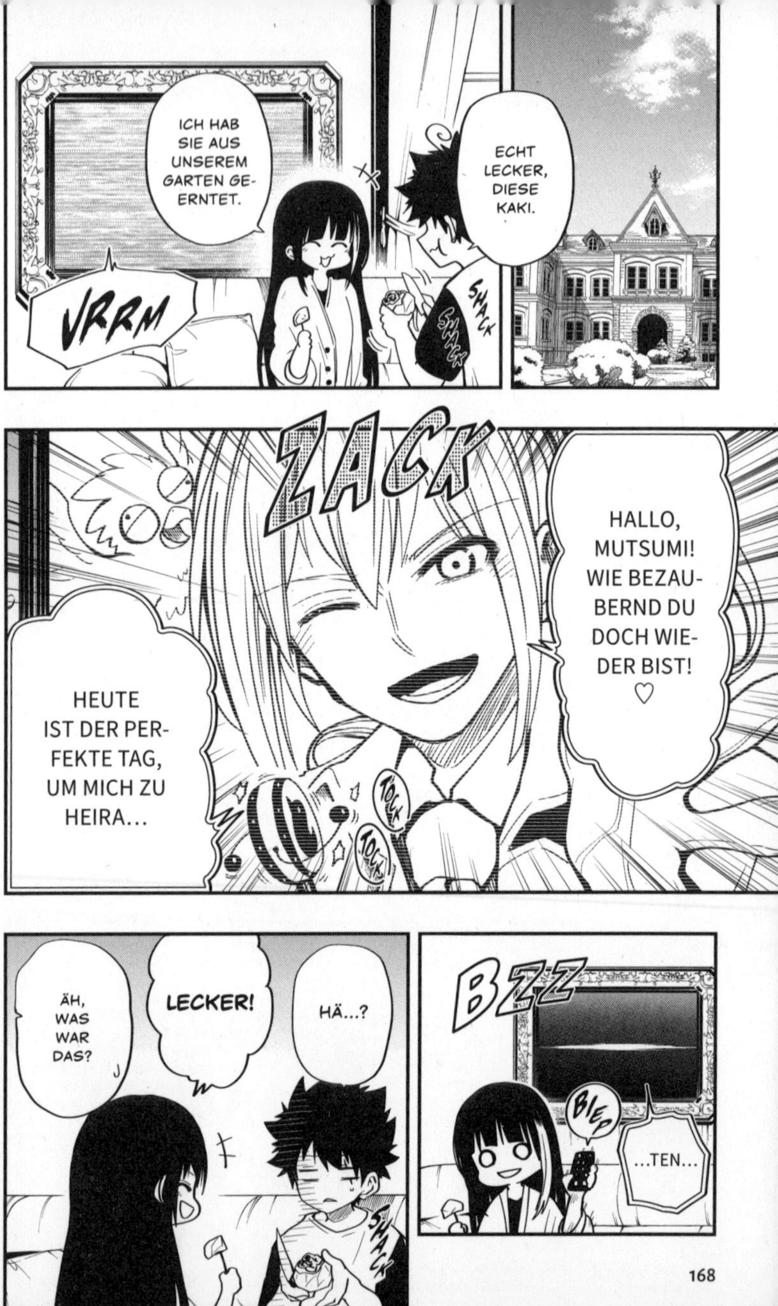
ECHT LECKER, DIESE KAKI.
ICH HAB SIE AUS UNSEREM GARTEN GE- ERNTET.
VRRM
SHACK
SHACK
ZACK
HALLO, MUTSUMI! WIE BEZAU- BERND DU DOCH WIE- DER BIST! ♡
HEUTE IST DER PER- FEKTE TAG, UM MICH ZU HEIRA…
TOCK
TOCK
BZZ
BIEP
…TEN…
HÄ…?
LECKER!
ÄH, WAS WAR DAS?
SHACK

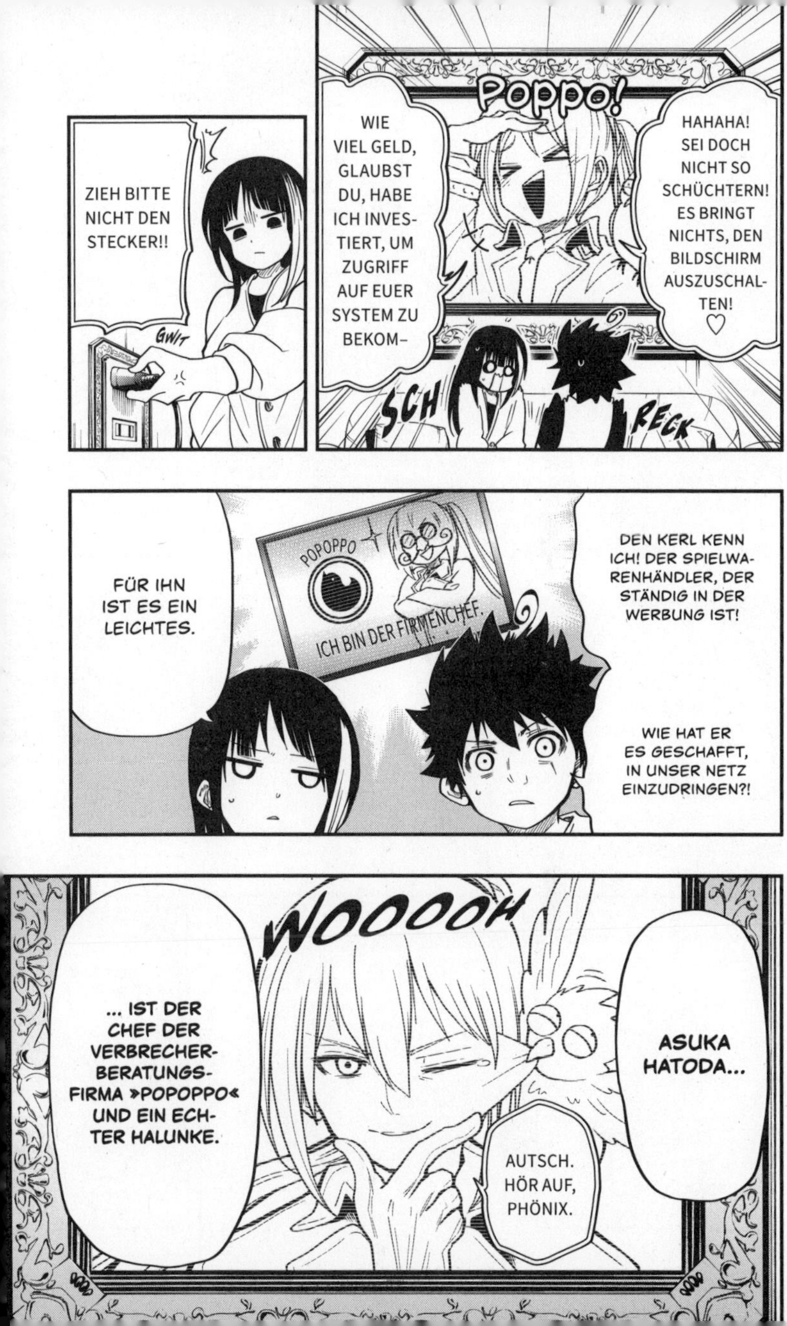
HAHAHA! SEI DOCH NICHT SO SCHÜCHTERN! ES BRINGT NICHTS, DEN BILDSCHIRM AUSZUSCHALTEN! ♡
Poppo!
WIE VIEL GELD, GLAUBST DU, HABE ICH INVESTIERT, UM ZUGRIFF AUF EUER SYSTEM ZU BEKOM–
SCHRECK
ZIEH BITTE NICHT DEN STECKER!!
GWIT
DEN KERL KENN ICH! DER SPIELWARENHÄNDLER, DER STÄNDIG IN DER WERBUNG IST!
POPOPPO
ICH BIN DER FIRMENCHEF.
WIE HAT ER ES GESCHAFFT, IN UNSER NETZ EINZUDRINGEN?!
FÜR IHN IST ES EIN LEICHTES.
ASUKA HATODA…
WOOOOH
AUTSCH. HÖR AUF, PHÖNIX.
… IST DER CHEF DER VERBRECHER-BERATUNGS-FIRMA »POPOPPO« UND EIN ECHTER HALUNKE.

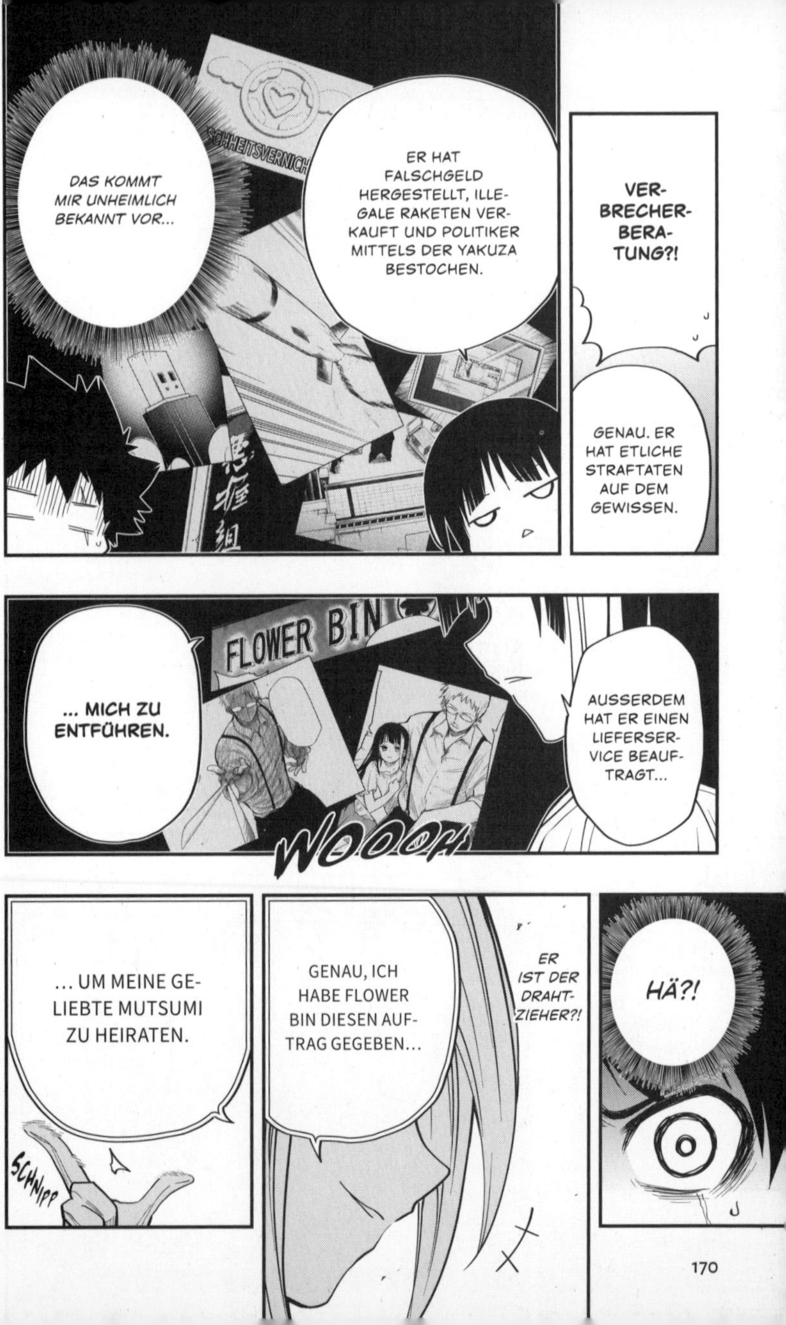
VERBRECHERBERATUNG?!
GENAU. ER HAT ETLICHE STRAFTATEN AUF DEM GEWISSEN.
ER HAT FALSCHGELD HERGESTELLT, ILLEGALE RAKETEN VERKAUFT UND POLITIKER MITTELS DER YAKUZA BESTOCHEN.
DAS KOMMT MIR UNHEIMLICH BEKANNT VOR…
AUSSERDEM HAT ER EINEN LIEFERSERVICE BEAUFTRAGT…
FLOWER BIN
… MICH ZU ENTFÜHREN.
WOOOH
HÄ?!
ER IST DER DRAHTZIEHER?!
GENAU, ICH HABE FLOWER BIN DIESEN AUFTRAG GEGEBEN…
… UM MEINE GELIEBTE MUTSUMI ZU HEIRATEN.
SCHNIPP

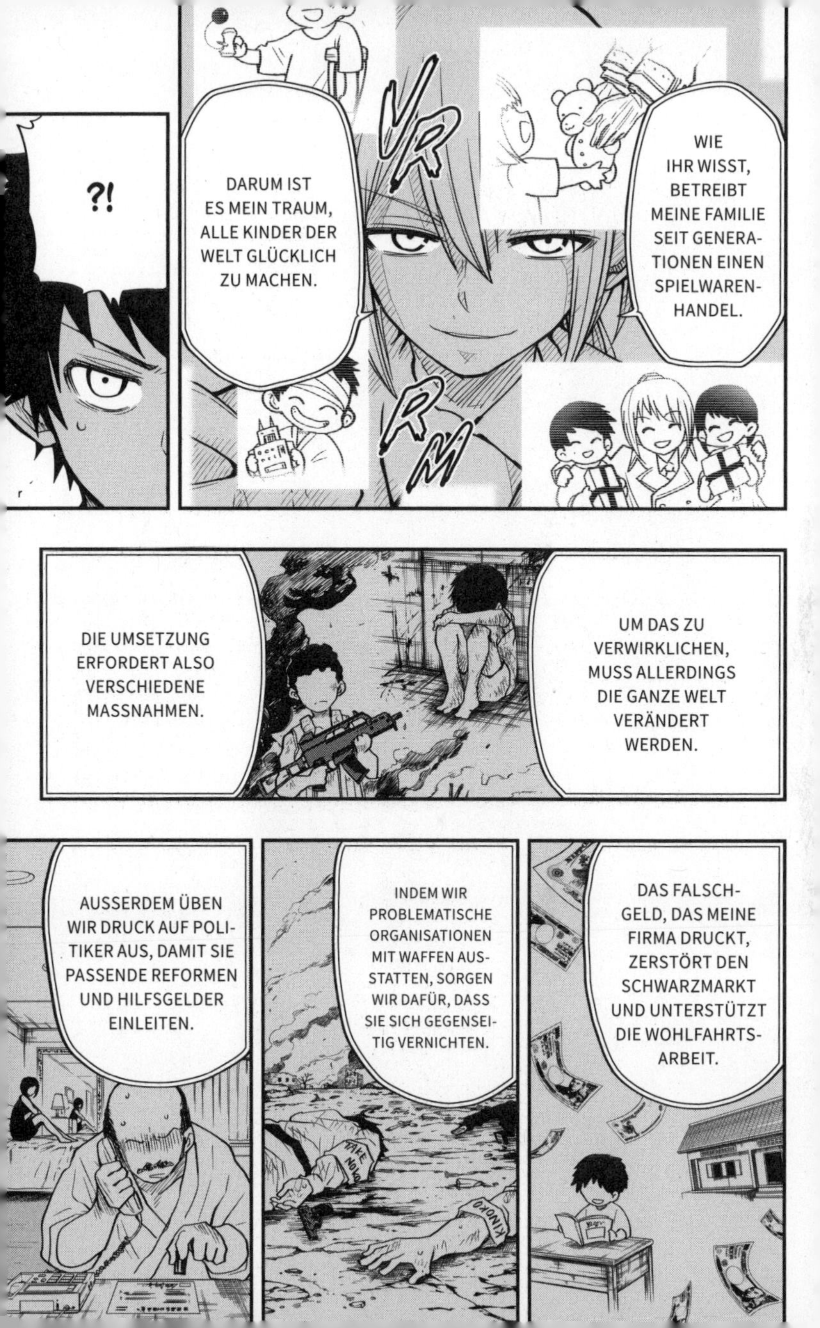
WIE IHR WISST, BETREIBT MEINE FAMILIE SEIT GENERA-TIONEN EINEN SPIELWAREN-HANDEL.
DARUM IST ES MEIN TRAUM, ALLE KINDER DER WELT GLÜCKLICH ZU MACHEN.
?!
UM DAS ZU VERWIRKLICHEN, MUSS ALLERDINGS DIE GANZE WELT VERÄNDERT WERDEN.
DIE UMSETZUNG ERFORDERT ALSO VERSCHIEDENE MASSNAHMEN.
DAS FALSCH-GELD, DAS MEINE FIRMA DRUCKT, ZERSTÖRT DEN SCHWARZMARKT UND UNTERSTÜTZT DIE WOHLFAHRTS-ARBEIT.
INDEM WIR PROBLEMATISCHE ORGANISATIONEN MIT WAFFEN AUS-STATTEN, SORGEN WIR DAFÜR, DASS SIE SICH GEGENSEI-TIG VERNICHTEN.
TAKE NOKO
KINOKO
AUSSERDEM ÜBEN WIR DRUCK AUF POLI-TIKER AUS, DAMIT SIE PASSENDE REFORMEN UND HILFSGELDER EINLEITEN.

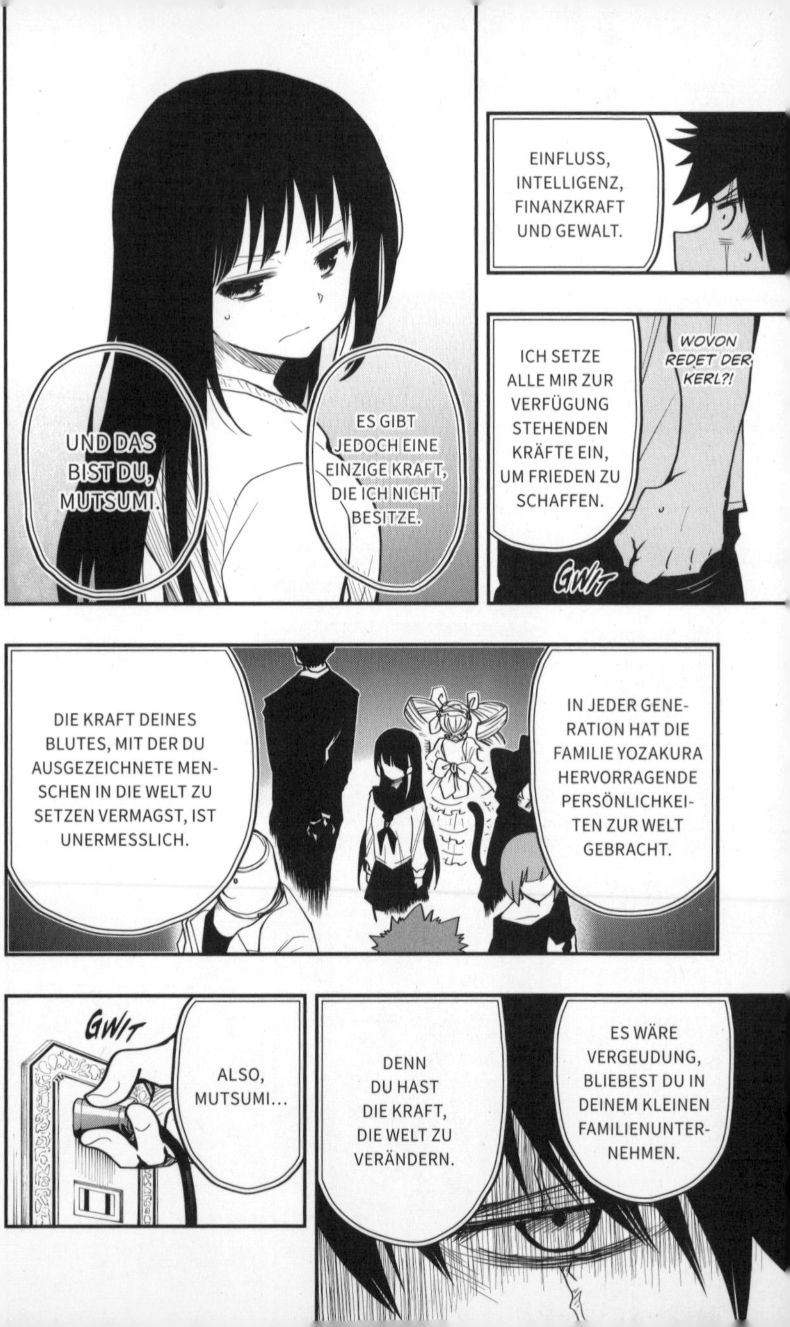
EINFLUSS, INTELLIGENZ, FINANZKRAFT UND GEWALT.
WOVON REDET DER KERL?!
ICH SETZE ALLE MIR ZUR VERFÜGUNG STEHENDEN KRÄFTE EIN, UM FRIEDEN ZU SCHAFFEN.
GWIT
ES GIBT JEDOCH EINE EINZIGE KRAFT, DIE ICH NICHT BESITZE.
UND DAS BIST DU, MUTSUMI.
IN JEDER GENERATION HAT DIE FAMILIE YOZAKURA HERVORRAGENDE PERSÖNLICHKEITEN ZUR WELT GEBRACHT.
DIE KRAFT DEINES BLUTES, MIT DER DU AUSGEZEICHNETE MENSCHEN IN DIE WELT ZU SETZEN VERMAGST, IST UNERMESSLICH.
ES WÄRE VERGEUDUNG, BLIEBEST DU IN DEINEM KLEINEN FAMILIENUNTERNEHMEN.
DENN DU HAST DIE KRAFT, DIE WELT ZU VERÄNDERN.
ALSO, MUTSUMI…
GWIT

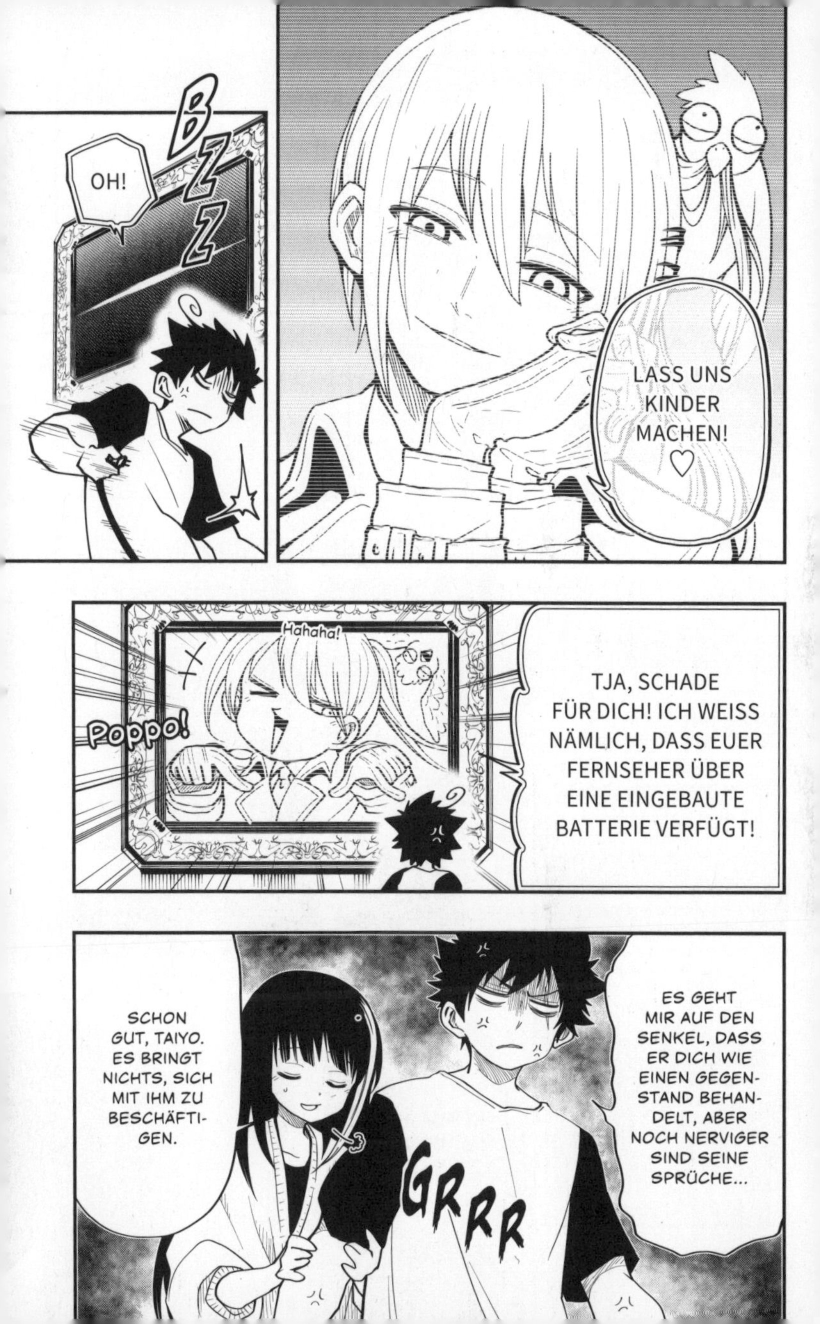
LASS UNS KINDER MACHEN! ♡
OH!
BZZ
TJA, SCHADE FÜR DICH! ICH WEISS NÄMLICH, DASS EUER FERNSEHER ÜBER EINE EINGEBAUTE BATTERIE VERFÜGT!
Hahaha!
Poppo!
ES GEHT MIR AUF DEN SENKEL, DASS ER DICH WIE EINEN GEGEN-STAND BEHAN-DELT, ABER NOCH NERVIGER SIND SEINE SPRÜCHE...
SCHON GUT, TAIYO. ES BRINGT NICHTS, SICH MIT IHM ZU BESCHÄFTI-GEN.
GRRR

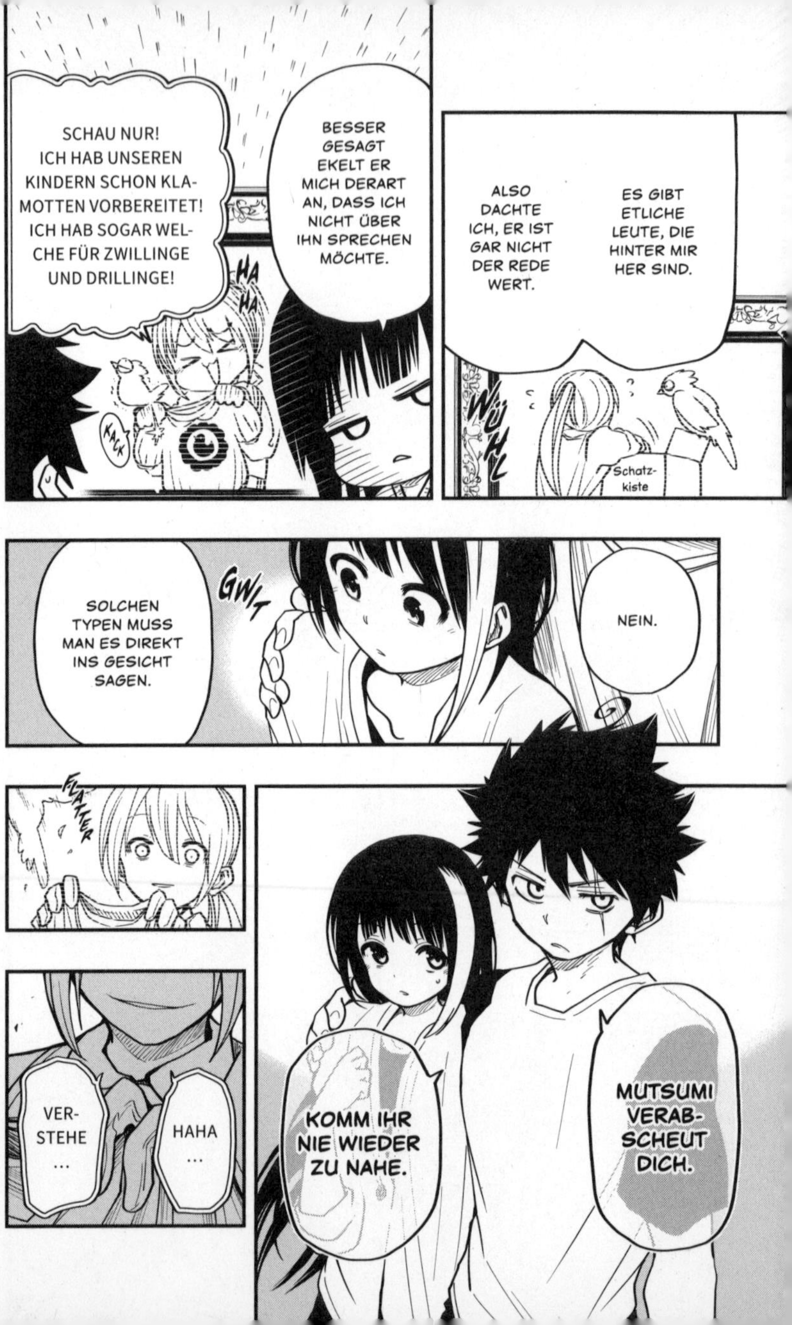
ES GIBT ETLICHE LEUTE, DIE HINTER MIR HER SIND.
ALSO DACHTE ICH, ER IST GAR NICHT DER REDE WERT.
WÜHL
Schatzkiste
BESSER GESAGT EKELT ER MICH DERART AN, DASS ICH NICHT ÜBER IHN SPRECHEN MÖCHTE.
HA HA
SCHAU NUR! ICH HAB UNSEREN KINDERN SCHON KLAMOTTEN VORBEREITET! ICH HAB SOGAR WELCHE FÜR ZWILLINGE UND DRILLINGE!
KACK
NEIN.
GWIT
SOLCHEN TYPEN MUSS MAN ES DIREKT INS GESICHT SAGEN.
FLATTER
MUTSUMI VERABSCHEUT DICH.
KOMM IHR NIE WIEDER ZU NAHE.
HAHA …
VERSTEHE …

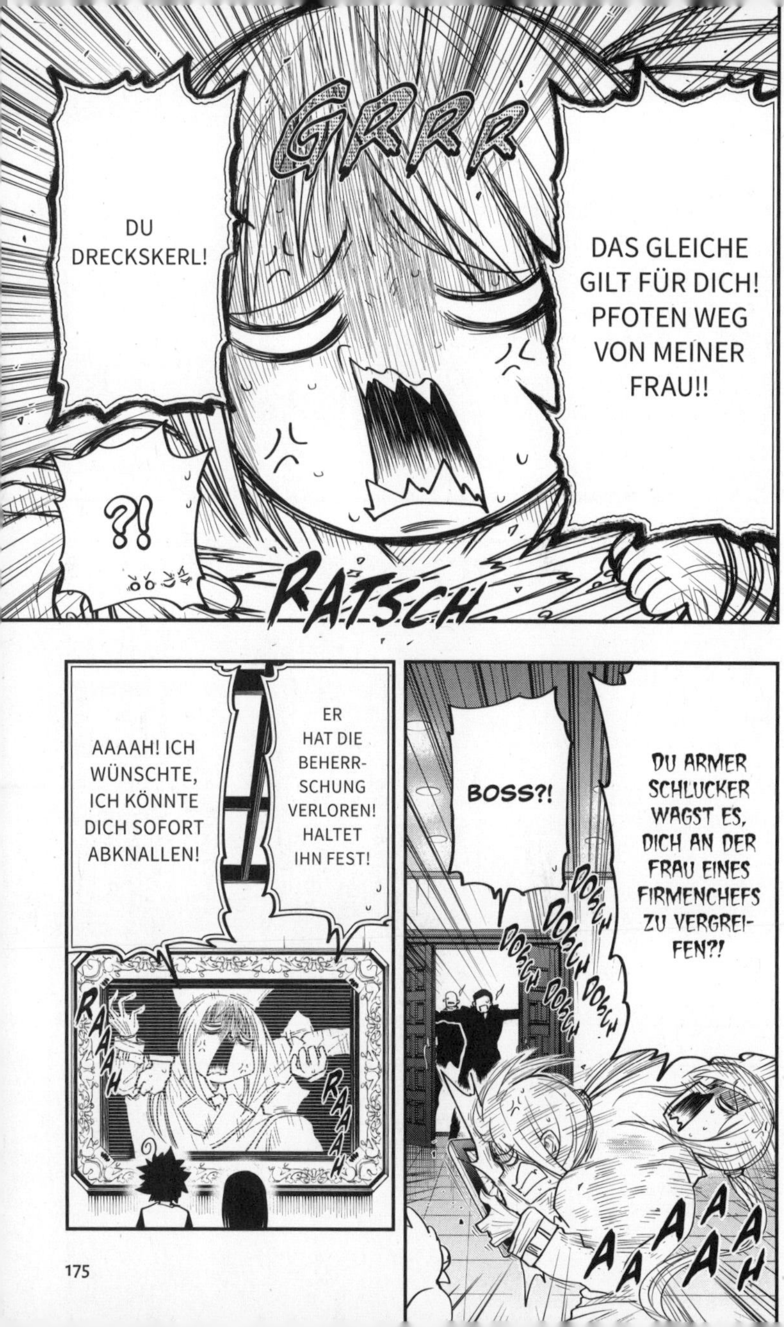
GRRRR
DAS GLEICHE GILT FÜR DICH! PFOTEN WEG VON MEINER FRAU!!
DU DRECKSKERL!
?!
RATSCH
DU ARMER SCHLUCKER WAGST ES, DICH AN DER FRAU EINES FIRMENCHEFS ZU VERGREI-FEN?!
BOSS?!
DOSCH DOSCH DOSCH DOSCH DOSCH DOSCH
AAAAAAAH
ER HAT DIE BEHERR-SCHUNG VERLOREN! HALTET IHN FEST!
AAAAH! ICH WÜNSCHTE, ICH KÖNNTE DICH SOFORT ABKNALLEN!
RAAAAH
RAAAAH

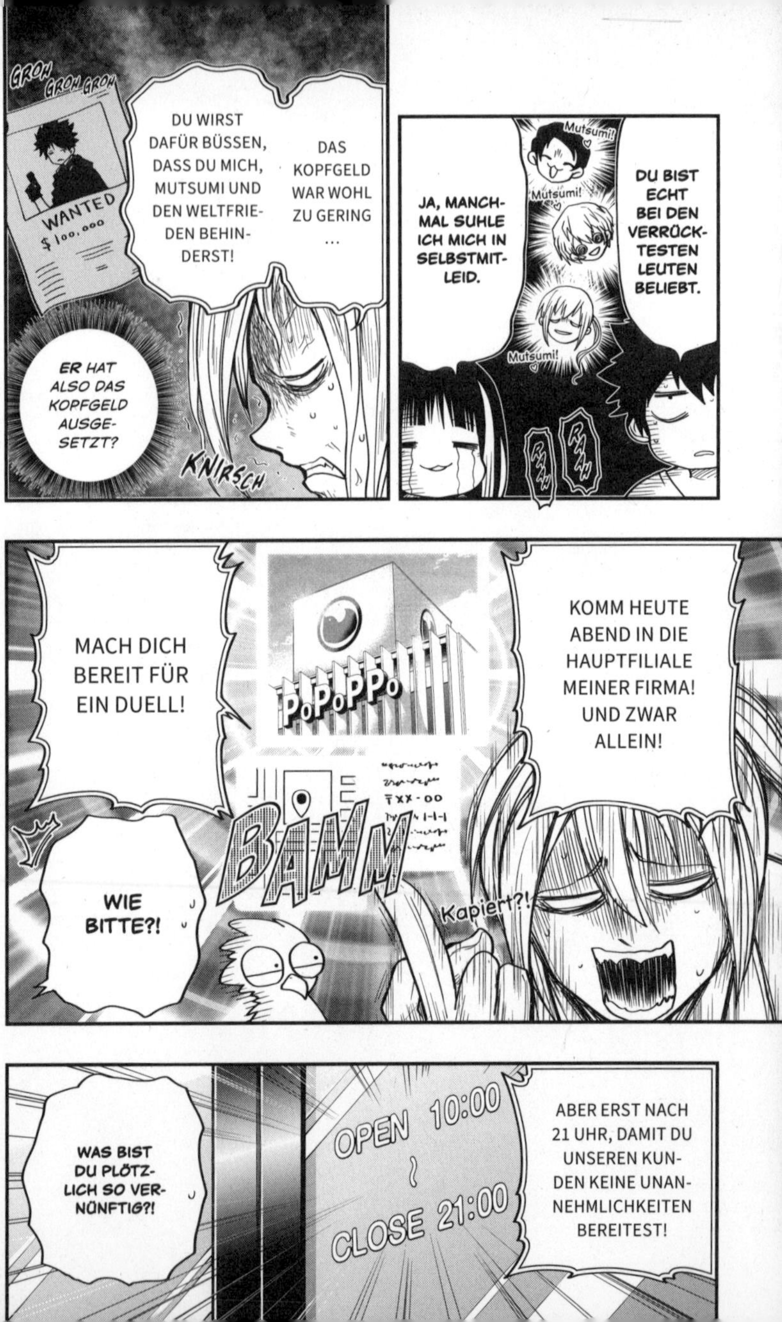
DU BIST ECHT BEI DEN VERRÜCKTESTEN LEUTEN BELIEBT.
Mutsumi!
Mutsumi!
Mutsumi!
JA, MANCHMAL SUHLE ICH MICH IN SELBSTMITLEID.
DAS KOPFGELD WAR WOHL ZU GERING …
DU WIRST DAFÜR BÜSSEN, DASS DU MICH, MUTSUMI UND DEN WELTFRIEDEN BEHINDERST!
GROH GROH GROH
WANTED $100,000
ER HAT ALSO DAS KOPFGELD AUSGESETZT?
KNIRSCH
KOMM HEUTE ABEND IN DIE HAUPTFILIALE MEINER FIRMA! UND ZWAR ALLEIN!
MACH DICH BEREIT FÜR EIN DUELL!
PoPoPPo
BAMM
Kapiert?!
WIE BITTE?!
ABER ERST NACH 21 UHR, DAMIT DU UNSEREN KUNDEN KEINE UNANNEHMLICHKEITEN BEREITEST!
OPEN 10:00 ~ CLOSE 21:00
WAS BIST DU PLÖTZLICH SO VERNÜNFTIG?!

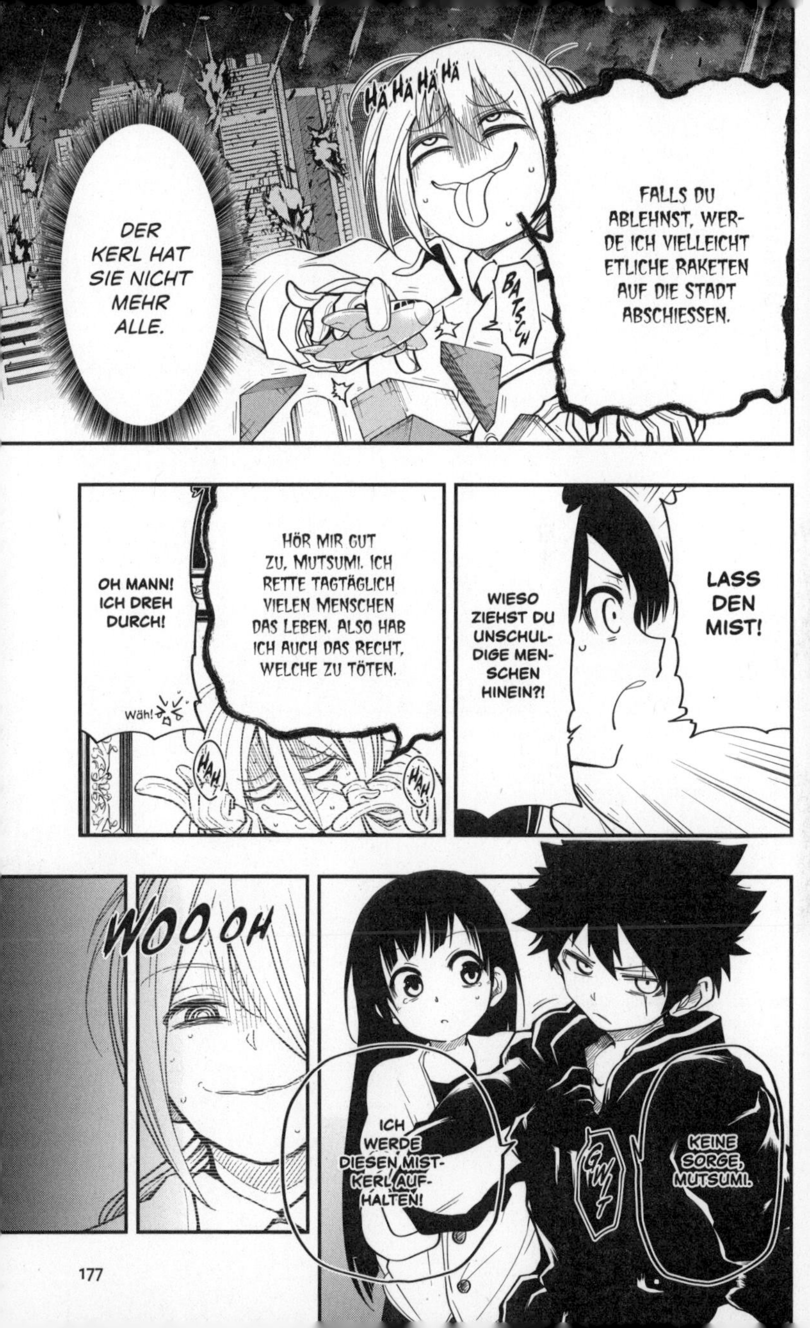
FALLS DU ABLEHNST, WERDE ICH VIELLEICHT ETLICHE RAKETEN AUF DIE STADT ABSCHIESSEN.
HÄ HÄ HÄ HÄ
BATSCH
DER KERL HAT SIE NICHT MEHR ALLE.
LASS DEN MIST!
WIESO ZIEHST DU UNSCHULDIGE MENSCHEN HINEIN?!
HÖR MIR GUT ZU, MUTSUMI. ICH RETTE TAGTÄGLICH VIELEN MENSCHEN DAS LEBEN. ALSO HAB ICH AUCH DAS RECHT, WELCHE ZU TÖTEN.
OH MANN! ICH DREH DURCH!
Wäh!
HAH
HAH
KEINE SORGE, MUTSUMI.
ICH WERDE DIESEN MISTKERL AUFHALTEN!
WOO OH

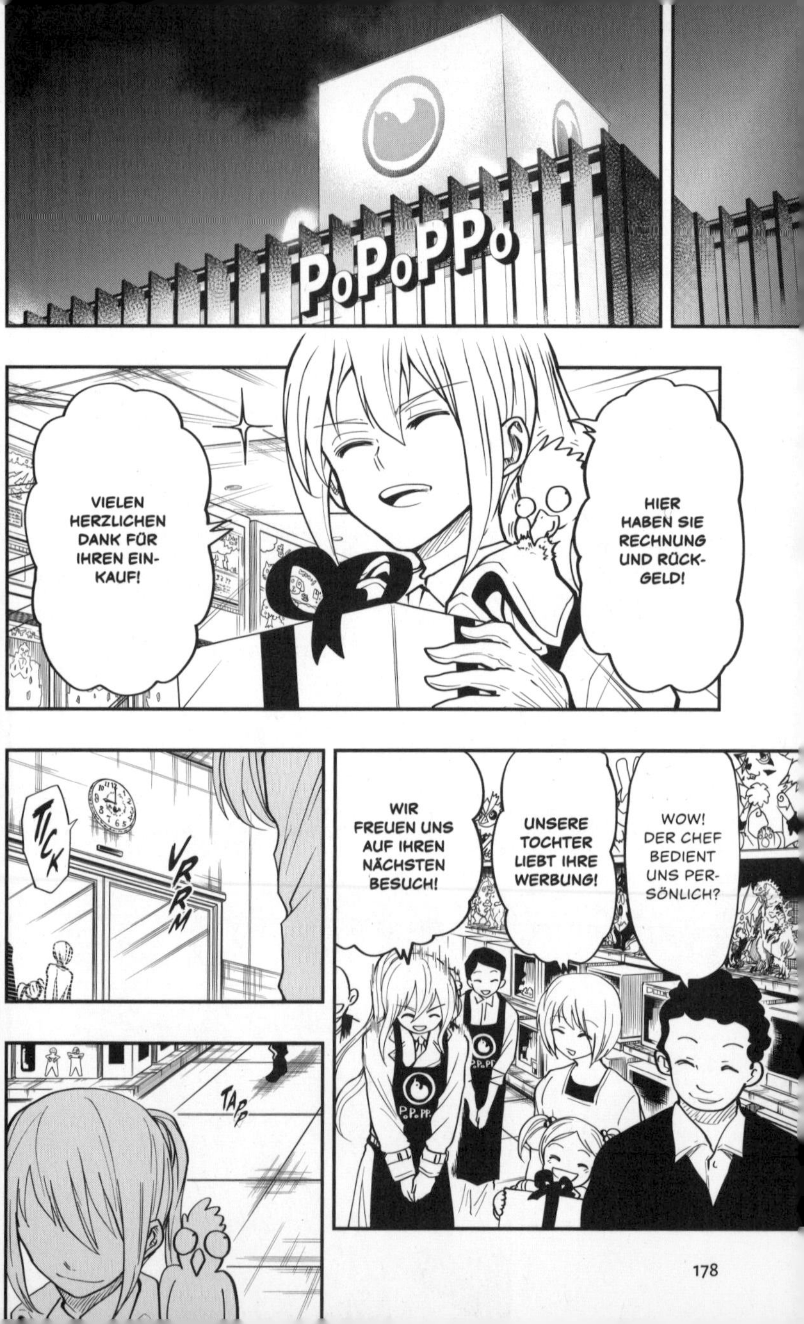
PoPoPPo
HIER HABEN SIE RECHNUNG UND RÜCK-GELD!
VIELEN HERZLICHEN DANK FÜR IHREN EIN-KAUF!
WOW! DER CHEF BEDIENT UNS PER-SÖNLICH?
UNSERE TOCHTER LIEBT IHRE WERBUNG!
WIR FREUEN UNS AUF IHREN NÄCHSTEN BESUCH!
TICK
VRRM
TAPP

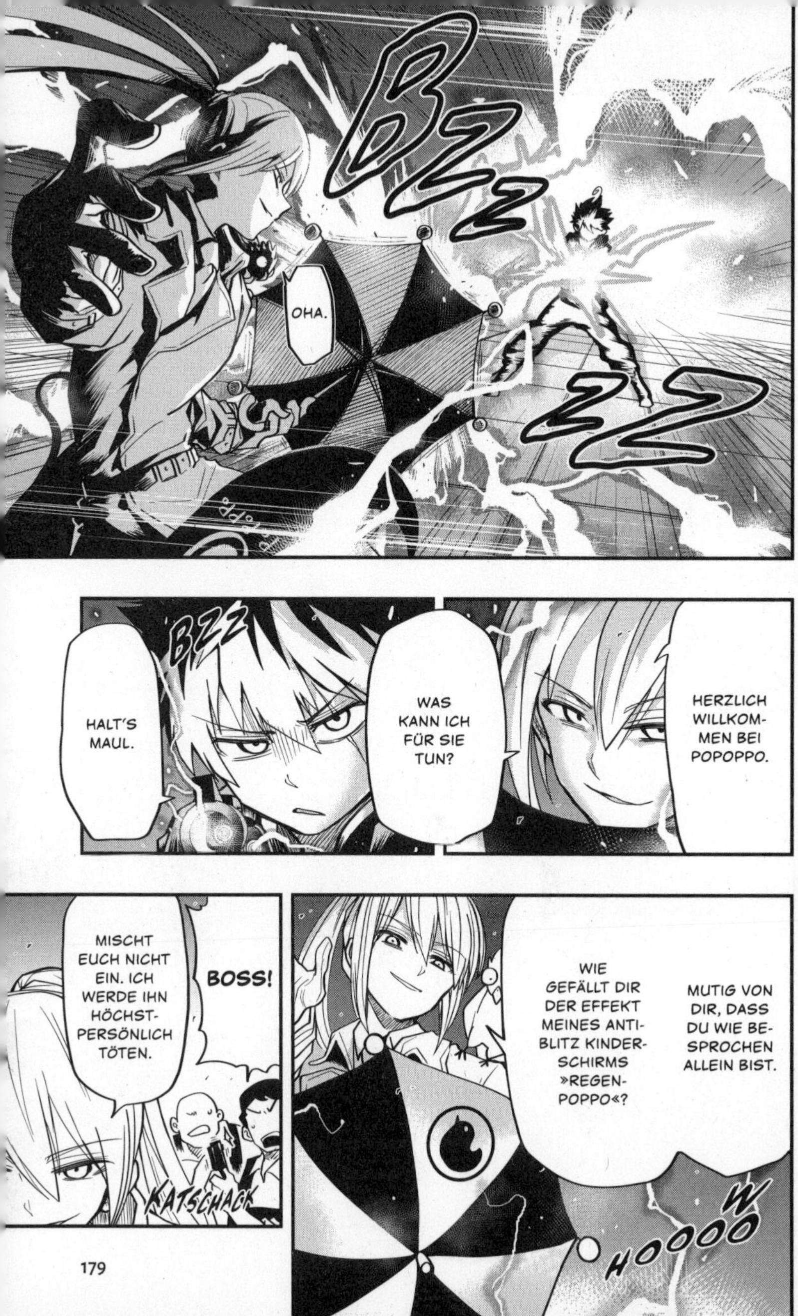
BZZZZ
OHA.
ZZ
HERZLICH WILLKOMMEN BEI POPOPPO.
WAS KANN ICH FÜR SIE TUN?
BZZ
HALT'S MAUL.
MUTIG VON DIR, DASS DU WIE BESPROCHEN ALLEIN BIST.
WIE GEFÄLLT DIR DER EFFEKT MEINES ANTI-BLITZ KINDERSCHIRMS »REGENPOPPO«?
WOHOOOO
BOSS!
MISCHT EUCH NICHT EIN. ICH WERDE IHN HÖCHSTPERSÖNLICH TÖTEN.
KATSCHACK

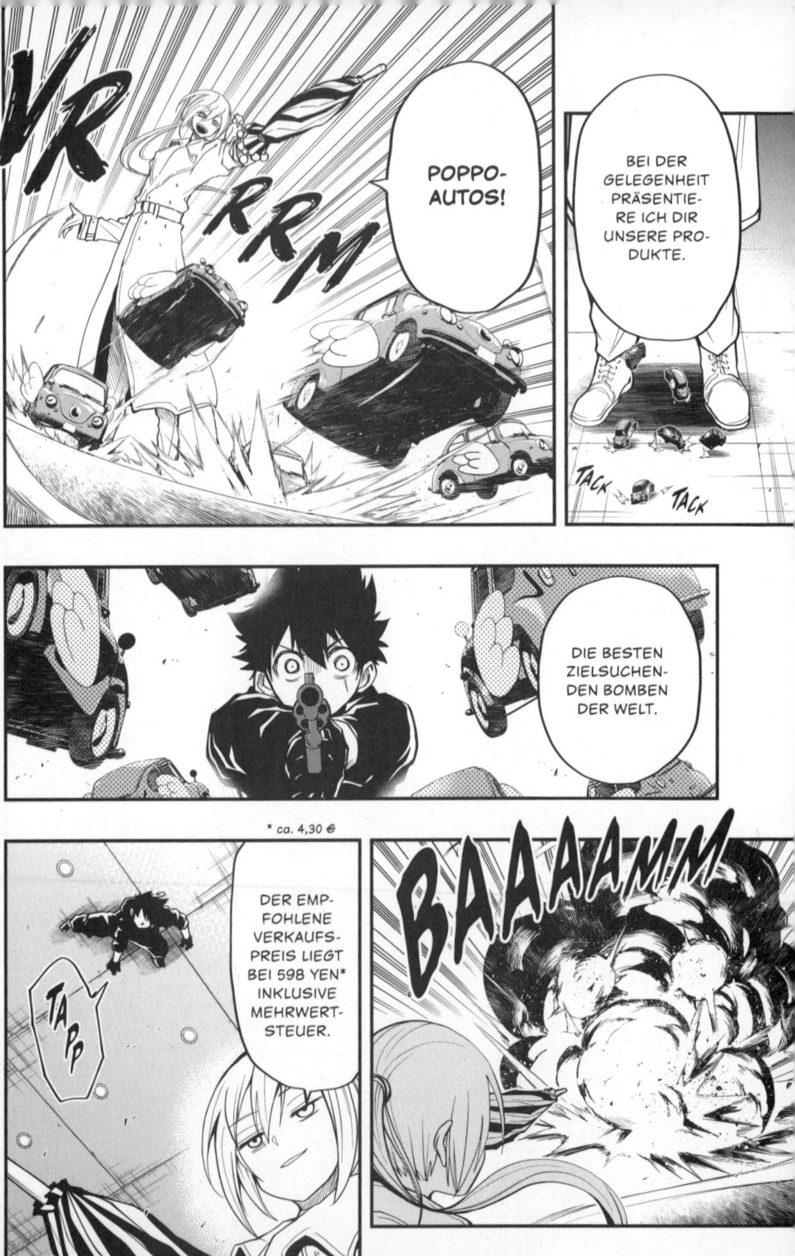
BEI DER GELEGENHEIT PRÄSENTIERE ICH DIR UNSERE PRODUKTE.
TACK
TACK
VRRRM
POPPO-AUTOS!
DIE BESTEN ZIELSUCHENDEN BOMBEN DER WELT.
BAAAAMM
DER EMPFOHLENE VERKAUFSPREIS LIEGT BEI 598 YEN* INKLUSIVE MEHRWERTSTEUER.
TAPP

* ca. 4,30 €

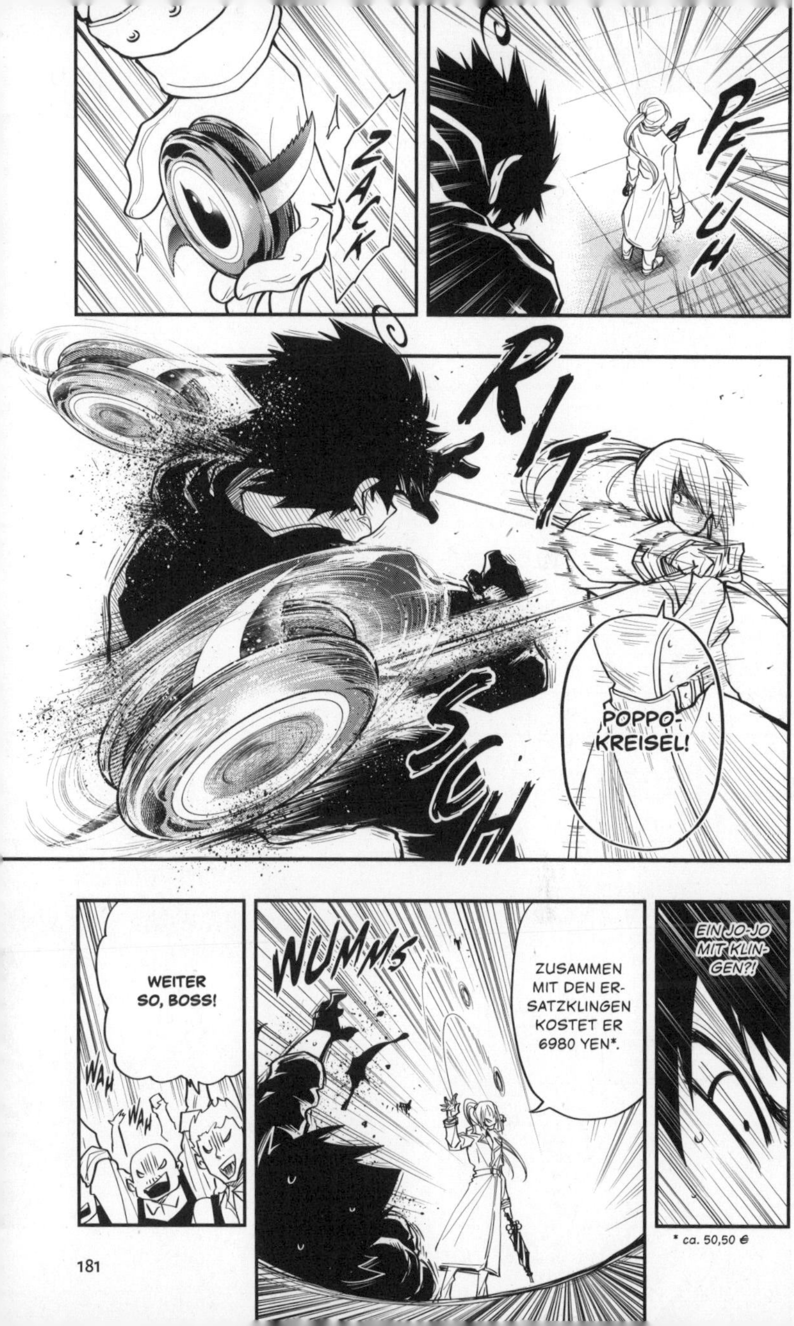
PFIUH
ZACK
RITSCH
POPPO-KREISEL!
EIN JO-JO MIT KLINGEN?!
ZUSAMMEN MIT DEN ERSATZKLINGEN KOSTET ER 6980 YEN*.
WUMMS
WEITER SO, BOSS!
WAH
WAH

* ca. 50,50 €

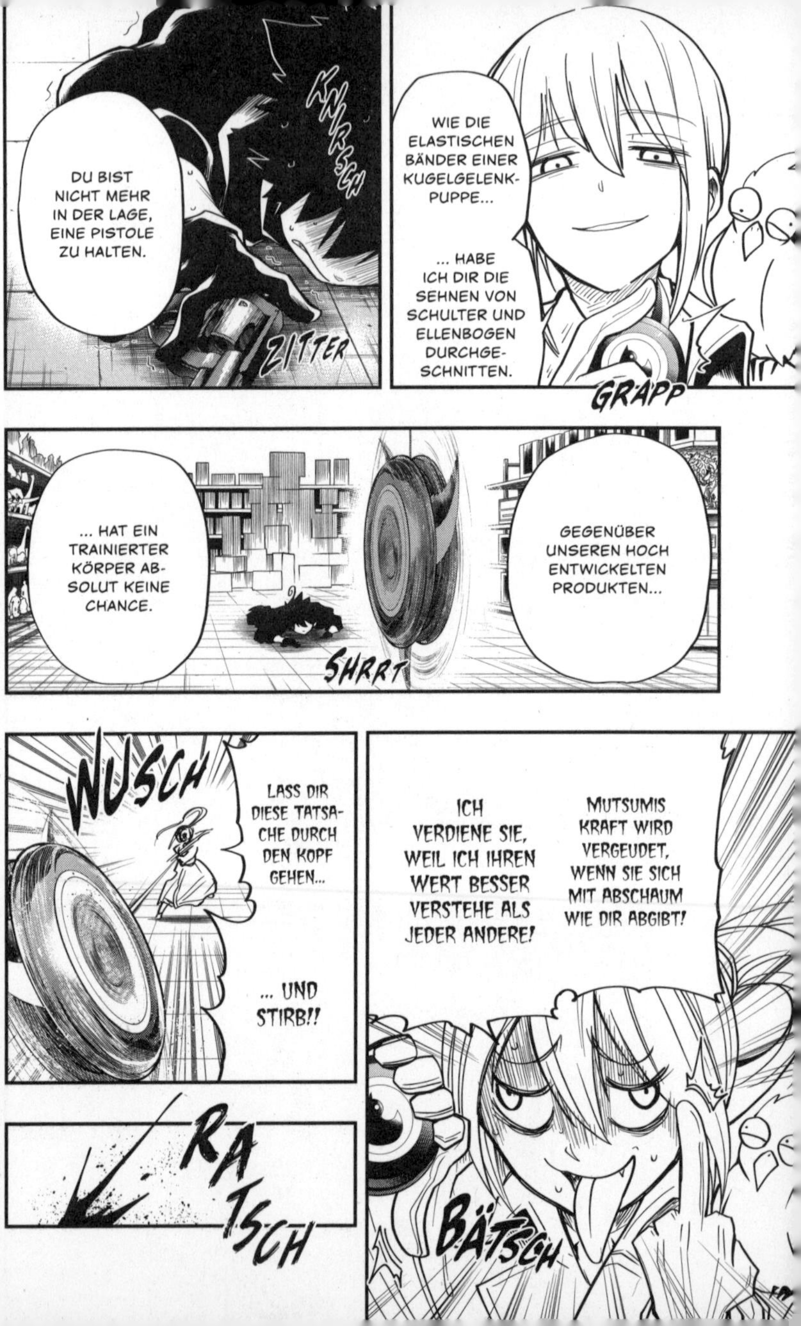
WIE DIE ELASTISCHEN BÄNDER EINER KUGELGELENK-PUPPE...
... HABE ICH DIR DIE SEHNEN VON SCHULTER UND ELLENBOGEN DURCHGE-SCHNITTEN.
GRAPP
KNIRSCH
DU BIST NICHT MEHR IN DER LAGE, EINE PISTOLE ZU HALTEN.
ZITTER
GEGENÜBER UNSEREN HOCH ENTWICKELTEN PRODUKTEN...
SHRRT
... HAT EIN TRAINIERTER KÖRPER AB-SOLUT KEINE CHANCE.
MUTSUMIS KRAFT WIRD VERGEUDET, WENN SIE SICH MIT ABSCHAUM WIE DIR ABGIBT!
ICH VERDIENE SIE, WEIL ICH IHREN WERT BESSER VERSTEHE ALS JEDER ANDERE!
BÄTSCH
WUSCH
LASS DIR DIESE TATSA-CHE DURCH DEN KOPF GEHEN...
... UND STIRB!!
RATSCH

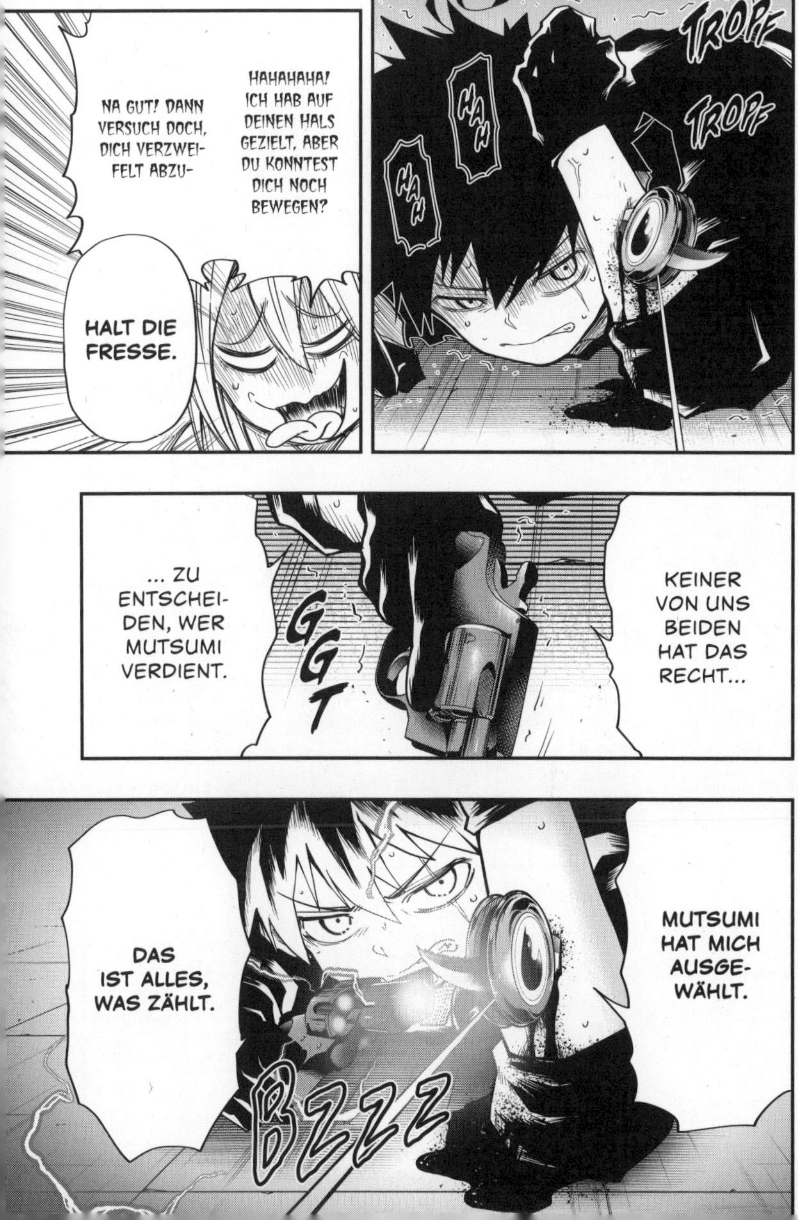
TROPF
TROPF
HAH
HAH
HAHAHAHA! ICH HAB AUF DEINEN HALS GEZIELT, ABER DU KONNTEST DICH NOCH BEWEGEN?
NA GUT! DANN VERSUCH DOCH, DICH VERZWEI-FELT ABZU-
HALT DIE FRESSE.
KEINER VON UNS BEIDEN HAT DAS RECHT...
... ZU ENTSCHEI-DEN, WER MUTSUMI VERDIENT.
GGT
MUTSUMI HAT MICH AUSGE-WÄHLT.
DAS IST ALLES, WAS ZÄHLT.
BZZZ

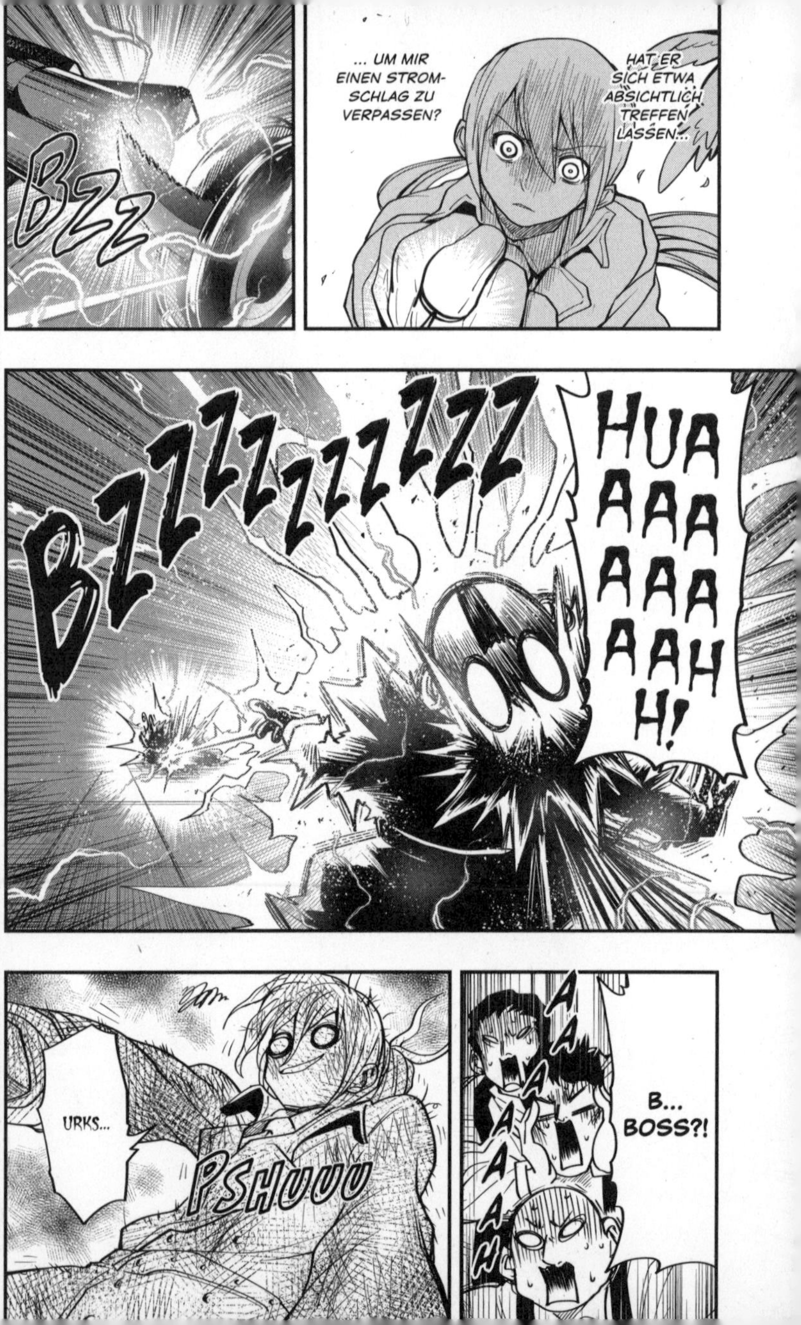
HAT ER SICH ETWA ABSICHTLICH TREFFEN LASSEN...
... UM MIR EINEN STROMSCHLAG ZU VERPASSEN?
BZZZ
HUAAAAAAAAAAAAH!
BZZZZZZZZZZZ
B... BOSS?!
AAAAAAAAAH
URKS...
PSHUUU

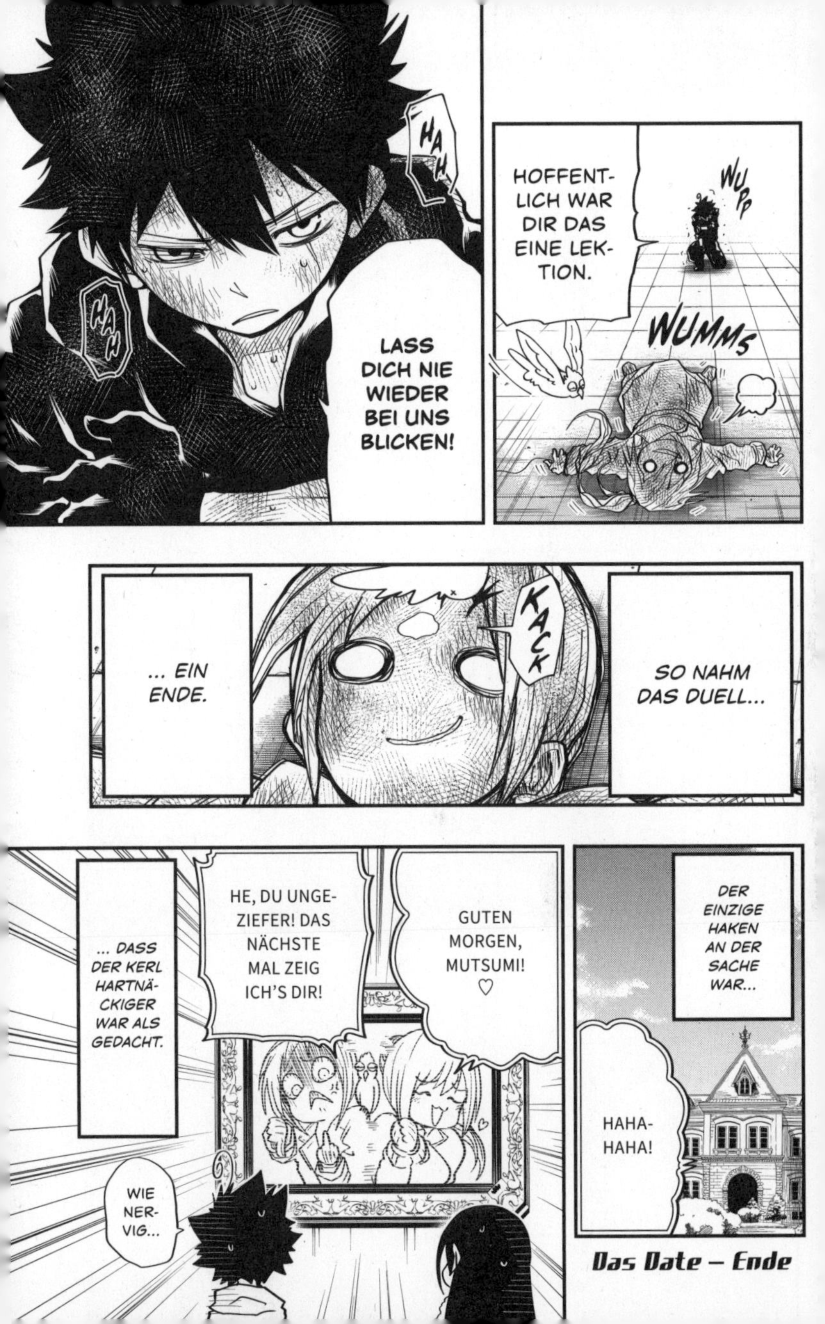

Das Date – Ende

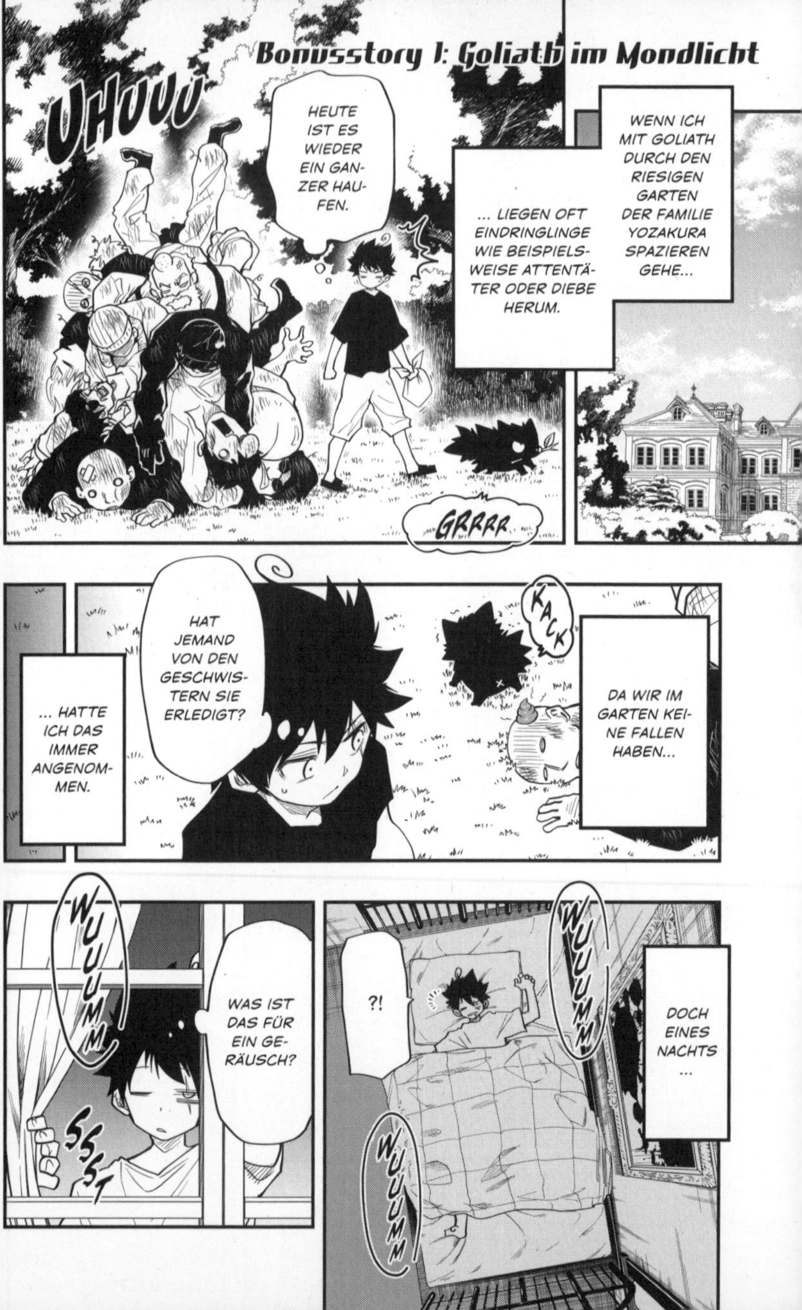
Bonusstory 1: Goliath im Mondlicht
WENN ICH MIT GOLIATH DURCH DEN RIESIGEN GARTEN DER FAMILIE YOZAKURA SPAZIEREN GEHE...
... LIEGEN OFT EINDRINGLINGE WIE BEISPIELSWEISE ATTENTÄTER ODER DIEBE HERUM.
UHUUU
HEUTE IST ES WIEDER EIN GANZER HAUFEN.
GRRRR
DA WIR IM GARTEN KEINE FALLEN HABEN...
KACK
HAT JEMAND VON DEN GESCHWISTERN SIE ERLEDIGT?
... HATTE ICH DAS IMMER ANGENOMMEN.
DOCH EINES NACHTS ...
WUUUMM
?!
WUUUMM
WUUUMM
WAS IST DAS FÜR EIN GERÄUSCH?
SSST

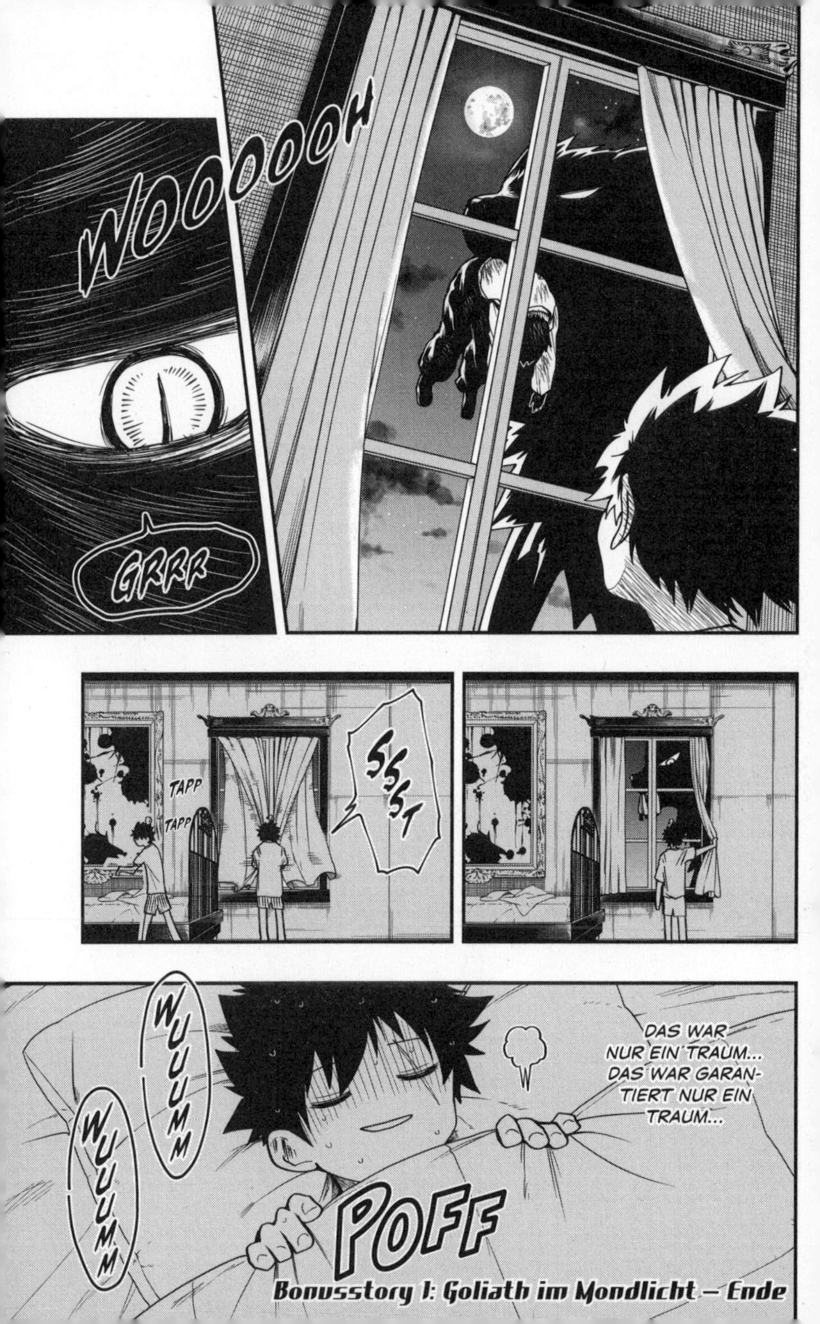
WOOOOOOH
GRRR
TAPP
TAPP
SSST
WUUUMM
WUUUMM
DAS WAR NUR EIN TRAUM... DAS WAR GARANTIERT NUR EIN TRAUM...
POFF
Bonusstory 1: Goliath im Mondlicht – Ende

Bonusstory 2: Gebet

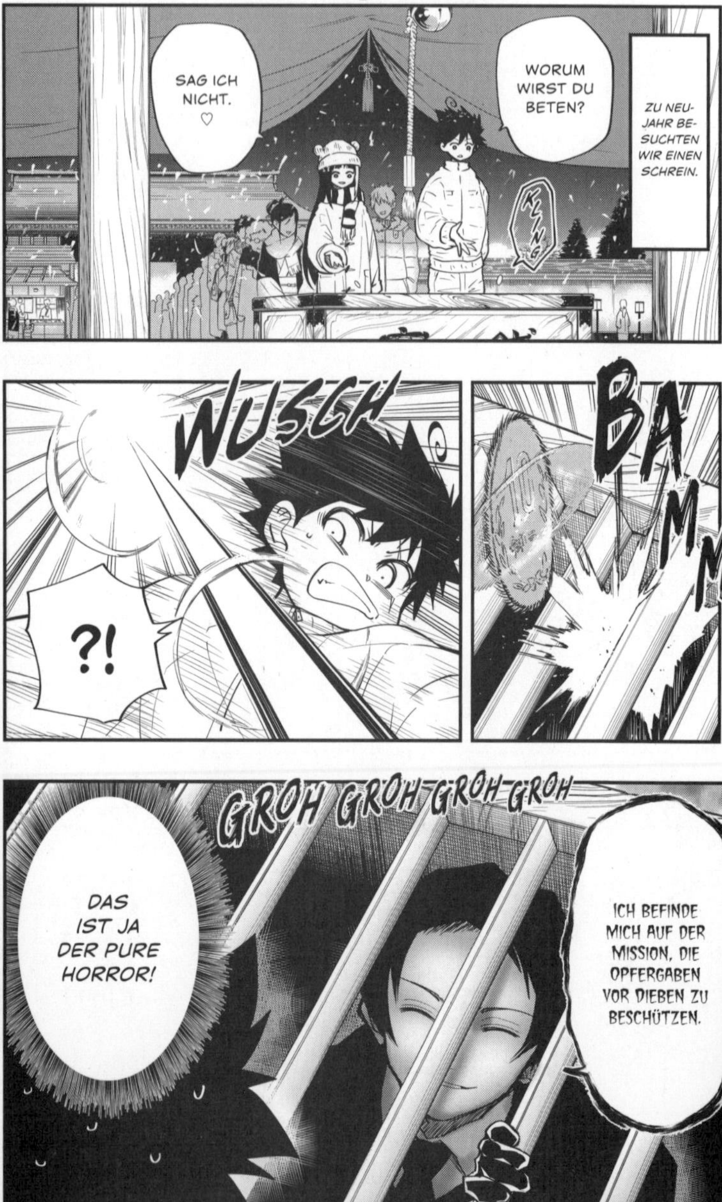

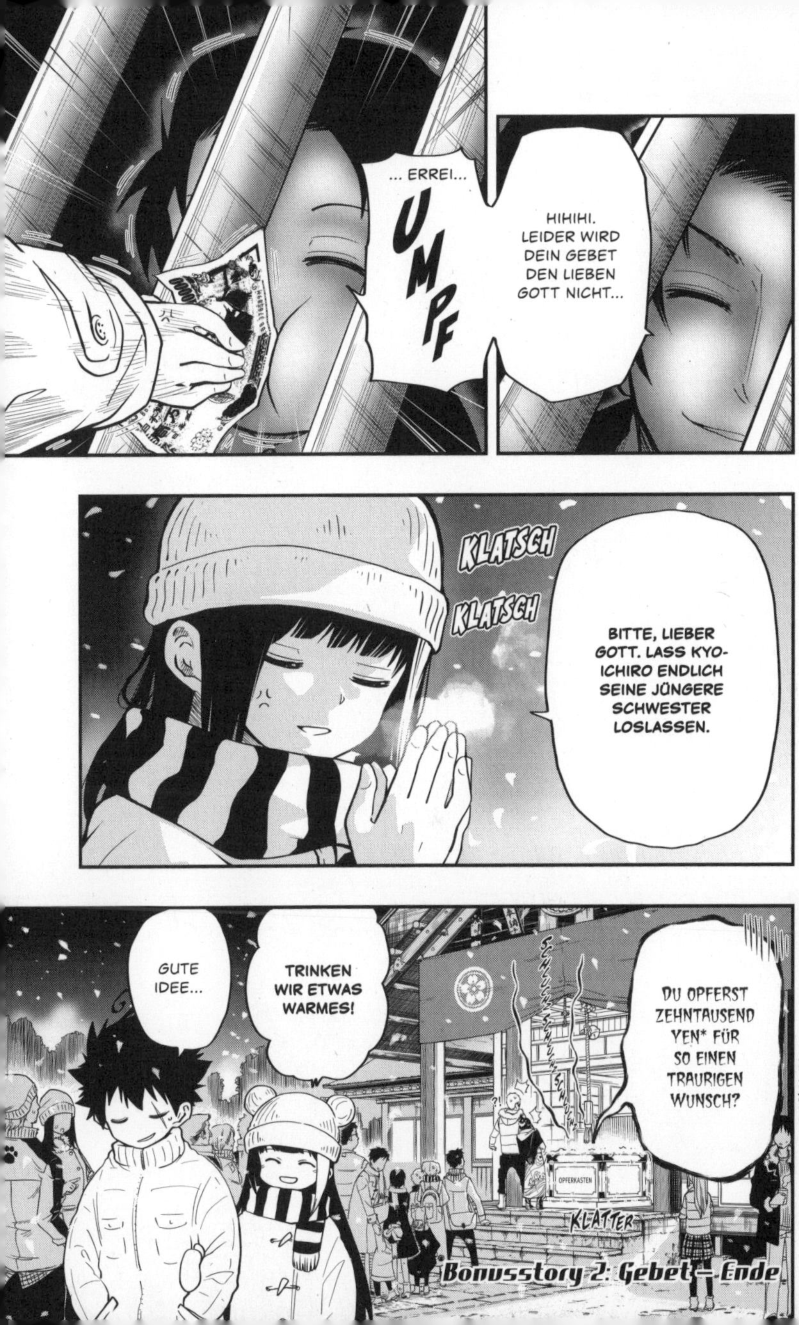
HIHIHI. LEIDER WIRD DEIN GEBET DEN LIEBEN GOTT NICHT...
... ERREI...
UMPF
KLATSCH
KLATSCH
BITTE, LIEBER GOTT. LASS KYO-ICHIRO ENDLICH SEINE JÜNGERE SCHWESTER LOSLASSEN.
DU OPFERST ZEHNTAUSEND YEN* FÜR SO EINEN TRAURIGEN WUNSCH?
OPFERKASTEN
KLATTER
TRINKEN WIR ETWAS WARMES!
GUTE IDEE...
Bonusstory 2: Gebet – Ende

* ca. 72,30 €

reiche Serien

Boruto

von Masashi Kishimoto, Ukyo Kodachi und Mikio Ikemoto

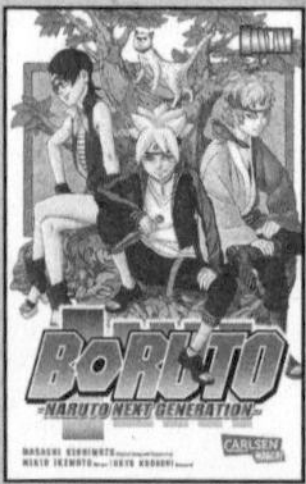

Narutos Sohn Boruto gilt als Wunderkind und ist genauso rebellisch wie einst sein Vater. Er bittet Sasuke ihn zu trainieren, um ein besserer Ninja als Naruto zu werden...

Naruto

von Masashi Kishimoto

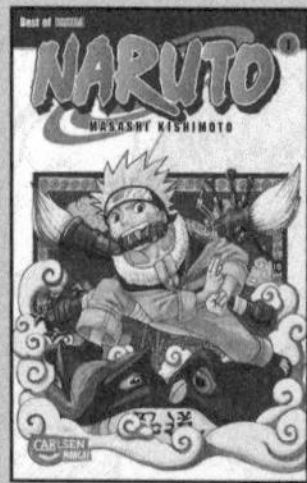

Naruto will der beste Ninja der Welt werden. Weil in ihm ein mächtiges Geheimnis schlummert, wird er von vielen bösen und gefährlichen Ninja verfolgt...

Fairy Tail

von Hiro Mashima

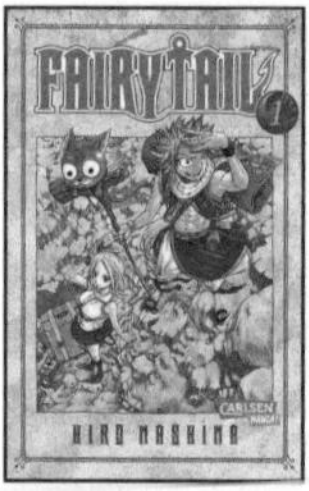

Verrückte Magier, geflügelte Katzen und gefährliche Monster – das ist die Welt von »Fairy Tail«. So nennt sich eine Gilde von sympathischen Outlaws, die mit ihren Zauberkünsten gegen das Böse in der Welt kämpfen, dabei aber mehr als einmal über das Ziel hinausschießen.

Edens Zero

von Hiro Mashima

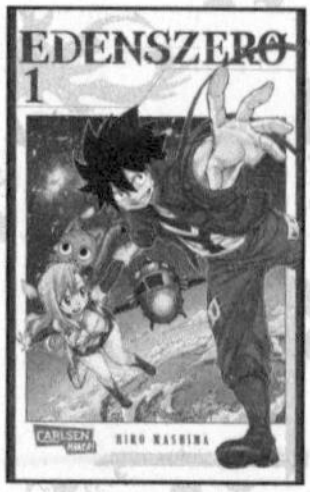

Im Reich der Träume, dem Vergnügungspark Granbell, lebt Shiki allein unter Robotern, doch dann treffen die ersten Gäste seit 100 Jahren ein: Rebecca und ihre blaue Katze Happy. Die drei verstehen sich auf Anhieb gut und werden Freunde... Allerdings birgt dieses kleine Aufeinandertreffen große Veränderungen für ihr Schicksal!

Assassination Classroom

von Yusei Matsui

Ein übermächtiges Tentakelmonster mit Smileygesicht droht die Erde zu zerstören. Aber erst nächstes Jahr ... Bis dahin unterrichtet das Monster die Klasse 9-E der Kunugigaoka Junior Highschool.

Soul Eater Massiv

von Atsushi Ohkubo

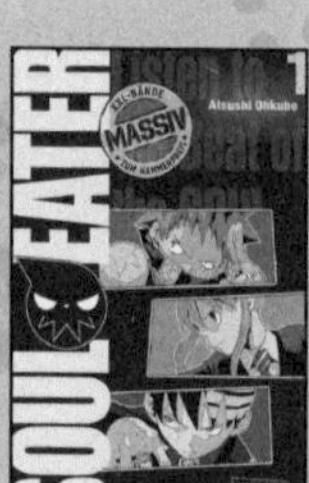

Maka ist Waffenschmiedin in einer spezieller Ausbildung. Ihre Sense namens Soul Eater hat ein Eigenleben und nimmt außerhalb des Kampfes die Gestalt eines ultracoolen Jungen an.

Manga Heroes Action

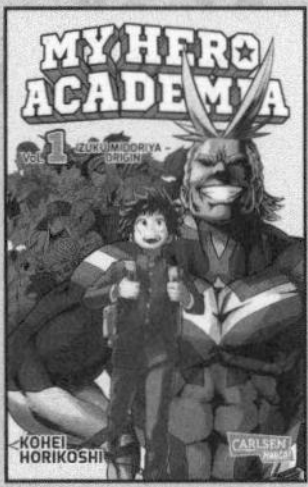

My Hero Academia

von Kohei Horikoshi

In der Welt von Izuku Midoriya besitzt 80% der Bevölkerung Superkräfte. Doch wie und wo könnten die Helden lernen, ihre Fähigkeiten, die sogenannten »Macken« (jp. Kosei) effizienter zu nutzen? Natürlich an der MY HERO ACADEMIA!

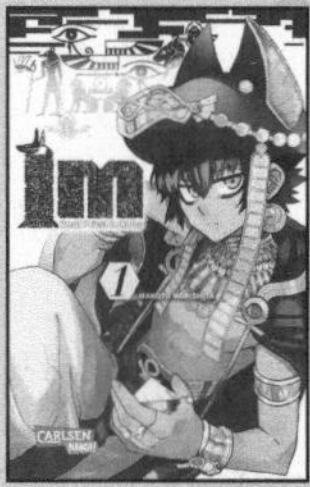

IM – Great Priest Imhotep

von Makoto Morishita

Der Hohepriester Imhotep aus dem antiken Ägypten weilt wieder unter den Lebenden. Im modernen Japan gestrandet, ist er ein Jäger, der die Menschen vor dem uralten Übel der Magai bewahren soll – gottgleichen Wesen, die nach der Vernichtung der Menschen trachten.

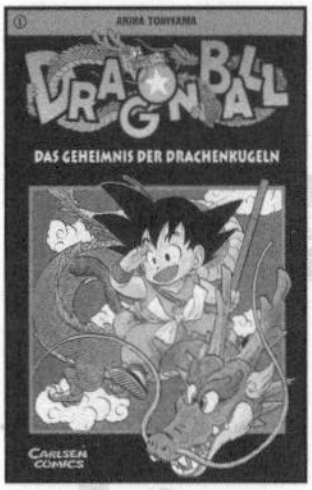

Dragon Ball

von Akira Toriyama

Der Legende nach gibt es sieben »Dragon Balls« auf der Welt. Bringt man alle zusammen, so erscheint der mächtige Drache Shenlong und erfüllt einen Wunsch. Nicht auszudenken, was passiert, sollten die »Dragon Balls« in falsche Hände geraten ...

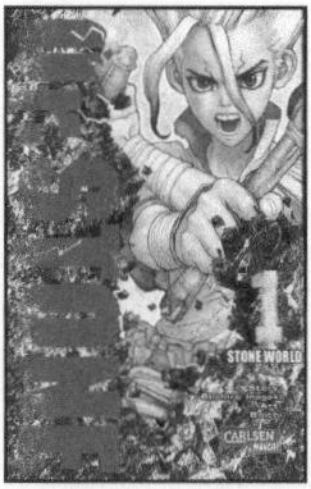

Dr. Stone

von Riichiro Inagaki und Boichi

Ein Augenblick, und die Menschheit erstarrt auf mysteriöse Weise zu Stein. Als die beiden Highschool-Schüler Senku und Taiju mehr als dreitausend Jahre später erwachen, beschließen sie, die menschliche Zivilisation im Alleingang neu aufzubauen!

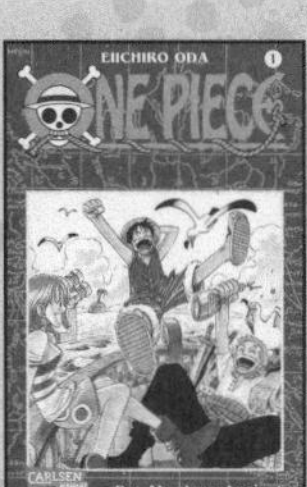

One Piece

von Eiichiro Oda

Monkey D. Ruffy und seine lustige Piraten-Crew sind auf der Suche nach dem größten Schatz der Welt: dem One Piece! Klar, dass sie da nicht die einzigen Piraten auf den Meeren sind...

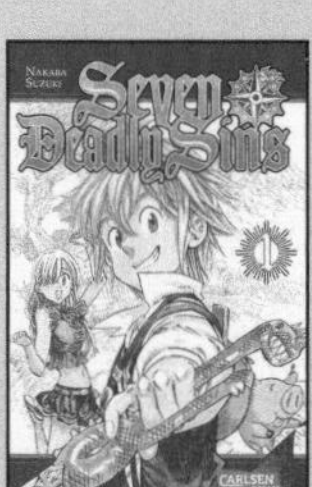

Seven Deadly Sins

von Nakaba Suzuki

Die »Seven Deadly Sins« gelten als die schlimmsten Verbrecher Britannias, Prin zessin Elisabeth macht sic dennoch auf die Suche nac ihnen, denn sie braucht drin gend ihre Hilfe...

MISSION: Yozakura Family

To Do Mission

Number	Mission Title
1	Anhalten und Lage sondieren
2	Japanische Serie identifiziert
3	Anweisungen der abgebildeten Grafik befolgen
4	Von »hinten« nach »vorne« lesen
5	Von rechts nach links lesen
6	Spannende Unterhaltung genießen

HALT!

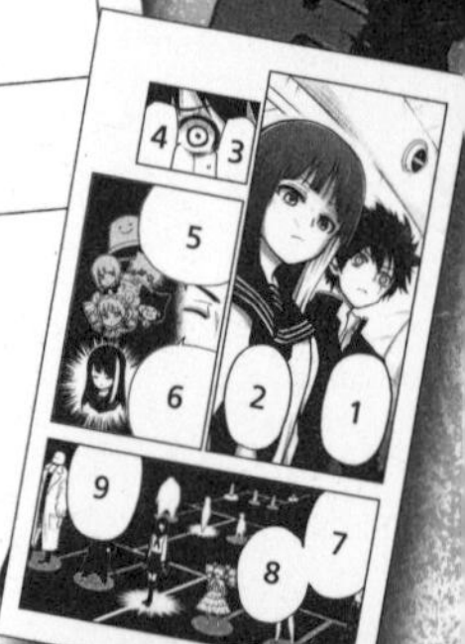

Carlsen Manga! News – jeden Monat neu per E-Mail!
www.carlsenmanga.de
www.carlsen.de

CARLSEN MANGA
Deutsche Ausgabe/German Edition

Aus dem Japanischen von Nana Umino

First published in Japan in 2019 by SHUEISHA Inc., Tokyo.
German translation rights in Germany, Austria, Luxembourg and German-speaking Switzerland arranged by SHUEISHA Inc. through VME PLB SAS, France.
Redaktion: Nina Kroesing
Textbearbeitung: Steffi Korda
Herstellung: Tobias Hametner

ISBN: 978-3-551-02297-4

MIX
Papier | Fördert gute Waldnutzung
FSC® C083411
www.fsc.org
Klimaneutrales Produkt

Mission: Yozakura Family